Der Leser wird auf den ersten Blick erkennen, daß dieses Buch keine Festschrift ist. Es fehlt die akademische Gelehrsamkeit, der hohe Preis, die Subventionierung durch die Deutsche Forschungsgemeinschaft, der verspätete Erscheinungstermin und die vielen Fußnoten, kurzum: alles, was diese Buchgattung ausmacht. Weder wird dieses Buch »dem Jubilar von Schülern und Kollegen dargebracht«, noch war Heinrich Hannover mit einer Festschrift zu seinem Sechzigsten einverstanden. Aber das ist es ja auch nicht geworden. Entstanden ist vielmehr ein *Geschenkbuch*, und wenn es so etwas bislang nicht gegeben haben sollte, so ist es eben das erste. Jeder Beitrag zu diesem Buch ist ein größeres oder kleineres Geschenk des Autors an Heinrich Hannover, und die Beiträge sind so heterogen wie die Geschenke auf dem Geburtstagstisch. Freilich sind sie alle auf Heinrich Hannover bezogen und sollen in ihrer Gesamtheit seine vielfältigen Interessen und Fertigkeiten als engagierter Jurist, politischer Kopf und Kulturschaffender widerspiegeln.

Daß ein Rückblick auf sechzig gelebte Jahre nicht ohne Trauer sein kann, haben wir in der kurzen Zeit der Herstellung des Buches erfahren müssen. Wolfgang Abendroth, auf dessen Anregung dieser Band überhaupt erst zustande kam, hatte als erster seinen Aufsatz fertig. Niemand konnte damals ahnen, daß es sein letzter sein würde. Heinrich Böll starb, bevor er seinen Beitrag beginnen konnte.

Der hier abgedruckte Aufsatz Friedrich Karl Kauls ist ebenfalls der letzte, den er geschrieben hat. Er schickte ihn mir vor Jahren als einen seiner Beiträge zu einem (bislang) nicht zustandegekommenen Sammelband. Nach allem, was er mir über Heinrich Hannover erzählt hat, fühle ich mich legitimiert, ihn statt dessen hier abzudrucken, denn lebte Kaul noch, hätte er sich mit Sicherheit an diesem Buch beteiligt.

Daß in der Reihe der Autoren mancher Freund Heinrich Hannovers fehlt, liegt an der kurzen Herstellungszeit. Ich bitte alle, die ich vergessen haben sollte, um Verzeihung.

Ingo Müller

»Eine Zeit, in der die Falschen verurteilt werden«

Leben für ein demokratisches Recht

Heinrich Hannover zum 60. Geburtstag

von Wolfgang Abendroth, Jutta Bauer, F.W. Bernstein, Joachim Bischoff, Hans-Ernst Böttcher, Peter Jürgen Boock, Christa Bürger, Ernst Busche, Christoph Butterwegge, Peter Derleder, Richard Detje, Brigitte Dudek, Lutz Eisel, Gine Elsner, Erich Fried, Rolf Gutte, Klaus Hübotter, Heinz Kahlau, Friedrich Karl Kaul, Kalle Maldaner, Bernhard Müller, Ingo Müller, Heike Mundzeck, Ulrich K. Preuß, Karl-Heinz Roth, Günther Schwarberg, Gerd Siebecke, Gerhard Stuby, Hans Günther Thiele, F.K. Waechter, Helmuth Weiß und Peter-Paul Zahl

VSA-Verlag, Hamburg 1985

Umschlagzeichnung: F.K. Waechter
Fotos: Kinderbuchladen »Gebrüder Grimm« in Köln, Evi und Hansjörg Langenfaß, Harald Meisert, Roland Pfaff, Stern

Gesamtverzeichnis des Verlages anfordern!
© VSA-Verlag 1985, Stresemannstr. 384a, 2000 Hamburg 50
Alle Rechte vorbehalten
Die Rechte der einzelnen Beiträge liegen bei den Autoren/rinnen
Satz: Satz- und Repro-Kollektiv, Hamburg
Druck und Buchbindearbeiten: Evert-Druck, Neumünster
ISBN 3-87975-333-4

Inhalt

Wolfgang Abendroth
Heinrich Hannover zum 60. Geburtstag 7

Jutta Bauer
Wie heißt der Leuchtturmwärter von Neuwerk? .. 13

F. W. Bernstein
Staatsbesuch 104

Hans-Ernst Böttcher
Ein »politisches Flugblatt« und die Justiz 15

Peter Jürgen Boock
Im Jahre der Herren 1984 22

Christa Bürger
»Draußen verloren — drinnen gefunden« 23

Ernst Busche/Christoph Butterwegge
Wieder werden die Falschen verurteilt 28

Peter Derleder
Geburt, Kindheit und frühes Hinscheiden
des neuen Juristen 39

Lutz Eisel
Aber das ist doch alles nur ein Märchen! 57

Gine Elsner
»Der Kläger ist Türke und
mentalitätsbedingt klagsam« 60

Erich Fried
Vierzigster Jahrestag Bitburg-Belsen 72

Rolf Gutte
Wider die »gemeinsame Verantwortung
für den Frieden« 73

Klaus Hübotter/Heinz Kahlau
An Heinrich Hannover 84

Friedrich Karl Kaul
Das Landesverratsverfahren gegen
Karl von Ossietzky und Walter Kreiser 86

Ingo Müller
Politische Justiz in der Kontinuität 108

Heike Mundzeck
»... ich würde lieber Kinderbuchautor sein ...« .. 121

Ulrich K. Preuß
Die Entdeckung eines
plebejischen Grundrechts — eine Collage 141

Karl-Heinz Roth
Nazi-Juristen als Meinungsforscher 146

Günther Schwarberg
Der »gute Anwalt« 163

Gerhard Stuby
Rechtliches Gehör und Nürnberger Prozeß 167

Hans Günther Thiele
Ich werde sein, die — der ich sein werde 182

VSA-Kollektiv
»Widerstand bedarf, um wirkungsvoll zu sein,
eines politischen Bewußtseins« 191

F.K. Waechter
Heinrich 196

Peter-Paul Zahl
Helmut I. — Eine Valentiade 197

Wolfgang Abendroth
Heinrich Hannover zum 60. Geburtstag

Die Entwicklung der Bundesrepublik Deutschland vom bloßen »Staatsfragment« innerhalb des Kontrollratsgebiets zum nach den USA nicht nur der wirtschaftlichen, sondern ebenso (wenn man von der atomaren Rüstung absieht) der militärischen Machtstellung gemäß zweitstärksten Staat im System der NATO konnte nur unter der Voraussetzung durchgesetzt werden, daß ihrer Bevölkerung die antimilitaristischen Stimmungen gründlich ausgetrieben wurden, die der Untergang des Dritten Reiches im Zweiten Weltkrieg und die Erinnerung an dessen Hochrüstung vorher zunächst hinterlassen hatten.

Das wußten die bis 1945 herrschenden Schichten, die in den drei westlichen Besatzungszonen ihren Wiederaufstieg zur gesellschaftlich und bald auch politisch bestimmenden Macht schon lange vor der Einberufung des Parlamentarischen Rates eingeleitet hatten, nur zu genau. Erst recht deshalb, weil ihren Hoffnungen ein zweites Hindernis entgegenstand: die fast selbstverständliche Erwartung, daß die künftige politische Form des deutschen Volkes zwar ohne Österreich auskommen müsse, aber doch — wenn auch erst nach einer kurzen Übergangsperiode — alle vier Besatzungszonen umfassen werde. Auch das Grundgesetz hatte ihr noch verbale Konzessionen machen müssen. Sie waren allerdings durch die These seiner Präambel, der Parlamentarische Rat habe diese Verfassung der BRD gleichsam als »Vertreter« der Bevölkerung in der sowjetischen Besatzungszone beschlossen, auf ihre Umwandlung in eine Angriffswaffe gegen die DDR (deren Konstituierung als unvermeidliche Antwort auf die der BRD jeder voraussehen konnte und erwarten mußte) vorbereitet worden. Bis zum heutigen Tage wird diese »Grundlage« des »Alleinvertretungsanspruchs« der BRD trotz der ihr widersprechenden Vertragslage zwischen der UdSSR, Polen, der DDR und der BRD und dem Viermächteabkommen über Berlin bekanntlich immer wieder hervorgezaubert, wenn es der Reaktion im westlichen Bundesstaat gerade nützlich zu sein scheint; und jeder, wie z. B. der sozialdemokratische Politiker Schmude, wird auch heute noch von Bundesregierung, CDU und »FAZ« als »Kommunistenknecht« verketzert, wenn er auf diesen Tatbestand verweist.

Als diese beiden Stimmungen (nämlich Ablehnung der Remilitarisierung und Erhaltung der Einheit Deutschlands) der westdeutschen Massen nach 1945 sich in der Zeit, in der die Adenauer-Regierung die Wiederbewaffnung unmittelbar vorbereitete, zu einem nur schwer überwindbaren Hindernis zu verbinden drohten, wurde es deshalb notwendig, ein Ressentiment, das seit der Periode des kleinen Bürgerkrieges, der seit Dezember 1918 den nur bürgerlichen Charakter der Weimarer Republik entschieden hatte, entstanden war, um dann im Dritten Reich voll zu triumphieren, wieder zu aktualisieren und ihm auch juristische Hilfsmittel zu bieten: den Antikommunismus. Hatte nicht die McCarthy-Phase in der Entwicklung der USA das Vorbild geliefert, in welchem Maße das möglich war und wie rasch man dadurch die politische Gesamtsituation eines Landes verändern konnte? Und bot nicht die Divergenz in der wirtschaftlichen Entwicklung und der Versorgungssituation der Bewohner zwischen BRD und DDR in den ersten Jahren nach der Währungsreform, wie sie durch die Weiterführung der Reparationsleistungen der DDR gegenüber der UdSSR anfänglich noch ständig anwuchs (und die in diesen Jahren stetige Verstärkung des politischen Drucks auf die Bewohner des ostdeutschen »Staatsfragments« in der Phase des Neostalinismus) den besten Ansatz dazu, diese Veränderung des Verhaltens der Bewohner des eigenen werdenden Staatswesens durch Neubelebung der alten antikommunistischen Hysterie zu bewirken, die man dringend brauchte?

Dabei konnte die Justiz als eins der wichtigsten Instrumente eingesetzt werden, wenn man ein neues politisches Strafrecht schuf, nachdem die Alliierten noch vor Ausbruch des kalten Krieges das des Dritten Reichs durch das Kontrollratsgesetz Nr. 11 außer Kraft gesetzt hatten. So war es kein Wunder, daß schon etwas mehr als ein Jahr nach der Wahl des ersten Bundestages die Vorarbeiten für das erste Strafrechtsänderungsgesetz eingeleitet wurden, das — bei Wiederherstellung zahlreicher Normen nicht nur des alten Strafgesetzbuches der Monarchie und dann der Weimarer Republik, sondern sogar bei Rezeption einer Reihe von Bestimmungen, die erst der Staat Hitlers geschaffen hatte — am Ende sogar von der sozialdemokratischen Bundestagsfraktion mitbeschlossen wurde. Bei der Anwendung dieses Gesetzes konnte man sich des Richter-Apparates sicher sein; denn dessen Majorität wurde in Westdeutschland von Juristen gestellt, die vor der Kapitulation dem nationalsozialistischen Staat treu gedient hatten. Das galt dann bald auch für den politischen Senat des Bundesgerichtshofs.

So konnte die Kommunistenhatz neu beginnen, noch Jahre bevor 1956 das Bundesverfassungsgericht die KPD illegalisiert hatte. Sie hat geholfen, jeden ernstlichen Widerstand gegen die Wiederbewaffnung, die — was jeder sich an fünf Fingern abzählen konnte — jede Chance zur Vereinigung der beiden Nachfolgestaaten des Deutschen Reiches vernichten mußte, erstaunlich rasch zu liquidieren. Denn bald konnte jeder als Helfer der Kommunisten und der DDR verdächtigt und erforderlichenfalls strafrechtlich belangt werden, der gegen die Aufrüstung auftrat. Das genügte, um ihn politisch (und gegenüber jedem Solidaritätsempfinden in der Gesellschaft) gänzlich zu isolieren. Vor allem jedoch wurde auf diese Weise die Zerschlagung der einzigen politischen Partei in der BRD vorbereitet, die — von der nur auf wenige konsequente Christen beschränkten Gesamtdeutschen Volkspartei Heinemanns und Helene Wessels abgesehen — die Remilitarisierung der Bundesrepublik konsequent und ohne Anpassungsschwankungen ablehnte, und der Volksbewegung gegen die Wiederbewaffnung das organisatorische Rückgrat gebrochen.

Es bleibt das Verdienst der Frankfurter Dissertation des jetzigen Hochschullehrers Alexander von Brünneck, den ganzen Umfang dieser Kommunistenverfolgung der fünfziger Jahre statistisch dargestellt, zeitlich eingestuft und juristisch analysiert zu haben, und des Suhrkamp Verlages, sie in der »edition suhrkamp« der Öffentlichkeit zugänglich gemacht zu haben. Auf sie sei hier ausdrücklich verwiesen.

In dieser Periode des extremen Antibolschewismus und der strafrechtlichen Verfolgung derer, die einst im Dritten Reich von dessen erstem bis zu seinem letzten Tag im Widerstandskampf gestanden hatten, durch Staatsanwälte und Richter, deren Mehrheit ihm gedient hatte (oder durch Juristen an der Universität und im Referendardienst ausgebildet worden war, die einst stolz das Parteiabzeichen der NSDAP getragen hatten), zum angeblichen Schutz der »freiheitlich-demokratischen Grundordnung« war es häufig schwer, Anwälte zu finden, die nicht nur formell die Verteidigung eines angeklagten Kommunisten übernahmen, sondern sich auch menschlich mit ihrem Mandanten identifizierten. Man konnte die geringe Zahl der wirklich kritischen und hinsichtlich der Sympathie für die Angeklagten zuverlässigen Juristen in der Bundesrepublik Deutschland in der ersten Hälfte der fünfziger Jahre, weil sie extrem klein war, sehr genau übersehen. Gewiß — auch das sollte man nicht vergessen —, es gab unter den amtierenden Juristen auch einige, die erst unmittelbar nach dem Zusammenbruch der Diktatur der Barbarei in hohe Ämter gekommen waren und sich darin halten konnten, bis sie durch Pensionierung oder Tod abberufen wurden. Man denke etwa an Richard Schmid in Stuttgart, an den Frankfurter Oberlandesgerichtspräsidenten Kurt Staff oder an Generalstaatsanwalt Fritz Bauer. Die Gruppe von Anwälten, auf die man sich wirklich verlassen konnte, war aber klein. Denn wer unter ihnen vor 1945 verdächtig gewesen war, marxistisch zu denken oder demokratischer Gesinnung zu sein ,hatte meist emigrieren müssen oder war dem Terror der gleichen Juristenschicht erlegen, die jetzt wieder längst in Amt und Würden saß. Es gab nur ganz wenige Ausnahmen, wie etwa den Frankfurter Rechtsanwalt Paul Haag. Nur einer kleinen Zahl, sei es protestantischer, sei es katholischer Christen unter den Strafverteidigern schlug ihr demokratisches Gewissen: Als Beispiel seien Heinemann, Posser in Essen und der Linkskatholik Amann in Heidelberg genannt.

Da fiel es um so mehr auf, daß ein junger Anwalt, der seine erste politische Verteidigung in dieser Zeit als Pflichtverteidiger zugewiesen bekommen hatte, durch diese widersprüchliche menschliche Lage und sein humanitäres Empfinden veranlaßt, sich eines angeklagten Kommunisten wirklich voll annahm. Er wurde durch diesen juristischen Kampf sehr bald zu (auch wissenschaftlicher) rechtlicher Analyse dessen, was in diesen Jahren in der BRD geschah, und dann ebenso zur kritischen Einordnung dieser Vorgänge in sein politisches Denken geführt. Es war Heinrich Hannover. Er hatte zuerst noch kaum Hilfe für diese Weiterentwicklung seines Denkens von anderen. Er war vielmehr zunächst ganz auf sich selbst und auf sein menschliches Empfinden angewiesen, das er auch in seinen Kindergeschichten unter Beweis gestellt hat. Die Formen der Prozeßführung, die von Richtern in vielen Strafverfahren gegen Kommunisten (und natürlich auch gegen ihre Verteidiger) gewählt wurden, veranlaßten Heinrich Hannover, darüber nachzudenken, woher denn die Vorurteilslage stamme, mit der er sich Tag für Tag auseinandersetzen mußte. Deshalb begann er, die politische Justiz der Weimarer Periode aufzuarbeiten, und entdeckte bald, daß es damals kaum viel besser ausgesehen hatte. Seine Publikationen (vor allem auch die Wiederveröffentlichung von Emil Gumbels »Zwei«, in der nächsten Auflage »Vier Jahre Mord«) lassen nicht nur erkennen, wie er sich hier durch Einarbeitung in die Geschichte geistig weiterentwickelte, sondern halfen vor allem, einer Generation von Studenten erste Ansätze kritischen Denkens und Verhaltens gegenüber der Restaurationsperiode zu vermitteln, wie sie seit der Mitte der sechziger Jahre immer lebendiger zum Ausdruck gekommen sind, um bald zur Studentenrebellion überzuleiten.

Die Kommunistenhatz der westdeutschen Justiz war mit dem KPD-Verbot durch das Bundesverfassungsgericht 1956 keineswegs beendet, wenn auch das Hauptziel der Adenauer-Regierung nun erreicht zu sein schien. Denn inzwischen waren ja auch die Eingliederung der BRD in die NATO und die Grundgesetz-Änderungen, deren es zur Errichtung der Bundeswehr bedurfte, erreicht. Deshalb gründete nun Rechtsanwalt Amann in Heidelberg den »Amnestie-Ausschuß«, der nach diesen politischen Entscheidungen den bisherigen Opfern der Verfolgung wenigstens menschlich durch Entlassung aus dem Strafvollzug helfen wollte. Auch hierbei waren es zunächst nur wenige Juristen, die ihre Arbeit in den Dienst dieser Aufgabe stellten. Selbstverständlich gehörte auch Heinrich Hannover bald dazu und hat zu seinen (wenn auch begrenzten) Erfolgen beigetragen, auch dazu, daß nach relativ kurzer Frist manche selbständiger denkenden, links-bürgerlichen Juristen dessen Tätigkeit unterstützten. In dieser Periode war es zunächst vergeblich, dabei auf die Hilfe der »Arbeitsgemeinschaft sozialdemokratischer Juristen« zu hoffen, die noch ebenso an restauratives Denken gebunden war wie zur Zeit der Zustimmung der SPD zum ersten Strafrechtsänderungsgesetz im Bundestag.

Doch begann nun — wie aus den Statistiken der Dissertation von Brünnecks zu entnehmen ist — die Intensität des antibolschewistischen Justizterrors langsam zurückzugehen. Das war unzweifelhaft mit ein Verdienst der Verteidigerarbeit, wie Heinrich Hannover sie geleistet und zu der er andere angeregt hat. Nachdem — endlich — nach langen Jahren das Bundesverfassungsgericht die am groteskesten verfassungsfeindliche Norm des ersten Strafrechtsänderungsgesetzes, die rückwirkende Bestrafung von Parteiarbeit für die KPD wegen der Tätigkeit zugunsten dieser Partei auch vor ihrem Verbot, korrigiert hatte, setzte sich diese Tendenz zur Milderung des Justizterrors fort.

So war die Arbeit Heinrich Hannovers zugunsten der Demokratisierung juristischen Denkens und seiner Rückführung zu rechtsstaatlichen Kriterien in diesen Jahren von erheblicher Bedeutung, zumal ihm trotz aller Hetze, die in der bundesrepublikanischen Presse gegen ihn betrieben wurde, niemand ernstlich vorhalten konnte, er sei jemals ein stalinistisch-dogmatischer Kommunist geworden.

Daß sich das alles — mit nun zum Teil der Form nach anderen Vorzeichen — wiederholen mußte, nachdem durch die Studentenrebellion (deren rechtsstaatliche Varianten unter den Studierenden seines Faches durch ihn und seine Veröffentlichungen geistig vorbereitet und angeregt worden waren) und die ihnen parallele Verirrung (z. B. den Terrorismus) die Gesetzgebung und die Justiz der BRD neue Chancen zum Schlag gegen Links erhalten hatten, lag auf der Hand. Wieder wurde (und wird es noch heute) Heinrich Hannover der Vorwurf gemacht, daß er sich als Verteidiger auch für Angeklagte einsetzt, deren Position und Verhalten er keineswegs politisch billigen kann. Aber ist das in einem Lande, in dem noch immer antidemokratische Vorurteile die öffentliche Meinung und auch das Verhalten von Gerichten bestimmen, nicht nur eine berufliche und politische, sondern auch eine menschliche und moralische Pflicht?

Dabei ist als spätes Resultat der studentischen Rebellion seit der Mitte der sechziger Jahre die Gesamtlage in der Justiz gewiß günstiger geworden, als sie es vorher war. Es gibt jetzt in manchen juristischen Fachbereichen kritisch-demokratisch denkende Hochschullehrer und eine relativ große Anzahl demokratisch denkender Juristen, die in einigen Organisationen (von der Gewerkschaft ÖTV über den Republikanischen Anwaltsverein bis zur Vereinigung demokratischer Juristen) zusammengefaßt sind; auch die AsJ hat weithin zu rechtsstaatlich-demokratischem Denken zurückgefunden. Es gibt in größerer Zahl als jemals vorher in der Weimarer Republik und in der BRD wirklich rechtsstaatliche Entscheidungen von Gerichten, wenn auch die meisten Urteile oberer Instanzen in politischen Strafsachen oder in arbeitsgerichtlichen, sozialgerichtlichen und verwaltungsgerichtlichen Prozessen noch immer von den Vorurteilslagen bestimmt sind, von denen sie seit der Kapitulation der liberalen Politiker vor dem preußischen Staat im Verfassungskonflikt des vorigen Jahrhunderts stets bestimmt gewesen waren.

Daß diese Lage gebessert wurde, ist weithin das Verdienst von Männern wie Heinrich Hannover, und daß sie noch immer nicht zu demokratischem Gleichgewicht gelangt ist, erinnert uns daran, wie sehr wir auch heute noch seiner bedürfen.

Jutta Bauer
Wie heißt der Leuchtturmwärter von Neuwerk?

Hans-Ernst Böttcher
Ein »politisches Flugblatt« und die Justiz
Der Beschluß des Ersten Senats des Bundesverfassungsgerichts vom 7.12.1976 (BVerfGE 43, 130) samt seiner Vor- und Nachgeschichte

1. Am 7. Dezember 1976 erging ein Beschluß des Bundesverfassungsgerichts, der bis heute erstaunlich wenig in der juristischen und politischen Öffentlichkeit beachtet worden ist. Hanno Kühnert schrieb am 9. März 1977 zu Recht in der Badischen Zeitung: »Karlsruhe stärkt die Meinungsfreiheit«, und in der Tat ist die Entscheidung für die tatsächliche Gewährleistung dieses zentralen Grundrechts (Art. 5 Abs. 1 des Grundgesetzes, GG) nicht weniger bedenksam als etwa die klassischen Entscheidungen BVerfGE 7, 198 (sie betraf die Kontroverse zwischen dem Pressesprecher des Hamburger Senats, Lüth, und dem NS-Filmregisseur Harlan) und 12, 113 (sie betraf eine Auseinandersetzung zwischen Richard Schmid und dem »Spiegel«) oder die späteren Entscheidungen BVerfGE 61, 1 (Wahlkampfäußerung einer Kandidatin der SPD zum Europ. Parlament! »Die CSU ist die NPD Europas«) und BVerfGE 67, 213 (zur strafrechtlichen Auseinandersetzung um den »Anachronistischen Zug« nach Brecht; hier ging es in erster Linie um die Kunstfreiheit, Art. 5 Abs. 3 GG).

Von dem Beschluß soll hier berichtet werden, weil er von seinem Inhalt her, wegen der Kontrahenten des vorangegangenen Strafverfahrens und in seiner Vor- und Nachgeschichte deutsche Gegenwart, deutsche Geschichte und deutsche Justiz abbildet. Vor allem aber soll von der für die Meinungsfreiheit in der Bundesrepublik wichtigen Entscheidung berichtet werden, weil Heinrich Hannover, dem wir dieses Buch widmen, sie als Anwalt des Beschwerdeführers vor dem Bundesverfassungsgericht erstritten hat.

2. Der Sachverhalt des Ausgangsverfahrens ist schnell erzählt. Ich folge zunächst dem Text der Entscheidung des Bundesverfassungsgerichts (BVerfGE 43, 130, 131 f), jedoch mit einer kleinen Variation: Ich nenne die Namen der Beteiligten.

»Der Lehrer Arthur Sahm (Beschwerdeführer) war bis zum Jahre 1969 Vorsitzender des Landesverbandes Niedersachsen der Deutschen Friedensunion. Im Jahre 1970 gab er ein selbst verfaßtes Flugblatt heraus, das er an einige Persönlichkeiten des regionalen öffentlichen Lebens versandte und in größerer Zahl auf der Straße verteilte. Das Flugblatt befaßte sich auf vier eng mit Schreibmaschine beschriebenen Seiten mit der politischen Vergangenheit des im Jahre 1969 neu gewählten Vorsitzenden des CDU-Kreisverbandes Burgdorf und Bundestagsabgeordneten Otto Freiherr v. Fircks.

Dieser sei 1939 aus seiner Heimat in Lettland willig dem Ruf des Führers in das »polnische Neuland« gefolgt. Er habe bei der »Neu-Besiedlung des Warthe-Lands«, der »Eindeutschung Polens«, besonders aktiv mitgewirkt. Wörtlich heißt es sodann, durch Unterstreichung hervorgehoben:

»Herr Otto Freiherr v. Fircks aus Neuwarmbüchen, der Kreisvorsitzende der CDU in Burgdorf und führende Vertriebenenfunktionär war damals dabei! Er hat sich beteiligt an den nazistischen Untaten während der Besetzung Polens!«

v. Fircks sei beim SS-Aussiedlungsstab in Litzmannstadt (Lodz), der sogenannten »Umwanderungszentralstelle«, tätig gewesen, von der die Zwangsauswanderung der unerwünschten Polen und Juden gelenkt worden sei. Er habe auch damals vorzüglich agiert und funktioniert. Weil er »die Polen mit Wanzen verglich«, habe das heute von ihm beschworene Recht jedes Menschen auf Heimat und Selbstbestimmung für sie nicht existiert. Mit seinen Aktivitäten sei der Reichsführer SS außerordentlich zufrieden gewesen; in Anerkennung seines Einsatzes habe er ihm den Rang eines SS-»Obersturmführers« ehrenhalber verliehen.

Es folgen die Wiedergabe eines Berichts über öffentliche Erschießungen und Plünderungen, mit Zahlen versehene Angaben über Deportationen und »Befriedungsaktionen« in Polen sowie eine Schilderung der Vernichtung der polnischen Elite und der Degradierung der übrigen Polen zum »Arbeitsvolk der Deutschen«. Dann fährt das Flugblatt, wiederum durch Unterstreichung hervorgehoben, fort:

»Diese Dinge fanden aber auch statt unter den Augen des CDU-Barons aus Neuwarmbüchen. Man sollte ihn verantwortlich machen für das, was ihn zum Obersturmführer Himmlers machte.«

Die 1939/40 auch schon bekannten »Wilsonschen Punkte« oder die »Artikel des Genfer Protokolls«, auf die v. Fircks sich heute so gerne berufe, seien für ihn damals nicht gültig gewesen. An die Stelle des Rechts sei die Gewalt gerückt; sie sei die »treibende Macht in der Geschichte« gewesen, und v. Fircks habe zu ihren aktiven Treibern gehört.

Arthur Sahm wurde wegen eines Vergehens der politischen üblen Nachrede (§§ 186, 187 a des Strafgesetzbuches, StGB) angeklagt. Das Amtsgericht sprach ihn — entsprechend dem Antrag der Staatsanwaltschaft — frei, weil es den Wahrheitsbeweis für die behaupteten Tatsachen im Kern als geführt ansah. Dies kam nicht von ungefähr, denn Arthur Sahm hatte, ehe er seine öffentliche politische Aufklärung betrieb, aufwendige (und kostspielige!) Erkundungen durchgeführt, beim Institut für Zeitgeschichte in München und in Archiven in Warschau, u.a. bei der Hauptkommission zur Verfolgung der Hitler-Verbrechen in Polen. Auf die Berufung des als Nebenkläger zugelassenen Otto v. Fircks hob das Landgericht — entgegen dem Antrag der Staatsanwaltschaft — das Urteil auf, verurteilte Arthur Sahm zu einer Geldstrafe von 2.000,— DM und erkannte gleichzeitig v. Fircks die Befugnis zu, den Urteilstenor in drei Zeitungen auf Kosten Sahms veröffentlichen zu lassen. Das Landgericht sah zwar auch den Wahrheitsbeweis dafür geführt, daß v. Fircks »nicht nur mit der Ansiedlung der Deutschen, sondern auch mit der Vertreibung der polnischen Bauern von ihren Höfen befaßt war. Ebenso sei erwiesen, daß ... (er) ... die Polen einmal mit Wanzen verglichen habe« (BVerfG a.a.O, 132 f). Das Landgericht meinte aber, Arthur Sahm habe dadurch, daß er seine Tätigkeit zusammen mit anderen NS-Untaten in Polen darstellte, beim Leser, insbesondere bei einem »flüchtigen Leser«, für den ein solches auf der Straße verteiltes Flugblatt in erster Linie gedacht sei, den Eindruck erweckt, v. Fircks habe sich etwa auch an Erschießungen beteiligt. Dies sei eine Verdächtigung in versteckter Form, die im Interesse eines wirksamen Ehrenschutzes, der weit auszulegen sei, nicht angehe. Auch § 193 StGB (Wahrnehmung berechtigter Interessen) rechtfertige die in dem Flugblatt enthaltenen Behauptungen nicht; Arthur Sahm sei seiner Pflicht nicht nachgekommen, sich vor der Verbreitung hinreichend zu informieren.

Was die Hildesheimer Richter kaum wissen konnten: Mit der nicht nur im Wettbewerbsrecht, sondern vor allem im politischen Strafrecht der Weimarer Republik verbreiteten Figur des »flüchtigen Lesers« hatten sie geradezu einen negativen Schlüsselbegriff verwendet, mit dem sich Heinrich Hannover in seinen Büchern »Politische Justiz 1918 bis 1933« und »Der Mord an Rosa Luxemburg und Karl Liebknecht« (beide gemeinsam mit Elisabeth Hannover-Drück) auseinandergesetzt hatte.

Er erhob für Arthur Sahm nach einer vergeblichen Revision gegen das Urteil des Landgerichts Hildesheim zum Oberlandesgericht Celle (sie wurde als »offenbar unbegründet« verworfen) Verfassungsbeschwerde zum Bundesverfassungsgericht.

Dessen Entscheidung lautete eindeutig:

»Das Urteil des Landgerichts Hildesheim ... und der Beschluß des Oberlandesgerichts Celle ... verletzen das Grundrecht des Beschwerdeführers aus Artikel 5 Abs. 1 Satz 1 des Grundgesetzes. Die Entscheidungen werden aufgehoben. Die Sache wird an das Landgericht Hildesheim zurückverwiesen.« (BVerfGE a.a.O., 131).

Und die Begründung war ebenso deutlich:
Das Landgericht habe schon die Tatsachen in einer Weise festgestellt, die die Bedeutung des Artikels 5 GG nicht berücksichtige. Das Flugblatt lasse seinem Wortlaut und Sinn nach deutlich erkennen, daß v. Fircks »in dem Ausschnitt der Vertreibung polnischer Bauern an dem Gesamtkomplex national-sozialistischer Untaten in Polen beteiligt gewesen sei, der bis hin zur Vernichtung polnischer Menschen gereicht habe« (a.a.O., 138). Ferner habe das Landgericht mit seiner »weiten Auslegung« im Interesse eines wirksamen Ehrenschutzes die Bedeutung des Artikel 5 GG vernachlässigt. Schließlich gehe es nach Artikel 5 GG nicht an, »den Inhalt einer Information ... mit Hilfe des Maßstabs des ›flüchtigen Lesers‹ zu bestimmen, wenn die Information im konkreten Fall ersichtlich politisch interessierte und aufmerksame Leser voraussetzt und sich an diese richtet« (a.a.O., 140). Auch insoweit sei Artikel 5 Abs. 1 Satz 1 GG verletzt. Das Bundesverfassungsgericht weist nicht ohne Süffisanz darauf hin, daß weder das Amtsgericht noch die Staatsanwaltschaft, die sich eingehend mit dem Flugblatt beschäftigt haben, auf den Gedanken gekommen sind, ihm die Deutung zu geben, die das Landgericht festgestellt hat (a.a.O., 141).

Ein klarer Sieg also für ein ehemals aktives Mitglied der DFU in der politischen Auseinandersetzung mit einem exponierten Mitglied der CDU, Bundestagsabgeordneten und Vertriebenenfunktionär, errungen auf die von Heinrich Hannover verfaßte Verfassungsbeschwerde vor dem Bundesverfassungsgericht Ende 1976 hin, nicht lange vor dem »deutschen Herbst« 1977.

Ich meine, allein dies ist der Erwähnung schon wert.

Erwähnenswert sind aber auch die Vorgeschichte und Nachgeschichte der Entscheidung.

3. Die Verfassungsbeschwerde war am 9.9.1972, dem letzten Tage der Frist zur Einreichung nach § 93 des Bundesverfassungsgerichtsgesetzes (BVerfGG), in Karlsruhe eingegangen. Mit Schreiben vom 8.6.1973 hatte der Präsident des Gerichts, Ernst Benda, als Vorsitzender des Ersten Senats Heinrich Hannover aufgefordert, »weitere Abdrucke« des Verfassungsbeschwerdeschriftsatzes bei Gericht einzureichen — ein Indiz dafür, daß die Verfassungsbeschwerde die Hürde des Vorprüfungsausschusses (§ 93 a BVerfGG) genommen hatte. Es folgte ein Schreiben des Berichterstatters, Bundesverfassungsrichter (BVR) Ritterspach, vom 1.8.1973, in dem er Heinrich Hannover die Stellungnahme des Bevollmächtigten des Herrn v. Fircks mitteilte, der die Verfassungsbeschwerde für unbegründet ansah. Das niedersächsische Justizministerium sah von einer Stellungnahme ab, was womöglich ein Indiz dafür war, daß es die Verfassungsbeschwerde für erfolgversprechend ansah.

Es folgten fast 3 1/2 Jahre Stille.

Fest steht, daß während dieser Zeit, nämlich am 7.11.1975 (vgl. den »Richterspiegel«) im BVerfG ein Richterwechsel stattfand: Neben BVR Katzenstein, der für den ausgeschiedenen Richter Brox eintrat, wurde als Nachfolger für den ebenfalls ausscheidenden Richter Ritterspach der Freiburger Hochschullehrer Konrad Hesse zum Bundesverfassungsrichter gewählt. Er war der Nachfolger Ritterspachs als Berichterstatter auch in der Sache Sahm/v. Fircks. Was er, ein exponierter Verfechter der Meinungsfreiheit, von den schließlich mit der Verfassungsbeschwerde aufgehobenen Entscheidungen der niedersächsischen Strafgerichte hielt, kann man aus dem Beschluß des Gerichts, der seine Handschrift trägt, entnehmen. Man muß aber mutmaßen, daß der spätere positive Ausgang des Verfahrens nicht von vornherein programmiert war. Hinweise dafür, die ich hier nicht weiter ausführen kann, lassen sich einem Verfahren entnehmen, das einen ganz ähnlichen Streitgegenstand hatte und in dem sich ein Stuttgarter Fernseh-Redakteur aufgrund eines Berichterstatterschreibens aus Karlsruhe schließlich veranlaßt sah, seine Verfassungsbeschwerde zurückzunehmen.*

Aber nach den 3 1/2 Jahren Stille folgte zunächst noch nicht der positive Beschluß selbst; er wurde Heinrich Hannover erst am 10.2.1977 zugestellt. Zuvor, am 29.12.1976, ging ein ebenfalls vom 7.12.1976 datierender Beschluß in dieser Sache ein (BVerfGE 43, 126), der lautete:

»*Die Selbstablehnung des Präsidenten Dr. Benda ist unbegründet.*«

Benda hatte sich verpflichtet gefühlt, gemäß § 19 Abs. 3 BVerfGG dem Senat mitzuteilen, daß Herr v. Fircks ebenso wie er »während der 6. Wahlperiode des Deutschen Bundestages ... bis zum Beginn seiner Amtszeit als Präsident des Bundesverfassungsgerichts im Dezember 1971 Mitglied der CDU/CSU-Fraktion, des Innenausschusses und des für allgemeine und rechtliche Fragen zuständigen Arbeitskreises I der CDU/CSU-Fraktion ....« war. Es habe sich eine ständige und enge sachbezogene Zusammenarbeit ergeben, die jedoch private Kontakte nicht eingeschlossen habe. Er, Benda, habe sich »in seiner Eigenschaft als Vorsitzender des Arbeitskreises I ... mit der Frage auseinanderzusetzen (gehabt), ob aus den Vorwürfen, die gegen v. Fircks wegen seiner Tätigkeit in Polen erhoben worden und die vor allem in dem Flugblatt des Arthur Sahm vom Juni 1970 enthalten waren, Konsequenzen zu ziehen seien« (BVerfG a.a.O., 126 f). Er habe jedoch wegen seines Ausscheidens aus dem Bundestag nach seiner Wahl zum Verfassungsrichter die Angelegenheit nicht weiter verfolgt. Die von Benda beantragte Entscheidung, er sei nicht als befangen anzusehen, sorgte in der Presse für Mutmaßungen (vgl. FR vom 30.12.1976). Die Spekulationen, ob und

---

* Die Information verdanke ich einem Gespräch mit Richard Schmid.

wie sich der Beschluß zur Frage der Befangenenheit des Präsidenten und damit der Besetzung des Senats auf die Sachentscheidung auswirken könnte, wurden jedoch alsbald überholt durch die Veröffentlichung des Beschlusses zur Meinungsfreiheit selbst im Februar 1977.

Es bleibt die Frage, was die Verfassungsrichter veranlaßt hat, den am selben Tage wie die Sachentscheidung ergangenen Beschluß zur Frage der Befangenheit Bendas vorab zu veröffentlichen. Die Banalität, daß der kurze Beschluß zur Frage der Befangenheit schneller abzusetzen war, kann als Erklärung nicht hinreichen.

4. Jeder hätte nun erwartet, daß nach der mit eindeutigen verfassungsrechtlichen Argumenten begründeten Aufhebung der fehlerhaften Entscheidungen der Fachgerichte eine neue Verhandlung vor dem Landgericht Hildesheim und ein Freispruch Arthur Sahms folgen würden.

So wollte es wohl das zuständige Landgericht Hildesheim, das Termin zur Hauptverhandlung auf den 3.2.1978 anberaumte. Aber es kam anders:

Der Termin wurde aufgehoben, und nach einer schriftlich geführten juristischen Auseinandersetzung zwischen den Bevollmächtigten des Herrn v. Fircks und Heinrich Hannover wurde schließlich das Verfahren nach § 206 a der Strafprozeßordnung (StPO) durch Beschluß vom 23.6.1978 eingestellt: Es war inzwischen Verfolgungsverjährung eingetreten, die sich nach § 24 Abs. 1 des Niedersächsischen Pressegesetzes richtete. Die 6monatige Verjährungsfrist, die mit der Entscheidung des Bundesverfassungsgerichtes vom 7.12.1976 erneut zu laufen begonnen hatte, war am 7.6.1977 abgelaufen. Bis zu diesem Zeitpunkt hatten richterliche Maßnahmen, die die Verjährung nach § 78 c hätten unterbrechen können, nicht stattgefunden. Es heißt in dem Beschluß des Landgerichtes Hildesheim vom 23.6.1978 (gNs 34/71) wörtlich: »Die Akten, die vorübergehend in Verlust geraten waren, lagen dem hiesigen Gericht erst im Oktober 1977 wieder vor.«

Allerdings war die Kostenentscheidung nach § 467 Abs. 1 StPO ein »Freispruch im kleinen«: Die Kosten des Verfahrens und die notwendigen Auslagen Arthur Sahms wurden der Landeskasse auferlegt, nachdem er zuvor schon gemäß § 34 Abs. 4 BVerfGG die notwendigen Auslagen seiner Verfassungsbeschwerde erstattet erhalten hatte. v. Fircks blieb auf seinen ihm während des gesamten Verfahrens als Nebenkläger erwachsenen Kosten hängen. Er ließ den Beschluß gleichwohl rechtskräftig werden, hatte er doch auf diese Weise eine neue Hauptverhandlung vermieden, in der zwar der strafprozessualen Rolle nach Arthur Sahm der Angeklagte gewesen wäre — jedoch in der Gewißheit eines Freispruchs —, während er, vordergründig in der Rolle des Nebenklägers, in der Öffentlichkeit als der wahre Angeklagte dagestanden hätte.

Es folgte noch — Heinrich Hannover kennt dies aus vielen Prozessen — der Kampf um die vollständige Erstattung der Kosten, die Arthur Sahm über die vielfältigen Beeinträchtigungen hinaus, die ein derartiger politischer Strafprozeß mit sich bringt, entstanden waren.

Aber am Ende hatte Arthur Sahm nahezu alle ihm entstandenen Kosten zurückerhalten durch Rückerstattung der vor der Entscheidung des Bundesverfassungsgerichts gezahlten Gerichtskosten und Auslagen des Nebenklägers sowie der Geldstrafe, durch die in dem Einstellungsbeschluß des Landgerichts angeordnete Erstattung seiner eigenen Auslagen, und schließlich erhielt er nach dem Gesetz über die Entschädigung für Strafverfolgungsmaßnahmen (StrEG) auch noch die Kosten für die Forschungsreisen nach München und Warschau erstattet, die ihm vorher durch Kostenbeamte und Bezirksrevisoren aus seinen Aufstellungen herausgestrichen worden waren.

5. Was bleibt? Glanz und Elend einer großen Entscheidung zur Meinungsfreiheit, die historische und demokratische Sensibilität erkennen läßt. Am Ende steht nicht der Freispruch nach öffentlicher Verhandlung, der dem öffentlich ausgetragenen politischen Streit und der Entscheidung des Verfassungsgerichts angemessen gewesen wäre, sondern nur die — sicherlich lobenswerte — finanzielle Rückabwicklung.

Peter Jürgen Boock
Im Jahre der Herren 1984

nur nackt
vorbei an einer wand
mit tausend augen
kommen wir hinein
gefordert ist unterwerfung
im spiel mit
fest verteilten rollen
fügen wir uns nicht drein
werden wir ausgeschlossen
von der weiteren mitwirkung
an meinem untergang
denn hier herrscht sicherheit
und recht und ordnung
mit wirklich allen
zu gebote stehenden mitteln
werden wir überwacht.

kein alptraum, leider nicht
wir träumten beide davon
noch lange danach und
unsicher beim erwachen
ob nicht über nacht
stuttgart-stammheim wieder
wirklichkeit geworden ist.

Für Heinrich Hannover,
den Freund und Anwalt,
ohne den ich die letzten
fünf Jahre nicht überstanden hätte.

Christa Bürger
»Draußen verloren — drinnen gefunden«
Anmerkungen zum Briefwechsel von Boock und Schneider

Selten hat mich in den letzten Jahren ein Text so zugleich unmittelbar und langwirkend festgehalten wie das Gespräch in Briefen*, das der Schriftsteller Peter Schneider, einer der Wortführer der Studentenbewegung in den 60er Jahren, mit dem ehemaligen RAF-Mitglied Peter-Jürgen Boock (das archaische Urteil des modernen Rechtsstaats Bundesrepublik über ihn lautet: dreimal lebenslänglich plus 15 Jahre) geführt hat. Die Lektüre fiel in eine Zeit, wo ich, wieder einmal, wenn auch nur aus der Beobachtungsperspektive, habe erfahren müssen, wie unter dem Zwang des Gruppenkonformismus hochschulpolitische Entscheidungen zustande kommen, von denen alle daran Beteiligten wissen, daß sie falsch sind und daß, da dies so ist, die Aussichten für die längst fällige Selbstkritik der Linken schlecht stehen. In seinem Vorspann zu dem Briefwechsel bringt Peter Schneider den Mechanismus der Unterordnung unter den Gruppenkonformismus in Zusammenhang mit einer Unfähigkeit zu trauern, in der die Generation der 68er sozusagen von der Geschichte ihrer Eltern eingeholt wird. Der verzweifelte, mörderische Aktionismus der RAF und der melancholische, stillschweigende Theorieverzicht der linken Intelligenz heute wären dann zwei Seiten desselben historischen Versagens: Die Kinder der Elterngeneration, die für die Verbrechen des Nationalsozialismus verantwortlich ist und die diese Vergangenheit verdrängt hat, haben ihrerseits nicht wahrhaben wollen, daß sie selbst geprägt sind durch die Geschichte dieser Eltern. Das »diskrete Schweigen« der 50er Jahre, worin wir aufgewachsen sind — und von deren Ungerechtigkeit Heinrich Hannovers Bücher über die politischen Prozesse der Nachkriegszeit Zeugnis ablegen — ‚hat in vielen die Fähigkeit, die eigene Bildungsgeschichte sich bewußt zu machen, nicht aufkommen lassen. Die »Apathie in der Theorie«, die Leichtigkeit, mit der in den letzten Jahren Linksintellektuelle auf Hoffnungen, politische Einstel-

*P.-J. Boock/P. Schneider, *Ratte tot... Ein Briefwechsel* (sammlung luchterhand 579). Darmstadt/Neuwied 1985; die in Klammern angegebenen Zahlen beziehen sich auf dieses Buch.

lungen, wissenschaftliche Methoden und Begriffe, auf die sie ihre Identität in den 60er Jahren gegründet hatten, Verzicht geleistet haben, zum Teil mit zynischer Offenheit und dem Gestus des »edlen Verräters«, lassen aus dieser Prägung vielleicht sich erklären.

Die Bedeutung des Briefwechsels zwischen Boock und Schneider scheint mir darin zu liegen, daß die Autoren die Identitätskrise der Linken mit äußerster Bewußtheit reflektieren, sich nicht einlassend auf die Verführung der Subjektauflösung und nicht sich verstockend in der Unverwundbarkeit des gepanzerten Ich. Dem Literaturwissenschaftler machen sie darüber hinaus die Unangemessenheit der herrschenden Literaturvorstellungen bewußt, welche die Autonomie des Kunstwerks als reine Selbstbezogenheit auslegen und weder existenzielle noch politische Schreibmotivationen anzuerkennen bereit sind. Besonders die Briefe Boocks zwingen uns, das Verhältnis von Literatur und Lebenspraxis, Literatur und Moral neu zu überdenken. Denn offensichtlich hat das Schreiben für Boock existenzielle Bedeutung. Schreibend versichert er sich seiner selbst als eines moralischen Subjekts. Eines der Hauptthemen dieses Briefwechsels ist es, wie man es aushalten kann, »vierundzwanzig stunden am tag, und das über jahre, von der eigenen moralischen substanz zu leben« (95). Die Schwierigkeit Boocks, verurteilt als Mitglied einer kriminellen Vereinigung, liegt darin, daß er gerade nicht, wie etwa Jean Genet, in einem bestimmten Augenblick sich als Verbrecher »gewählt« hat — er versteht sich als unschuldig im Sinn der Anklage — und daß seine Identität nicht vom Haß auf einen Gegner lebt. Er hat seine RAF-Vergangenheit als Irrtum erkannt, und auf diese Einsicht gründet er seine Identität: Er versteht sich als einen, dem aufgrund seiner sozialen Herkunft die Freiheit eines individuellen Lebensentwurfs versagt geblieben ist: »das problem war eigentlich immer nur, daß selbst das wenige, was ich wollte, nicht zu kriegen war« (2). Nur ein einziges Mal hat er wirklich eine Wahl getroffen: Als er sich von der RAF lossagte und öffentlich seine ehemaligen Freunde aufforderte, den Kampf mit der Waffe aufzugeben, ohne jedoch die ihm angebotene Rolle des Kronzeugen anzunehmen. Er kann nicht verdrängen, was seine ehemaligen Freunde für ihn gewesen sind. Getrennt hat er sich von der Ideologie des bewaffneten Kampfes, aber er nimmt lieber ein Fehlurteil hin, als einen Verrat zu begehen. Mit dieser Wahl bringt er sich als moralisches Subjekt hervor, aber er zahlt dafür einen furchtbaren Preis; er nimmt nicht nur die lebenslängliche Haft in Kauf, sondern auch die Verachtung der Gruppe, für die er fortan — gemäß einer anderen Logik oder einer anderen »politischen« Moral, die er ablehnt* — ein Verräter ist, nämlich an dem politischen »Auftrag« der

---

*Die von Boock getroffene Unterscheidung zwischen Verrat an Personen und »politischem« Verrat scheint mir sehr wichtig.

Gruppe. »Boock hat sich zu einer Gratwanderung entschlossen, bei der er beides verliert: die Freiheit und den Schutz der Gruppe. Was er dabei womöglich gewinnt, entzieht sich der politischen Kosten-Nutzen-Rechnung: seine eigene Stimme« (15). Diese Gratwanderung von einem, der nur von seiner eigenen moralischen Substanz leben muß, macht Schreiben zur Lebensnotwendigkeit: Es wird zu einem Akt der Identitätsbestimmung. Boock spricht von seinem »Bedürfnis Individualität« (138) und davon, daß seine Subjektivität für ihn »wortwörtlich überlebenswichtig« geworden ist (77), um so mehr, als er hat lernen müssen, »in mir eine art trennung zu vollziehen«, zwischen dem juristischen und dem persönlichen Prozeß, damit »das bißchen sicherheit, das ich mir gegen alle umstände erkämpft hab, nicht zwischen die mühlsteine gerät«(78). Ein solches Schreiben bewegt sich zwischen zwei Extremen, die es, um der Selbstbehauptung des schreibenden Subjekts willen, verschränken muß: Authentizität und Öffentlichkeit.

Es ist nur folgerichtig, wenn Boock, der sehr wohl für seine Texte einen literarischen Anspruch stellt, bemerkt, er könne mit kunstvollen Formulierungen nichts anfangen. Gegen die »Künstlichkeit« der Kunst setzt er die subjektive Authentizität(19). Er widerspricht damit dem traditionellen Literaturbegriff, demzufolge vom pragmatischen der literarische Text sich dadurch unterscheidet, daß er keinen Wirklichkeitsbezug hat. Selbstreferentialität gilt vor allem als das unumstößliche Gesetz der ästhetischen Moderne. Aber dies ist nicht die ganze Moderne. Von Rimbaud über den Surrealismus und Artaud bis zur späten Prosa von Ingeborg Bachmann gibt es innerhalb der Moderne eine Gegentradition, welche die Abtrennung des schreibenden Subjekts von seinem Text unterläuft mit einem emphatischen Anspruch auf Authentizität des Ausgedrückten. In der Tat sind die Texte Boocks von seiner Person und seiner Geschichte nicht abtrennbar, derart, daß er selbst sich fragt, wie sie wohl aufgenommen werden würden ohne Namensnennung. Und weiter sind die Person und die Geschichte, auf die diese Texte verweisen, selbst wieder ein Stück verfehlter deutscher Geschichte. Wie immer man das Urteil der deutschen Justiz über Boock bewertet, es »trifft nicht einen von jenen Terroristen im Staatsauftrag, die sich — mehr vor der Geschichte als vor ordentlichen Gerichten — für die größten Verbrechen in diesem Jahrhundert verantworten müssen, sondern einen von den Söhnen, die sich in einem absurden Zweikampf mit dem Staat verrannten, weil sie nicht so werden wollten wie ihre Väter« (16). Zugleich sind es die Texte, welche die Person Boocks allererst konstituieren, und dieser bedarf des Schreibens, um der mühsam errungenen Subjektivität, in der stellvertretend Unerledigtes aus der deutschen Geschichte verarbeitet wird, sich immer wieder zu versichern.

In der mimetischen Einstellung Peter Schneiders, der sich auf die extremen Bedingungen der Realitätserfahrung einläßt, die Leben und Schreiben Boocks tragen, findet die subjektive Authentizität des Schreibenden ihre Beglaubigung. Mehr als um die Bestätigung des literarischen Werts seiner Texte geht es Boock um die Authentizität seiner Existenz und die Glaubwürdigkeit seiner Sätze. Dort erwartet er von Schneider Kritik (104,114), hier aber: Glauben. Und Schneider gründet auf die subjektive Authentizität des Schreibenden seinen Glauben an die Wahrhaftigkeit von dessen Äußerungen. Eine Lüge wäre im Falle Boocks gleichbedeutend mit dem »Verlust des Vertrauens in (seine) eigenen Sätze« (108). »Ich kann mir nicht vorstellen, daß Boock die Glaubwürdigkeit seines Versuchs, sich von den Zwängen seiner Biographie zu lösen, durch eine von mir nicht erbetene Aussage aufs Spiel setzen würde, die, wenn sie falsch wäre, einem guten Teil seiner Äußerungen in diesem Briefwechsel den Boden entzöge. Hätte Boock wirklich getan, was das Gericht ihm anlastet, bliebe im Rahmen eines Briefwechsels, in dem vor allem Boocks innerer Prozeß verhandelt wird, zu diesem Punkt nur das Schweigen. Kein Beweis, ich weiß, der einen Staatsanwalt oder Richter überzeugen könnte — aber ein Beweis für den Anwalt der Seele« (17). Daher kann er den schwerwiegenden Satz in der einfachen Aussageform sagen, der den anderen als moralisches Subjekt anerkennt: »Ich glaub Dir«(109).

Bei dem Versuch zu verstehen, was an dem Briefwechsel fasziniert, wird man genötigt, eine Sprache zu reden, die quer steht zu den Grundannahmen traditioneller Literaturwissenschaft. Wenn es stimmt, daß die literarische Qualität der Briefe von der moralischen und politischen Glaubwürdigkeit der Schreibenden nicht abtrennbar ist, dann sind Fragen der Moral eben doch nicht so leicht als außerkünstlerische auszugrenzen, wie eine bestimmte Auslegung der Autonomieästhetik dies nahelegt. Wer wie Boock keine Außenwelt hat außer der, die er schreibend erzeugt, für den werden Kunst und Lebenspraxis zu einer Einheit.

Der Wille zur Authentizität, der dem Schreibprojekt Boocks zugrundeliegt, ist notwendig bezogen auf die Öffentlichkeit. Für den »freien« Schriftsteller, für Peter Schneider also, ist der Gedanke, einen Briefwechsel zu veröffentlichen, ein Problem; für Peter Boock dagegen nicht, und zwar aus zwei Gründen, einem sozusagen trivialen: »Verglichen mit der einseitigen amtlichen aufmerksamkeit, die unsere korrespondenz sicher jetzt schon genießt, hat das moment der ›gegenöffentlichkeit‹ eher etwas befreiendes« (56). Für den Strafgefangenen ist die Öffentlichkeit draußen, insofern sie die Wahrheit seines Identitätsentwurfs nicht an seinem Status mißt, sondern an der Authentizität seiner Rede, stets schon Gegenöffentlichkeit. Der andere Grund liegt in der Sache selbst, in der eigenartigen Verschränkung von Schreiben und Leben, die der Gefangene Boock mit dem ästhetischen Rebellen Rimbaud gemein hat. Der Schiffbrüchige — dies das Bild, unter das Boock sein Leben zu fassen sucht — steht im Bann einer leeren Zeit. »In letzter zeit hab ich das gefühl, als würde ich allmählich auslaufen wie eine batterie, die täglich verbraucht, aber nicht wieder aufgeladen wird zeit, das ist wie ein tödlich langsam mahlendes getriebe, in dem selbstwertgefühl und die fähigkeit zu hoffen, der wille zu kämpfen und die beziehungen zu dem, was draußen ist, langsam zerbröseln... die leere frißt die erinnerung, und neues kommt nur spröde nach, leben aus zweiter hand sozusagen«(38). Um dem Sog der leeren Zeit nicht zu verfallen, »entwickelt der schiffbrüchige seine eigene zeiteinteilung... seinen ›persönlichen‹ wahnsinn, eine art schutz vor der leere«(62). Er orientiert sich zuerst an äußeren Einschnitten, der Essensausgabe usw., bis er merkt, daß er schreibend die Zeit besiegen kann: die Phasen, in denen er konzentriert arbeiten kann, werden immer länger. Gleichwohl ist auch das Schreiben noch kein zureichendes Mittel, um Meister zu werden über die Leere, die den sozial Isolierten bedroht; es ist abhängig von der Antwort der Öffentlichkeit. Er braucht sie, um zu erkennen, wer er ist, welche »Spur« er über unsere Landschaft zieht.

Ernst Busche/Christoph Butterwegge
Wieder werden die Falschen verurteilt

Die Friedensbewegung der Bundesrepublik befindet sich gegenwärtig in einer schwierigen Lage. Sie hat den Beginn der Raketenstationierung nicht verhindern können und trifft seit der »Wende« im Herbst 1982 auf eine Regierung, die nichts unversucht läßt, Rüstungsgegner von der Wahrnehmung ihrer Bürgerrechte (Meinungs-, Versammlungs- und Demonstrationsfreiheit) abzubringen. Die Verschärfung der Wirtschaftskrise ging nicht nur mit einer Verschlechterung des innenpolitischen Klimas einher, sondern erleichterte auch administrative und juristische Schritte zur Eindämmung des außerparlamentarischen Protestes. Eine breitangelegte Kampagne soll Massenaktionen gegen die atomaren Mittelstreckenraketen vom Typ Pershing II und Marschflugkörper diskreditieren, die Friedensbewegung spalten und einem neuen Aufrüstungsschub im konventionellen Bereich und im Weltraum (SDI) den Boden bereiten. Dahinter verbirgt sich die Hoffnung, einzelne Aktivisten des »harten Kerns« durch Strafverfahren zermürben, ihre Gefolgschaft einschüchtern und Sympathisanten der Friedensbewegung fernhalten zu können.

Das vorherrschende Reaktionsmuster ist nicht neu: Solange es eine Friedensbewegung in Deutschland gibt, wird sie von den Staatsorganen mit variierenden Methoden verfolgt. Bemerkenswert ist höchstens das Ausmaß der Prozeßwelle, die sich zur Zeit über die Rüstungsgegner ergießt. Aufgrund mehrerer tausend Straf- und Ermittlungsverfahren, die anhängig sind, gewinnt man den Eindruck, daß die Rechtskräfte zur Großoffensive angetreten sind. Hieß es im Kaiserreich: »Gegen Demokraten helfen nur Soldaten!«, so lautet die Devise heute: »Gegen Pazifisten und Antimilitaristen helfen Strafjuristen!«

Seit jeher sind es aber nicht in erster Linie spektakuläre Prozesse, mit denen es die Friedensbewegung zu tun hat, sondern zum Kleinkrieg ausartende Behinderungen ihrer Basisarbeit und Behördenwillkür aller Art, wo sich der fortwährende Kampf zwischen Staatsgewalt und Massenbewegung abspielt. Nur in Ausnahmefällen gelangen Einzelheiten über diesen Dauerkonflikt an die Öffentlichkeit. Im folgenden soll geschildert werden, wie die Staatsmacht mit einem »stadtbekannten Demonstranten und Umweltschützer« (Bremens Innensenator Kröning über Ernst Busche) verfährt und welche Möglichkeiten es gibt, sich mit Hilfe eines engagierten Rechtsanwaltes (Heinrich Hannover) dagegen zu wehren.

Rüstung zerstört die Umwelt

In Garlstedt (nördlich von Bremen) »steht die Speerspitze der NATO«, schrieb der »Weser-Kurier« am 5. Oktober 1978. Gemeint war die US-Panzerbrigade »Hell on Wheels — Hölle auf Rädern«, die allmählich zur Hölle für Mensch und Natur wird. Für ihre über 400 Kettenfahrzeuge, darunter Panzerhaubitzen, die Atom-, Neutronen- und Giftgassprengköpfe verschießen können, 500 Lastkraftwagen und 4.100 Soldaten wurden 90 Gebäude, Kasernen, Werk- und Lagerhallen sowie eine Kirche aus dem und in den Boden gestampft. Insgesamt fielen den Aufrüstern anderthalb Quadratkilometer Heidelandschaft zum Opfer. Hier übt der »kampfstärkste Verband des amerikanischen Heeres« (»Wehrkunde« vom August 1978) zukünftige Luft-Land-Schlachten. Aus der offensiven Zielsetzung wird kein Hehl gemacht. So meinte das »Hamburger Abendblatt« am 23. Juni 1978: »Diese Panzerbrigade soll mit ihren fünf Bataillonen mit u.a. 66 schweren Panzern nur die Spitze eines Speeres sein, der im Verteidigungsfall hinter dem Schild hervorgestoßen wird.« Folgerichtig erhielt die größte US-Garnison in Norddeutschland die höchste Gefährdungsstufe, so daß Frauen dort keinen Dienst mit der Waffe tun dürfen.

Laut »Frankfurter Allgemeiner Zeitung« gilt die Garlstedter Brigade »als Vorhut der ganzen 2. Panzerdivision, die in Fort Hood/Texas untergebracht ist. Damit diese wie auch die zusätzlichen Reservedivisionen schnell einsatzbereit sein können, müssen sie Material und Ausrüstung an Ort und Stelle vorfinden.« Das Bundesverteidigungsministerium bestätigte im »Weißbuch 1983«, daß es sich hierbei um »zusätzliche« Truppen, also Aufrüstung, handelt. »Diese Brigade ist der Kern eines amerikanischen Verstärkungskorps mit drei Divisionen (das sind rund 45.000 Mann). Nach dem ›Wartime-Host-Nation-Support-Program‹ haben sich die USA verpflichtet, ihre in der BRD stationierten Divisionen im Krisen- oder Kriegsfall innerhalb von 10 Tagen um sechs Divisionen zu verstärken. Die Bundesrepublik hilft durch den Aufbau und den Unterhalt einer umfassenden Unterstützungsorganisation«, wozu neue Straßen, Brücken, Tunnel, Flugplätze usw. gehören.

Der »militärische Flächennutzungsplan« sieht den Bau von 15 weiteren Militäranlagen auch in landschaftsgeschützten Wäldern vor: Spreng-, Infanterie-, Handgranatenwurfplätze, Biwaklager, sogar ein Dorf für Nahkampfübungen!

Wie sehr und in welcher Form die Militarisierung einer Region Umweltzerstörung bedeutet, zeigen das Planfeststellungsverfahren und der »landschaftspflegerische Begleitplan« für eine acht Kilometer lange Panzerstraße von Garlstedt zum öffentlichen Bahnnetz. Diese Militärbahn bringt mehr als ein paar Stahlschienen für große Lasten, Tausende von Betonschwellen und einige Tonnen Schottersteine in die norddeutsche Tiefebene nahe der Kreisstadt Osterholz-Scharmbeck am Rande des Teufelsmoores. Beispielsweise erfordert der Trassenbau acht Meter hohe Dämme, fünf Meter tiefe Schluchten, das Abholzen von 120.000 Quadratmeter Wald auf einer Strecke von fünf Kilometern, das Verrohren von Bächen, Zerstören von Orchideenstandorten, Untertunneln von Straßen sowie ein Flurbereinigungsverfahren für die anliegenden Landwirte, vom Lärmpegel bei den Bauarbeiten, beim Beladen und Transport der Panzer ganz zu schweigen.

Umweltschützer und Friedensfreunde in Aktion

Gegen die Zerstörung dessen, was unsere Verteidiger/Aufrüster zu schützen vorgeben, gab es von Beginn an massiven Bürgerprotest. 1975/76 wurden über 50.000 Unterschriften gesammelt: »Rettet die Garlstedter Heide — keine Panzer und Kasernen im Erholungsgebiet!« 1978 fand in Osterholz-Scharmbeck ein Friedenstag unter dem Motto »Nein zur Neutronenbombe — Beendet das Wettrüsten!« statt; während des Richtfestes für die Kaserne drangen Demonstranten durch den Zaun auf das Militärgelände vor, wurden von Polizeihunden umzingelt und »hinausgeleitet«. 1979 organisierte die Bürgerinitiative eine Unterschriftenaktion gegen die Stationerung von Massenvernichtungsmitteln im Stadtgebiet von Osterholz-Scharmbeck; ein Jahr später überreichten ihre Mitglieder, als Weihnachtsmänner verkleidet, Stadtrat und Bürgermeister ein Stück Stacheldraht und einen Miniaturpanzer als Symbole für verdrahtete und verwüstete Umwelt sowie eine gespaltene Papierzunge für Lügen der Politiker. 1981 verwandelten sie ein deutsch-amerikanisches Freundschaftsfest in ein Forum des Antimilitarismus; Bürgermeister und US-General wurden mit Farbeiern bekleckert.

Auch in der nahegelegenen Großstadt Bremen ist der Protest lebendig: Mehrtägige Mahnwachen Bremer Jugendorganisationen, Pressekonferenzen und Informationsveranstaltungen haben das Abrüstungs- und Umweltbewußtsein der Bürger geschärft. Alljährlich sorgt die Bürgeraktion Garlstedter Heide für einen politischen Farbtupfer im traditionsreichen Freimarkt-Umzug der Hansestadt. Aufsehen erregen ihre Raketen-Attrappen und Ritterrüstungen (zur Untermalung der Losung »Entrüstet euch!«). Einmal führte sie sogar drei lebende Schafe mit sich.

Dieser phantasiereiche Widerstand hat zwar den Kasernenbau und die Truppenstationierung nicht verhindert, wohl aber das Fortschreiten der Militarisierung aufgehalten. Seit 1978 ruhen die Pläne für den Bau der Panzertrasse. Damit sie in den Schubladen der Behörden bleiben, ziehen seit 1980 Jahr für Jahr Tausende von Ostermarschierern aus Bremen und Umgebung vor die Garlstedter Kaserne. Verwaltung und Justiz im Kreis Osterholz suchen diese Protestaktionen mit allen möglichen Mitteln zu unterbinden, zu kanalisieren und zu kriminalisieren. Als Sprecher der Bürgeraktion geriet Ernst Busche immer häufiger ins Visier der Staatsorgane. Mit Polizei und Gerichten kam er mehr in Berührung, als ihm lieb sein konnte.

Juristische Fußangeln

In übelster Bürokratenmanier vermehrte der Landkreis Osterholz die polizeilichen Auflagen gegen den Ostermarsch nach Garlstedt. Begnügte er sich 1980 noch mit drei, so schickte er den Veranstaltern 1985 nicht weniger als 11 eng getippte Seiten, auf denen sie über ihre Pflichten belehrt wurden. Abschließend drohten die Juristen der Kreisverwaltung: »Sollten Sie als verantwortlicher Leiter der Veranstaltung diesen Auflagen nicht nachkommen, können Sie gemäß § 25 Versammlungsgesetz mit Freiheitsstrafe bis zu sechs Monaten oder mit Geldstrafe bis zu 180 Tagessätzen belegt werden.«

Die Verfasser des Schriftsatzes hatten gleich zwei Fußangeln ausgelegt. Sie untersagten den Demonstranten zum einen, durch das Naherholungsgebiet Schmidts Kiefern, in dem eine 250 Meter lange Verladerampe als Schlußstück der Panzertrasse geplant ist, zu wandern, »weil dieses Gebiet zum Truppenübungsplatz Garlstedt gehört und zum unmittelbaren Gefahrenbereich zählt.« Es würden erhebliche Gefahren bestehen, wenn dieses Gebiet betreten wird. Wie der Anspruch auf das schöne Waldstück dennoch aufrechterhalten wurde, beschrieben die »Norddeutsche« und der »Weser-Kurier« so: »Nach einer kurzen ›sprachlichen‹ Auseinandersetzung mit dem Thema ›Für den Frieden! Gegen den Atomtod‹ erklärte Dr. Ernst Busche die Veranstaltung kurzerhand für beendet. Die mehreren tausend Menschen begaben sich nicht in der ›juristischen Gestalt‹ eines Demonstrationszuges, sondern als Privatpersonen ›in Masse‹ auf den Weg durch Schmidts Kiefern, der vom Landkreis verboten worden war. Argumentation der Veranstalter des Osterspaziergangs: Weil Privatpersonen das Wandern in Schmidts Kiefern nicht verboten wurde, kann der Veranstalter — nach Schluß der Veranstaltung — nicht für das Tun jener Privatpersonen belangt werden.«

Eine andere Auflage des Oberkreisdirektors ließ sich nicht so leicht umgehen: »Für die Begleitung des Demonstrationszuges muß je 20 Teilnehmer ein Ordner zur Verfügung stehen.« Personen, die mit dieser Aufgabe betraut würden, müßten »volljährig sein und mit einer weißen Armbinde gekennzeichnet sein, die die Aufschrift ›Ordner‹ zu tragen hat«.

Da sie diese Auflagen beim Fahrradkorso für den Frieden zu Ostern 1980 nicht erfüllt wähnte, stellte die Polizeistation Ritterhude Strafantrag gegen Ernst Busche. Die Staatsanwaltschaft beim Landgericht Verden leitete ein Ermittlungsverfahren wegen Verstoßes gegen das Versammlungsgesetz ein, wollte jedoch von der Klageerhebung absehen, wenn sich der Veranstalter des Osterspazierganges bereit erklärt hätte, 300 DM an die Niedersächsische Gesellschaft für Straffälligenbetreuung der Bewährungshilfe zu zahlen.

Grundsätzliches zum Demonstrationsrecht

In dieser Situation wandte sich der Betroffene an einen Rechtsanwalt seines Vertrauens: Heinrich Hannover trat auf den Plan. Sein Schriftsatz problematisierte die Auflagenpraxis der Kreisverwaltung, kritisierte das Vorgehen der niedersächsischen Polizei und regte die Einstellung des Verfahrens nach § 153 Strafprozeßordnung an. »Es kann wohl kaum ernsthaft in Zweifel gezogen werden, daß in einem Staat, der, wie ja oft genug betont wird, eine freiheitlich-demokratische Grundordnung hat, auch ohne Anmeldung zulässig sein muß, zu Ostern spazierenzugehen und sich hierbei auch etwas zu denken. Mein Mandant kann durch die erfolgte Anmeldung nicht schlechter gestellt werden, als wenn er sich mit seinen politischen Freunden unangemeldet zu einem Osterspaziergang verabredet hätte.«

Weiter hieß es in der Stellungnahme Heinrich Hannovers: »Dadurch, daß jemand die Absicht ankündigt, mit Freunden einen gemeinsamen Osterspaziergang machen zu wollen, wird er nicht zum Kompanieführer. Mein Mandant hat auch die genaue Anzahl der Teilnehmer erst nachträglich erfahren. Er hat nicht, wie dies bei militärischen Einheiten wohl üblich sein mag, durchzählen lassen.« Mit solchen Formulierungen, die überall befreiendes Lachen hervorrufen und gerade dadurch den schikanösen Charakter bürgerrechtsfeindlicher Repressalien entlarven, wußte sich Ernst Busche bei seinem Anwalt gut aufgehoben und eine wichtige Voraussetzung für demokratisches Engagement erfüllt: Politik muß auch Spaß machen, ihr Träger Humor haben!

Das Amtsgericht Osterholz-Scharmbeck folgte dem Vorschlag des Verteidigers und stellte das Verfahren mit Zustimmung der Staatsanwaltschaft und des Angeschuldigten ein, weil dessen Schuld gering sei und an der weiteren Verfolgung kein öffentliches Interesse bestehe. Was wie eine Provinzposse erscheinen mag, fand damit jedoch nur vorübergehend seinen Abschluß.

Ostern 1982 wurde die Friedens-Fahrradtour bereits zum dritten Mal durchgeführt. Ein Polizeihauptmeister und ein Polizeioberkommissar »achteten bewußt darauf, ob die — gemäß Auflage des Landkreises geforderten — Ordner den Radfahrpulk begleiteten«. Ihnen seien, so ließ die Behörde später verlauten, »keine als Ordner gekennzeichneten Personen aufgefallen«. Ein dritter Beamter gab zu Protokoll, bei dem Fahrradkorso einen Radfahrer mit Armbinde gesehen, aber »nicht besonders auf eingesetzte Ordner des Veranstalters geachtet« zu haben.

Wieder leitete der zuständige Staatsanwalt ein strafrechtliches Ermittlungsverfahren ein und erhob dieselben Vorwürfe wie zwei Jahre zuvor. Dadurch erhielt Heinrich Hannover die Gelegenheit, sich grundsätzlicher zum Demonstrationsrecht zu äußern: »Das Versammlungsgesetz sieht den Einsatz ehrenamtlicher Ordner als ein Recht des Leiters der Versammlung, nicht aber als seine Pflicht vor. Das entspricht der regulären Kompentenzverteilung, wonach für die Gewährleistung der öffentlichen Sicherheit und Ordnung grundsätzlich die Polizei zuständig ist, so daß die Ermächtigung einer Zivilperson zum Einsatz von Ordnern eine Ausnahmeregelung ist. Der Landkreis Osterholz — und wohl auch andere Behörden — drehen diese gesetzliche Regelung um, indem sie den Leiter einer Versammlung mit polizeilichen Kompetenzen belasten, die sich in einem freiheitlich-demokratischen System niemand gegen seinen Willen aufdrängen lassen muß.«

Heinrich Hannover bestritt die Rechtmäßigkeit der Auflagen des Landkreises, weil sie nach dem Versammlungsgesetz nur dann statthaft gewesen wären, wenn eine unmittelbare Gefahr für die öffentliche Ordnung oder Sicherheit bestanden hätte. Aufgrund des Ausbleibens irgendwelcher Zwischenfälle in den Vorjahren konnte davon natürlich keine Rede sein. Dies habe auch der Oberkreisdirektor gewußt, was sich schon daraus ergebe, daß nur vereinzelte Polizeibeamte am Rande der Fahrtstrecke bereitstanden. »Der nun schon zum dritten Mal veranstaltete Fahrradkorso hat sich mittlerweile als für die öffentliche Sicherheit und Ordnung ›ungefährlich‹ erwiesen, seine ›Gefährlichkeit‹ besteht offenbar darin, daß er in den Köpfen der Menschen etwas gegen den Wahnsinn der Atomrüstung in Bewegung setzen könnte. Daraus allein dürften auch die Schikanen und die nachträglichen Kriminalisierungsversuche folgen, denen nicht nur mein Mandant, sondern auch andere ausgesetzt waren und sind, die demokratische Grundrechte zum Widerstand gegen die Stationierung von Raketenwaffen in Mitteleuropa in Anspruch genommen haben.«

Solidarität hilft siegen!

Wie so oft, war Heinrich Hannover »nicht nur rechtskundiger Prozeßbegleiter, sondern auch politischer Verbündeter« (Heinrich Hannover, Klassenherrschaft und Politische Justiz. Plädoyers für ein demokratisches Recht, Hamburg 1978, S. 7). Er beriet seinen Mandanten in Verfahrensfragen, stand ihm aber auch mit seiner Erfahrung als kämpferischer Demokrat zur Seite. Überhaupt schlug dem Angeschuldigten eine Woge der Solidarität entgegen. Neben der juristischen bekam Ernst Busche von verschiedenen Seiten politische Hilfe, die ihm den nötigen Rückhalt gab, um die mit den Ermittlungen verbundenen Belastungen durchzustehen. »Unliebsame Demonstranten sollen von der Polizei in Ritterhude oder anderen niedersächsischen Exekutivstellen offensichtlich eingeschüchtert und Vertreter der Friedensbewegung durch strafrechtliche Drohgebärden von der Initiierung weiterer Aktionen abgehalten werden«, schrieben die Bremer Jungsozialisten an den Innenminister des Nachbarlandes und zogen daraus folgenden Schluß: »Ein derartiges Vorgehen kann nur als Versuch gewertet werden, das grundgesetzlich verbriefte Demonstrationsrecht quasi durch die Hintertür einzuschränken.«

Die Bürgerinitiative für Frieden und Abrüstung Schwachhausen (ein Bremer Stadtteil, in dem die Verfasser wohnen) teilte ihr Erstaunen mit »über die Tölpelhaftigkeit oder über die Ignoranz, nicht erkennen zu können, daß solche Strafanträge das Vertrauen der Bürger in die staatliche Macht immer weiter untergraben«. Sie fragte den Innenminister, Polizeibehörden und Staatsanwaltschaft: »Was muß eigentlich geschehen, damit der Staat diejenigen unterstützt, die nicht begreifen wollen, daß wir unser eigenes Haus atomar verminen müssen, um uns gegen die Bedrohung durch den Nachbarn zu schützen? Die nicht hinnehmen wollen, daß die verantwortlichen Volksvertreter (zwangsläufig?) immer mehr Waffen anhäufen, ohne eine Antwort auf die Frage geben zu können, wann es denn genug sei und wie man das eigentliche Übel — die echte oder vermeintliche gegenseitige Bedrohung — aus der Welt schaffen könne.«

Natürlich weiß niemand, ob es die Überzeugungskraft der Argumente, das öffentliche Aufsehen oder die Stärke der Solidaritätsbewegung war, wodurch die Staatsanwaltschaft veranlaßt wurde, das Verfahren auch diesmal wieder wegen Geringfügigkeit niederzuschlagen. Bei der ersten Auseinandersetzung hatte der Leitende Oberstaatsanwalt noch an Ernst Busche geschrieben: »In einem Wiederholungsfall können Sie mit einer solchen Einstellung des Verfahrens nicht noch einmal rechnen.«

Heinrich Hannover hatte in diesem Fall einmal mehr bewiesen, daß die Argumentation eines Strafverteidigers politisch und juristisch durchschlagend sein kann. In einer Verhandlung wollte die Gegenseite ihn und seinen Mandanten nicht zu Wort kommen lassen, hätte ein solcher Prozeß doch beiden die Gelegenheit verschafft, in aller Öffentlichkeit darzulegen, mit welch fragwürdigen Mitteln gestern die Stationierung von US-Erstschlagraketen, heute die Zerstörung eines Naherholungsgebietes und morgen vielleicht die »Front im All« (Weltraumrüstung) durchgesetzt wurde/wird.

Die Staatsgewalt im Kampf mit der Friedensbewegung

Je größer, breiter und bunter die Friedensbewegung wurde, desto eher begegnete ihr die Staatsmacht aggressiv und repressiv, was mehr als kontraproduktiv wirkte. Die Ziele einer »Abschreckung nach innen« wurden bislang verfehlt, Solidarisierungs-, Politisierungs- und Polarisierungseffekte hervorgerufen. Die zunehmende Kriminalisierung der Friedensbewegung wuchs sich in den letzten Jahren nicht nur zur größten Prozeßlawine der

BRD-Geschichte aus, sondern verwies einmal mehr auf den Bedingungszusammenhang zwischen der forcierten Militarisierung eines Staates (Raketenstationierung, Steigerung der Rüstungsausgaben, Zivilschutznovelle) und seiner Entdemokratisierung (Berufsverbote auch gegen Pazifisten, Aushöhlung des Demonstrationsrechts). Gleichzeitig wurde deutlich, daß die »Politik der Stärke« gegenüber Massenbewegungen ein Zeichen der Schwäche darstellt. Die Friedensbewegung hat zwar in Sachen »Nachrüstung« eine Niederlage erlitten, aber trotz vorübergehender Demobilisierungserscheinungen keinerlei Grund zur Resignation. Solange ein Rüstungsprojekt der US-Administration und ihrer Bonner Verbündeten das nächste jagt, ohne daß sich die gigantische Kriegsmaschinerie der NATO ausgetobt hat, besteht berechtigte Hoffnung, daß die Friedensbewegung — gegenwärtig zweifellos im Umbruch begriffen — bald einen neuen Aufschwung erlebt.

Eine Hauptrolle im Ringen der bestehenden, bürgerlichen Staatsmacht mit den Friedenskräften spielt das Rechtswesen, worüber sich Heinrich Hannover spätestens seit den Prozessen gegen den Hauptausschuß für Volksbefragung (zur Wiederbewaffnung) und das Friedenskomitee der BRD (hier gehörte er zu den Verteidigern) klar war. Prozeßverlauf, Verhandlungsführung und Urteile bestärkten ihn in der Überzeugung, daß Justiz, Strafjustiz zumal, Klassenjustiz ist, also keine neutrale Schiedsinstanz, die zwischen (unterschiedlich überzeugenden) Ideen und Rechtsgütern abwägt, sondern einen Faktor im Kampf zwischen (unterschiedlich mächtigen) Interessen darstellt. »Die Justiz ist zwar ein zuverlässiges Barometer für die jeweiligen Machtverhältnisse, aber ein ziemlich unbrauchbares Indiz für Recht und Unrecht«. (Heinrich Hannover, Kriegs- und Friedensverbrecher. Vorwort, in: Christoph Butterwegge u.a., Kriminalisierung der Friedensbewegung. Abschreckung nach innen? Köln 1985, S. 7). Da ihnen die Fähigkeit zur Selbstkritik in der Regel fehlt, werden sich die meisten Juristen ihrer besonderen Verantwortung nicht nur für den »inneren« Frieden selten bewußt.

In den Prozessen, wo es um die (Ahndung von) Blockadeaktionen der Friedensbewegung ging, fuhren die Staatsanwälte schwereres Geschütz als gegen Ernst Busche auf. Überwiegend stützte sich die Anklage auf den Nötigungsparagraphen 240 des Strafgesetzbuches, der, wie Heinrich Hannover längst erkannt hatte, »zum Schutz der Herrschenden« (Heinrich Hannover, Klassenherrschaft und Politische Justiz, a.a.O., S. 254) dient. Der Gewaltbegriff wurde in diesem Zusammenhang so weit vergeistigt, bis sich darunter auch das friedliche Sitzen vor Kasernentoren und anderen Militäreinrichtungen subsumieren ließ. »Noch nie in der Geschichte der Menschheit ist ein so gigantisches Vernichtungspotential angehäuft, noch nie ein so verbrecherischer und mindestens für uns Mitteleuropäer selbstmörderischer Krieg vorbereitet worden wie in der Zeit, deren Zeitgenossen wir sind. Aber die Gerichte beschäftigen sich mit der ›Gewalt‹ derer, die sich im Protest gegen die Installierung des Mordinstrumentariums auf die Straße setzen. Wenn es noch einmal eine Nachkriegsgeneration geben sollte — wen wird sie zu Kriminellen der Vorkriegszeit erklären?« (Heinrich Hannover, Kriegs- und Friedensverbrecher, a.a.O.). Wie die Urteile verschiedener Instanzen (zuletzt Freisprüche des Amtsgerichts Frankfurt/M.) belegen, gibt es allerdings immer mehr Richter, die nicht bereit sind, der herrschenden Lehre folgend, Demonstranten zu bestrafen, die ihren Widerstand gegen den Rüstungswahn durch Sitzblockaden ausgedrückt haben.

Garlstedt — ein Lehrstück

Ostern 1984 wurde auch die US-Kaserne in Garlstedt von norddeutschen Friedensgruppen zwei Tage lang blockiert. Damit erreichte der Protest gegen die Raketenstationierung hier seinen Höhepunkt, der Konflikt um die geplante Panzertrasse eine neue Eskalationsstufe. Die Polizei ging mit unglaublicher Brutalität gegen sitzende Demonstrationsteilnehmer vor und verletzte einige von ihnen so schwer, daß sie ins Krankenhaus eingeliefert werden mußten. Anzeigen wegen Körperverletzung im Amt gegen die Einsatzleiter hatten keinen Erfolg. Dafür gab es auf seiten der Rüstungsgegner ungefähr 160 Festnahmen, die Bußgeldbescheide und Strafbefehle nach sich zogen. Sowohl wegen Verstößen gegen das Versammlungsgesetz als auch wegen Nötigung der Verkehrsteilnehmer wurden Verfahren eingeleitet. Zu Verurteilungen kam es aufgrund der liberalen Rechtsprechungspraxis des Amtsgerichts Osterholz-Scharmbeck allerdings nicht (Vorgeschichte und Hintergund der Strafverfahren sind dokumentiert in: Christoph Butterwege u.a. (Hrsg.), Kriminalisierung der Friedensbewegung, a.a.O., S. 84 ff).

Das Beispiel der Garlstedter Heide hat gezeigt, daß Umweltzerstörung und Aufrüstung zwei Seiten einer Medaille sind, daß Ökologie- und Friedensbewegung zusammengehören und daß Widerstand — auch im Gerichtssaal, der zur Tribüne des politischen Kampfes umfunktioniert wurde — möglich ist. Garlstedt wurde zum Symbol, weil es ein Lehrstück darstellt, wie Bürgerprotest die verkrusteten Strukturen des bürgerlich-parlamentarischen Repräsentativsystems aufbricht. Aktionen des gewaltfreien Widerstandes und des zivilen Ungehorsams lohnen sich, auch wenn sie gegen die Übermacht der Staatsgewalt aussichtslos erscheinen. Die Friedensbewegung darf sich jedoch nicht auf juristische Nebenkriegsschauplätze abdrängen und dazu verleiten lassen, gerichtliche Auseinandersetzungen als Selbstzweck zu betrachten. Ihr Scheitern wäre vorprogrammiert; sie würde aufgerieben und Friedhofsruhe einkehren. Die Kriminalisierung der Friedensbewegung politisch zu verarbeiten heißt, zwischen einem im Grunde resignativen, den Status quo sanktionierenden Legalismus um (fast) jeden Preis und einem gegen sich und seine Kampfgefährten rücksichtslosen Rechtsnihilismus hindurchzusteuern, Partei zugunsten einer massen- und aktionsorientierten Position zu ergreifen.

Kriegsgefahr, Friedensbewegung und Klassenbewußtsein

Träger und Betreiber einer Kriminalisierung der Friedenbewegung glauben offenbar, den Konflikt zwischen dieser und der Staatsgewalt entpolitisieren zu können. Ihre Hoffnung trügt: Wenn die Strafjustiz wütet und Friedensfreunde zu »Staatsfeinden« macht, gewinnt eine größer werdende Minderheit von Menschen aller Gesellschaftsschichten um so leichter Erkenntnisse über das Klassenwesen des bürgerlich-parlamentarischen Repräsentativstaates, in dem Basisdemokratie verpönt und die Gewaltenteilung zwischen Legislative, Exekutive und Rechtsprechung eine Fiktion ist. Was die »Zeit« als »Rache des Rechtsstaates« charakterisierte, wirft ein bezeichnendes Licht auf das dieser Vorgehensweise staatlicher Institutionen zugrunde liegende Gesellschaftssystem und öffnet vielen Bürgern die Augen, denen früher nie aufgefallen war, wie wenig Rücksicht unser Parlament, Regierungen und Parteien auf ihre Lebens- bzw. Überlebensinteressen nehmen.

Heinrich Hannover hat in einer seiner zahlreichen Buchveröffentlichungen darauf hingewiesen, daß es eine Wechselwirkung zwischen wachsender Kriegsgefahr, Friedensbewegung und Klassenbewußtsein gibt. Nicht nur Kapitalismus und Sozialismus, sondern auch Kriegsvorbereitung und Friedenspolitik sind für ihn heute als parallele Begriffe geographisch festzumachen. Es unterliegt demnach keinem Zweifel, »daß die für uns Mitteleuropäer relevante Kriegsgefahr aus dem Profitinteresse des kapitalistischen Systems resultiert. Der Wahnsinn einer Verteidigungskonzeption, die den angeblich zu verteidigenden Mitteleuropäern im ›Verteidigungsfall‹ keine Überlebenschance bietet, die Schamlosigkeit, mit der Profitinteressen allenthalben den Existenzinteressen der Menschen übergeordnet werden, bergen den Keim zu einer Entwicklung, in der die sozialistische Idee die Menschen ergreifen und, um mit Marx zu sprechen, zur materiellen Gewalt werden könnte«. (Heinrich Hannover, Zeit zum Widerstand, in: ders./ Günter Wallraff, Die unheimliche Republik. Politische Verfolgung in der Bundesrepublik, Reinbek bei Hamburg 1984, S. 133).

Kriege sind keine Naturkatastrophen, die »ausbrechen« wie Vulkane; sie werden gezielt vorbereitet, gewollt oder bewußt in Kauf genommen, um (wirtschafts)politische Ziele zu erreichen. Nur wer um die Ursachen der (wachsenden) Kriegsgefahr weiß, kann auf Dauer erfolgreich Widerstand leisten. Die Friedensbewegung darf nicht beim Protest gegen einzelne Rüstungsprojekte stehenbleiben, sondern muß über ihre vordringliche Aufgabe (Sicherung des Weltfriedens) hinaus Einsichten in sozialökonomische Zusammenhänge, Herrschaftsmechanismen und Machstrukturen vermitteln, damit sich — längerfristig — grundlegende Gesellschaftsveränderungen realisieren lassen. Sie braucht Rechtsanwälte, die kein Blatt vor den Mund nehmen, die profitwirtschaftlichen Wurzeln des Wettrüstens kennen und seine Urheber beim Namen nennen. Die Friedensbewegung bedarf, solange ihr Kampf währt, engagierter Strafverteidiger wie Heinrich Hannover. Ihre gemeinsame Aufgabe hat er in eindringliche Worte gefaßt: »Gerechtigkeit hier und heute herstellen heißt: sich gegen die Justiz der Herrschenden behaupten und tagtäglich ins Bewußtsein unserer Zeitgenossen hämmern, daß auch wir in einer Zeit leben, in der die Falschen verurteilt werden«. (Heinrich Hannover, Kriegs- und Friedensverbrecher, a.a.O). Als Mitstreiter und Anwalt der Friedensbewegung wird Heinrich Hannover noch viel Arbeit haben ...

Peter Derleder
Geburt, Kindheit und frühes Hinscheiden des neuen Juristen

Der neue Jurist war ein Homunculus. Wie er genau aussehen, leben und wirken würde, konnte sich auch der Loccumer Arbeitskreis 1969 kaum vorstellen, als er die Aufgabe, die Elemente und Stoffe des neuen Rechtssubjekts skizzierte.[1] Erziehung zur Opposition konnten die sozialliberalen Gründungsinspiratoren kaum fordern, da sie auf Regierungsmacht für längere Zeit, den gesetzlichen Ausbau des Sozialstaats und etwas mehr Demokratie hofften und von den neuen Assessoren eine konsequente Durchführung ihrer Gesetze erwarteten. Eine Verminderung der würdetriefenden Diener des Obrigkeitsstaats in der Justiz, eine Auffrischung der Rechtsfakultäten, in denen sich aufgrund der personellen Kontinuität aus der NS-Zeit ein gegenüber der Gesellschaft gründlich nach rechts verschobenes Spektrum gehalten hatte, nunmehr im Talar bürgerlichen Konservatismus, eine Modernisierung der Unternehmungsjuristen und Anwaltschaft durch Vermittlung von Kenntnissen über die soziale Gliederung der Gesellschaft, die Mechanik der Märkte und die Interventionschancen, das wäre ein politisches und soziales Forderungspaket gewesen, das schon beträchtliche, aber weitgehend zu bewältigende Umsetzungsprobleme aufgeworfen hätte. Vielleicht hätte auch eine zusätzliche personalistische Orientierung ein Stück weiterhelfen können, wenngleich der Anspruch, Strafverteidiger wie Heinrich Hannover, Richter wie Richard Schmid oder Fritz Franz, Professoren wie Wolfgang Abendroth oder Helmut Ridder zu produzieren, nicht von einer Institution eingelöst werden kann, schon gar nicht seriell.

Statt so begrenzter politischer und sozialer Vorgaben, wie sie vor allem dem langjährigen Geschäftsführer der Ausbildungsreform, Rudolf Wassermann, auf den Leib geschnitten gewesen wären, setzten die Protagonisten der Reform auf eine die politischen Konflikte eher verdeckende Verwissenschaftlichungsstrategie. Die Retorte gebar den sozialwissenschaftlich ausgebildeten, rechtstechnisch gleichwertigen, früh praktisch erfahrenen innovativen Rechtsanwender als Produkt einer persönlichkeitfestigenden Kleingruppendidaktik. War mit ihm nicht endlich auch ein wissenschaftliches Recht zu erreichen, das die Juristen aus ihrer wissenschaftstheoretischen Dauerdefensive bringen konnte? War nicht andererseits fast alles Recht Politik und daher — mit Hilfe der Neuen — änderbar?[2] Verwissenschaftlichung und sozialliberaler Aufbruch verbanden sich zu einem für die politische Gegenseite kaum begreiflichen und abwehrbaren Argumentationsgewitter, in dem die erschreckte Mehrheit eines Juristentags hilflos nach Schutz suchte. War es wirklich so, daß sich ein erbärmlicher Rückstand gegenüber Kant und Hegel aufgetan hatte, wie es Rudolf Wiethölter in unerbittlichem späthumanistischem Bildungseifer proklamierte? Ging es nicht zugleich auch um den Rückstand der Juristen gegenüber den Erfordernissen des hochorganisierten Kapitalismus, wie er im absackenden Renommee für Vorstände und Aufsichtsräte zum Ausdruck kam? Waren die autoritären Tröpfe bei den Gerichten, die hochgepäppelte Rechtsdogmatik zu nie entschiedenen Fällen, die lange Einlernzeit bei den Unternehmen und freien Berufen sowie die durch organisatorisches Laientum bedingte lange Verfahrensdauer auch bei den Unterinstanzen nicht einfach dysfunktional? Und war der neue Jurist nicht am Ende durch kürzere Ausbildungszeit sogar noch billiger, wenn die traditionell verpulverten Semester wegfielen?

Im Gemenge technokratischer und sozialreformerischer Postulate konnten selbst die blindesten Rechtstechniker und die engagiertesten Sozialreformer noch fündig werden. Gegen mehr sozialwissenschaftliches Wissen von Juristen, gegen größere Praxisnähe, gegen durchdachtere didaktische Formen anzutreten, dafür schien kaum eine schlüssige Begründung möglich. Die alles umfassende politische Umarmungsstrategie gab der Reform scheinbar wissenschaftliche Stringenz.[3] Selbst Bundesländer wie Bayern, bei denen es auch nach 1945 nichts von einer nennenswerten Inkonformität von Regierungen und Rechtsfakultäten zu berichten gab, konnten sich der anderen Ausbildung nicht verschließen. Insbesondere die gerade gegründeten Universitäten schienen als Geburtsort des Neuen prädestiniert.

Noch während Betonburgen errichtet und ausrangierte Fabrikhallen und Handelshäuser umgerüstet wurden, begann die Rekrutierung der neuen Professoren. Schon die Ernennung der Gründungsrektoren und der Erstberufenen konnte der entscheidende Fehlgriff sein. Viele Traditionalisten wären gern gekommen, um an den beträchtlichen Gründungssummen mit neuen Sonderendgrundgehältern und anderen finanziell möglichen Privilegien zu partizipieren. Ihre frisch habilitierten Schüler wären zu bescheideneren Konditionen bereit gewesen; aber die geringe soziale Relevanz der meisten ihrer Arbeiten, ihr interdisziplinäres und didaktisches Desinteresse ließen kaum eine andere Sozialisation als bei ihren verehrten Lehrern erwarten. Die Köpfe der Studentenbewegung waren meist zu jung und hatten (noch) keine hinreichende wissenschaftliche Publikationsperiode hinter sich.[4] So mußten die Gründer im wesentlichen auf vielversprechende Jungwissenschaftler zurückgreifen, die sich nach Arbeitsgebiet und

Methodik, sozialwissenschaftlichem Interesse und Bezugsgruppen noch nicht endgültig festgelegt hatten. In Anbetracht dieser Schwierigkeiten des Ausleseprozesses war die Trefferquote hoch, wenn man die Produktion mehrerer Veröffentlichungen pro Person und Jahr als Indikator nimmt.

Aber welch eine Vielfalt und Heterogenität sich hieraus entwickelte! Da gab es bald den Sprachtheoretiker, der einen Feldzug gegen alles Vage antrat. Da versuchte sich ein Interaktionstheoretiker, der die Kategorien des Zweipersonendialogs auf das Verhältnis von Gesetzgeber und Rechtsunterworfenem anwandte. Ein Systemtheoretiker brachte endlich Ordnung in die oft diffusen Begriffe Luhmanns, während ein anderer sich ganz auf dessen Widerlegung kaprizierte. Habermas' Kommunikationstheorie bot ebenfalls ein reiches Feld für Konkordanzen und kleine Divergenzen. Marx, der anfangs öfter zitierte, findet sich inzwischen seltener als Savigny im Fußnotenapparat. Andererseits gab es Rechtsdogmatiker, die unter Anwendung von Larenz' Methodenlehre alles links herum wendeten. Wieder andere schlossen ein Bündnis mit der Ethnologie, die das berufliche Tätigkeitsfeld stärker ins Ausland verlagerte, oder mit der Psychoanalyse, etwa zum Zwecke der Explorierung von Kapitalverbrechern. Die Aufzählung könnte zwischen Wohlfahrtsökonomie und Sozialpsychologie, Sozialgeschichte und Wissenschaftstheorie, Adorno, Carl Schmitt und Hermann Heller noch viele weitere Typen ergeben.

Auch Empirie machte sich in allen Schattierungen breit. Nur wenige beschränkten sich noch auf die Auswertung der Werke empirischer Soziologen. Aktenauswertungen, Interviewserien und — vereinzelt sogar — quantitative Erhebungen mit Korrelationen und multivarianter Statistik sind in die Reformfachbereiche eingekehrt. Bedenkt man noch, daß praktisch jeder der Berufenen nach seinem spezifischen Platz im politischen Farbenspektrum, insbesondere zwischen Blaß, Rot und Grün und — zum Teil unabhängig davon — auch zwischen Verantwortungs- und Gesinnungsethos suchte, dann kann man sich den ungeheuren Pluralismus vorstellen, der sich an der Retorte ins Werk setzte. Welche Einfalt herrschte demgegenüber unter der Legion der Traditionalisten! Sie teilten sich einfach nur die juristischen Fachgebiete auf, arbeiteten praktisch mit derselben Methodenlehre und zitierten — bis auf wenige Ausnahmen — allenfalls einige Male im Verlaufe ihres Gelehrtendaseins anstandshalber einen Philosophen, meist keinen Jüngeren als Nicolai Hartmann oder Heidegger. Der wissenschaftliche Superpluralismus schloß allerdings an den neuen Fakultäten der sozialliberal regierten Länder weitgehend das eher christdemokratische und das weiter rechts stehende Spektrum aus, das jedoch bei einer Geamtbetrachtung der juristischen Fakultäten in der Bundesrepublik Deutschland auch im Jahre 1985 seine absolute Vorherrschaft nicht verloren hat. Die deutsche Staatsrechtslehre, in der sich auch die wenigen Sozialdemokraten zum Teil noch auf Carl Schmitt berufen, ist dafür das pointierteste Beispiel.

Die nahezu unübertreffliche Vielfalt der Professoren in der neuen Juristenausbildung war jedoch kein bloßes Glück oder Unglück des Aufbauprozesses, sondern eine unmittelbare Konsequenz des umfassenden sozialwissenschaftlichen Konzepts der Gründer. Zu den Sozialwissenschaften rechneten auch amtliche Reformkommissionen[5] alles, was das gesellschaftliche Verhalten von Menschen zum Gegenstand hat. Theorie und Empirie waren danach ebenso gleichwertig wie etwa Nationalökonomie und Wahrnehmungspsychologie. In der großen Einheit der Sozialwissenschaften sollte jedenfalls ansatzweise die gesellschaftliche Totalität wieder eingefangen werden, um die es in der Theoriediskussion zum Ende der sechziger Jahre gegangen war und die den beschränkten Fragehorizonten der Einzelwissenschaften engegengehalten werden sollte. Vielleicht konnten damit auch die Einzelwissenschaften ein Stück weit aus allzu kurzfristigen, einseitigen und unbewußten Interessenzusammenhängen gelöst werden. Erschreckt stellten viele Professoren in den neuen Fachbereichen dann aber mit dem Heraufdämmern der ökologischen Krise fest, daß auch die umfassendste Realisierung des sozialwissenschaftlichen Konzepts nur die eine Hälfte der Totalität sein konnte. Das geschah spätestens, wenn sie sich mit dem Interieur von schnellen Brütern oder der Fixierung von Abwassergrenzwerten zu befassen hatten.

Auch unabhängig davon erwies sich der Weg der juristischen Professoren zum eigenständigen Denken und Forschen in einer der vielen Einzelsozialwissenschaften als dornenreich und langwierig. Was von allem konnte dem Studenten serviert und abverlangt werden? Die Neugründungen erzwangen schnelle Entscheidungsprozesse. Sollte man die Einzelwissenschaften vielleicht doch sicherheitshalber auch in Gestalt von Einzelwissenschaftlern, also Ökonomen, Soziologen usw. heranziehen? Wo das geschah, standen die Betreffenen bald vor der für sie bedrückenden Frage, ob sie nun Rechtswissenschaft oder jedenfalls einzelne ihrer Fächer autodidaktisch lernen sollten, um den Dialog mit Kollegen und Studenten überhaupt produktiv gestalten und sich in die doch noch immer erheblich verschulte Ausbildung auch der einphasigen Modelle einfügen zu können. Manchen erschien es wie der nachträgliche Oktroi eines anderen — ungeliebten — Berufes, so daß die Frage auch keineswegs von allen bejaht wurde. Aber auch wenn die Juristen die Akquisition der Sozialwissenschaften selbst übernahmen, war problematisch, wo der geeignete Ort zum Studium sein sollte, in jeder Lehrveranstaltung gleichermaßen oder in einem besonderen Eingangsstudium.[6] Letzteres bot einen bemerkenswerten Kontrast zu dem häufig noch sehr labilen Berufswunsch der Studienanfänger, die sich gerade für Jura entschieden hatten und nun zuerst etwas anderes lernen sollten. Daraus resultierte keineswegs notwendig eine stetig steigende

Spannung bis zum Beginn der »eigentlichen« Rechtsveranstaltungen, vor allem, wenn man auf ein frühzeitiges rigides Abprüfen des Eingangsstudiums verzichtete. Die Chance zu einem besseren Grundlagenwissen stellten dann vor allem Studenten in bedrängteren finanziellen oder sozialen Verhältnissen zurück, die eine der besonderen Zielgruppen der sozialstaatlich motivierten Landesgesetzgeber gewesen waren. Außerdem war es für die Veranstalter außerordentlich schwierig, die Inhalte des Eingangsstudiums mit denen der späteren Lehrveranstaltungen etwa zum Verwaltungsrecht oder zum Kaufrecht zu verzahnen. Was konnte man in einem Eingangsjahr überhaupt leisten?

Mit großer Unbefangenheit wurde in der Gründungszeit zwischen den Fächern gewählt,[7] weil nicht ungeplant bei den Studenten ankommen sollte, wofür der einzelne Hochschullehrer am meisten Interesse und Qualifikation hatte. Sozialgeschichte? Die Neigung der Jurastudenten dazu war nicht groß, die insoweit meistens mit einer für sie selbst diffusen und heterogenen Masse schulisch erworbener Kenntnisse und Verständnisansätze ausgestattet waren. Mancher Fachbereich hat sich dennoch ernstlich bemüht, die Herausbildung der Staatlichkeit in Frankreich, die Stein-Hardenbergschen Reformen, die Entwicklung der großen Industrien, die Geschichte der Arbeiterbewegung und der Arbeit und anderes zu vertiefen, also Komplexe mit besonderer Relevanz für die Ausgestaltung der gegenwärtigen Rechtsordnung. Ökonomie? Eine Einführung in die Mechanismen der Marktwirtschaft durfte schließlich nicht beim Sayschen Theorem enden. Auf die Entwicklung bis zum Monetarismus und den Reaganomics konnte eigentlich nicht verzichten, wer etwas auf sich hielt. Ob ein bißchen Marxismus und politische Ökonomie dabei sein durften, war natürlich von Anfang an strittig. Die Arbeitswertlehre und die Warenanalyse nach Karl Marx müßten den neuen Juristen alt aussehen lassen, weil er sie im Beruf nicht braucht, argumentierten die Kenner der bundesrepublikanischen Wirklichkeit; sie verwiesen zudem gern darauf, daß Marxens Verelendungstheorie widerlegt war. Einen festen Standpunkt eroberten die Klassentheorien in den neuen juristischen Fachbereichen jedenfalls nicht, so daß die außerreformerische Fachumwelt beim Auftreten etwa von Bremer Juristen oft auf mühsame Indiziensuche über marxistische Denkfiguren verwiesen war und beim Ausbleiben von Signalworten wie Kapital, Profit, Akkumulation etc. im Rätseln steckenblieb, ja oft besondere Gefahren witterte. Soziologie? Konnte man hier nicht am besten den jeweils aktuellsten Problemfeldern und -gruppen nahekommen, den Arbeitern und Angestellten, den Armen, den Ausländern, den Behinderten, den Arbeitslosen, den Frauen? Hier waren empirische Belege zudem viel leichter. Statt der globalen Analyse der Totalität konnte dem Studenten hier die Chance zum Kennenlernen der Klientel geboten werden, um die sich das Recht zuvörderst zu kümmern hätte, unter Umständen sogar zur Mobilisierung von Sympathie und Engagement. Schwarze Aufklärung gab es damals noch nicht. Einzelne Professoren standen deswegen fassungslos vor der Tatsache, daß trotz ihrer eigenen Bewegtheit die Hälfte ihrer Studenten abwanderte, weil sie im Zuge ihres gesellschaftlichen Aufstiegs die Armen als Bündnispartner oder spätere Klienten zu vernachlässigen bereit waren. Die Fragwürdigkeit dieses Kalküls, der die Zugangsbarrieren für Reformjuristen bei Börsen und Baulöwen außer acht läßt, konnte also gar nicht diskutiert werden. Immerhin ließ die Darlegung der juristischen Berufsfelder zu Beginn des Studiums die Studenten besser wissen, was auf sie zukommen würde. Der Entschluß zum Ausstieg reifte dennoch nur bei einer kleinen Zahl der Erstsemester, weniger wegen der Vorzüge der einstufigen Juristenausbildung als wegen der vergleichsweise stärker sinkenden Berufsaussichten in den Nachbarwissenschaften. Zudem hatten ja auch Eichendorff, Kafka und Rosendorfer den Ausstieg nicht geschafft.

Die Wahl zwischen Geschichte, Ökonomie, Soziologie, Politikwissenschaft, Psychologie, Linguistik, Logik und anderen Einzelwissenschaften wurde jedenfalls ungeachtet aller Begründungsprobleme in den verschiedenen Fachbereichen in sehr variantenreicher Weise getroffen. Der rechtskritische Geist der Studenten, der sich daraus entwickeln konnte und in den euphorischen Anfängen auch weithin entwickelte, verband sich jedoch leicht mit einer despektierlichen Haltung gegenüber den Methoden der Rechtsfindung, insbesondere den scheinbar beliebig heranziehbaren Auslegungsmethoden, und den Ergebnissen der Rechtsprechung, insbesondere wenn sie herrschenden Interessen stracks Rechnung trug oder zwischen den Interessenfronten hin und her schwankte. Mancher kriminologisch aufgeladene Strafrechtsanfänger und spätere Strafverteidiger wandte sich aufgrund vertieften Verständnisses gesellschaftlicher Verbrechensursachen alsbald der Strafzumessung zu, ohne die tatbestandlichen Möglichkeiten milderer oder strengerer Qualifikation der Tat eines ernsthaften Blickes zu würdigen. Durch Kenntnisse der grundlegenden sozialen Probleme erhöhte sich die Reizschwelle für das eigene Nachdenken manches Absolventen so sehr, daß er alltägliche zivilrechtliche Rechtsfragen eher als Belästigung empfand. Nach der Einführung in die Grundprobleme der wirtschaftlichen Konzentration und Machtbildung waren andere ratlos, wenn es um verbiesterte Auseinandersetzungen zwischen mittelständischen GmbHs ging.

Speziell die rechtstheoretische und sozialwissenschaftliche Diskussion um das Vorverständnis von Rechtsanwendern führte zu allerlei Fehlvorstellungen. Da Vorverständnisse, waren sie schon in Juristenhirnen nicht auszuschalten, wenigstens ausgewiesen werden sollten, las man in studentischen Arbeiten schon einmal in der Einleitung ein Bekenntnis zur Gewerkschafts- oder Umweltbewegung, das eine dem Arbeitnehmer bzw. Immissionsbetroffenen ungünstige Entscheidung von vornherein ausschloß und folgerichtig auch eine erhebliche Verknappung der weiteren Begründung nahelegte. Das Argument, daß bei einer Verallgemeinerung dieses Standpunkts es einer Gerichtskontrolle und der darauf gerichteten juristischen Verarbeitung und Berufspraxis nicht mehr bedürfe, sah sich dem Verweis ausgesetzt, daß die entgegengesetzten Vorverständnisse dann gleichfalls nicht verallgemeinerungsfähig seien. Im Schock dieser Einsichten verlor sich auch für den fundamentalistisch angetretenen Einphaser schnell der Glaube, daß das Recht nur den Schwächeren schützt.

Soweit sich das sozialwissenschaftliche Studium der Lage der Schwächeren angenommen hatte, war also leider keine bruchlose Umsetzung seiner Analysen möglich. Zudem hatten diese oft eine Abstraktionshöhe und Eigenständigkeit, daß Folgerungen für einzelne Rechtsstreitigkeiten nicht unmittelbar gezogen werden konnten. Die Analyse des Patriarchats etwa erlaubte keinen zwingenden Schluß darauf, ob geschiedene Frauen ohne ehebedingte Berufsnachteile Unterhalt von ihrem Ehemann verlangen könnten. Vielmehr bedurfte praktisch jeder Rechtsfall einer sozialwissenschaftlichen Ausleuchtung auf mittleren und unteren Theorieebenen, die nicht auch noch sämtlich Gegenstand des neuen Rechtsstudiums sein konnten. Deswegen kann die Bilanz nicht wundernehmen, daß sich die sozialwissenschaftliche Fundierung des Rechtsstudiums eher in den Grundeinstellungen und -analysen als in juristischen Fallösungen oder in einer größeren Sicherheit der Entscheidungsfindung im einzelnen niederschlug.

Die rechtstechnische Sicherheit litt zudem an einem anderen Virus. Nichts war selbst bei gewerkschaftlich orientierten Studenten des zweiten Bildungswegs unpopulärer, als die Proklamation einer mehrjährigen 35- oder 40-Stundenwoche, die den gleichen Kenntnis- und Technikstandard wie bei traditionell ausgebildeten Juristen zusätzlich zur sozialwissenschaftlichen Arbeit erbringen müsse. Zudem wurde diese Forderung aus noch zu erörternden didaktischen Gründen keineswegs strikt im Lehr- und Prüfungssystem umgesetzt, sondern stärker der sogenannten intrinsischen Motivation der Studenten, also ihrer Einsicht in die Notwendigkeit harter Arbeit auf der Basis akademischer Freiheit überlassen. In der Realität nahm das sozialwissenschaftliche Studium dabei doch dem auch nötigen simplen Lernen von Rechtsgebieten, Normen, Entscheidungen und Fallösungen Zeit weg. Im pointiertesten Modell der Ausbildung verblieben dem Studium der juristischen Kernfächer bis zum Eintritt in die Stationsausbildung bei Gericht, Rechtsanwalt oder Verwaltung zunächst nur vier Semester. In diesen herrschte notgedrungen die exemplarische Vertiefung mit gründlichen Besprechungen einzelner Entscheidungen vor, während auf andere Felder ein distanzierter Blick wie aus einem Düsenclipper fiel. Die

Studenten hielten sich demgemäß wesentlich mehr an die 15 bis 20 Stunden wöchentlicher Lehrveranstaltungen, die vor- und nachbereitet werden sollten. Die Teilnahmequote war hier unvergleichlich viel höher als in den oft gähnend leeren Durchschnittsvorlesungen der Traditionalisten. Dazu trug auch die stärkere persönliche Einbeziehung in den kleineren Gruppen bei. Selbst bei 25 bis 30 Zuhörern konnte der Hochschullehrer, wenn er wollte, Gesichter, Namen und ansatzweise auch Leistungsfähigkeit, Lern- und Lebensprobleme zur Kenntnis nehmen. Es kam anfangs sogar vor, daß ein Hochschullehrer morgens das Wecken von Studenten veranlaßte. Die Lehrveranstaltungen begünstigten aber in ihrer Struktur ungeachtet gegensätzlicher Beteuerungen die Illusion, daß mit der Teilnahme an ihnen den Anforderungen der Justiz- und Verwaltungspraxis genügt werde. Defizite wurden umso leichter verdrängt, als die Persönlichkeitsbildung im Hinblick auf die größer gewordenen sozialen Probleme der Studenten, die Ablösung von der bisherigen Familie und zum Teil auch vom bisherigen Beruf, die teilweise frühere Partnerwahl und Familiengründung sowie die intensivere politische Sozialisation die ersten Studienjahre ebenso prägten wie das Rechtsstudium. Der Schock, der dann mit den Praxisstationen kam, war gründlich.

Integration von Theorie und Praxis: Das hieß nach den Grundsatzpapieren der Reformer, daß an den Universitäten nicht mehr gelernt werden sollte, was später alles vergessen werden konnte, daß die »wirklichen Gründe juristischen Entscheidens«[8] offengelegt werden sollten, auch soweit sie Norm und Präjudiz übersteigen, und daß das Recht nicht mehr abstrakt-normativ, sondern konkret-historisch erfahrbar gemacht werden sollte. Das sollte eine frühe Ausrichtung des Studiums auf das praktische Handeln der Juristen und womöglich dessen Veränderung bewirken. Zu diesem Zweck überantworteten die Reformfachbereiche ihre Studenten schon früh, teilweise schon nach dem vierten Semester, einer Justiz und Verwaltung, die dem Neuen mit großer Skepsis entgegensahen. Wollten diese Absolventen mehr können als ihre Ausbilder? Wenn ein Student Pech hatte, geriet er an einen Kammervorsitzenden, der ihm erst einmal die Wertlosigkeit seiner einstufigen Juristenausbildung erläuterte oder der ihn darauf abklopfte, welche einseitigen empfangsbedürftigen Willenserklärungen er kannte. Selbst dem intellektuell und fachlich kümmerlichsten Praxisausbilder konnte es unschwer gelingen, die zum Teil in den Fachbereichen in Kauf genommenen, zum Teil trotz der Lehrveranstaltungen entstandenen Lücken im positiven Wissen und in der juristischen Technik von Viert- oder Sechst-Semestern nachzuweisen. Aber auch, wo der gute Wille zu einer verbesserten Praxisausbildung bestand, wirkten sich die durch die größere Zahl der durchgeschleusten Studenten und Rechtspraktikanten und die bisherige Ausbildung erheblich gesteigerten Ausbildungsaufgaben dahin aus, daß Intensität oder Geduld jedenfalls nach einiger Zeit nachließen. So viel Zeit, einen zweiten oder dritten Entwurf nach entsprechender Kritik anfertigen zu lassen oder bei den Gerichtsberatungen ein den Berufsanfängern gemäßes Tempo einzuhalten, nahmen sich wenige. Kennzeichnend für die daraus entspringende Unsicherheit war es, daß viele Einstufer, hatten sie erst einmal eine einschlägige oder fast einschlägige Entscheidung des Bundesgerichtshofs oder des Bundesverwaltungsgerichts zu einem von ihnen bearbeiteten Fall gefunden, sich sklavisch an diese hielten oder aber daß sie irgendwelchen Nebenbemerkungen ihrer Ausbilder die Würde des delphischen Orakels zuschrieben. Natürlich gab es auch Spitzenabsolventen, die in Kürze ihr technisches Instrumentarium vervollständigten und deren Entscheidungsbegründungen ihr sozialwissenschaftliches Studium merken ließen, ja die zum Teil Alternativentscheidungen entwarfen. Aber der Befund einer weithin verbreiteten rechtstechnischen Unsicherheit ist kaum zu leugnen.

Sie ging mit einer sozialen Unsicherheit einher, die den frühen Übergang von einer außerordentlich offenen Institution, der Universität, zu einer viel geschlosseneren, der Justiz, entsprach. Die Stories über Akten, die erst nach dem Termin oder gar nicht zurückgebracht wurden, über auffällige Variationen von Kleidung, Schmuck und Haartracht und ungewöhnliche personalisierte Polemiken waren nur für die ersten Anfänge typisch. Die peinliche Anpassung an gegebene Sekundärnormen bestimmt wie eh und je wieder das Bild. Mancher universitäre Samson hat im vergangenen Jahrzehnt über Nacht sein Haar der Justiz geopfert, wohl in der Hoffnung, sie sei nun geneigter als Delilah. Schon gar überfordert waren die meisten Absolventen in der einstufigen Ausbildung, wenn sie genauer die Vorverständnisse ihrer Praxisausbilder aufklären oder gar ändern wollten. Es war ihnen mangels Verfügung über Alternativen oft versagt zu begreifen, ob nun das Normmaterial, ein Präjudiz, oder die Haltung für das Zivilurteil maßgeblich war, das sie zu begründen hatten. Dann blieb ihnen meist nur ein diffuser Eindruck über das jeweilige Maß an Liberalität oder Konservativität, das ihnen gegenübertrat. Die Integration von Theorie und Praxis, als eine Interpretation der Institutionen verstanden, war ein Fehlschlag.

Die letzte Studienphase, die zu forschendem Lernen zu führen bestimmt war, war von dieser Praxiserfahrung gezeichnet. Die festeren Maßstäbe der Justizpraxis bewogen einen nicht unerheblichen Teil der Studenten dazu, sich nicht wieder ernsthaft um das Allotria der Universität, insbesondere das Projektstudium zu kümmern; sie arbeiteten während dieser Zeit für wenige Silberlinge entschlossen bei Rechtsanwälten, um von der scheinbar wahren Praxis zu profitieren und sich auch eventuelle Einstiegschancen nach dem Examen zu sichern, ein Kalkül, der sich bei vielen von ihnen als falsch erwies. Ein anderer Teil kam mit dem Willen in die Hörsäle zurück, für den Rest des Studiums etwas ganz anderes zu betreiben, während eine dritte Gruppe ihr Heil in einer Spezialisierung mit umfassenden Kenntnissen und entsprechender Sicherheit auf einem zukunftsträchtigen Teilgebiet suchte. Solche Studentenwünsche trafen auf das schon geschilderte Hochschullehrerangebot, das sich an einer inhaltlichen Übereinstimmung von Publikationsinteressen, die manchmal nur einen kleinen Ausschnitt eines Fachs betrafen, und Lehrgegenständen orientierte. Die Phantasie der Projekte reichte zwar weit über den traditionalistischen Kanon hinaus, konnte auch unschwer neue Problembereiche wie Umwelt, Gesundheit, Medien etc. erfassen, litt aber mit der Zunahme der Studentenzahlen darunter, daß für die meisten Absolventen letztlich nur der Rechtsanwaltsberuf und damit wieder ein Verzicht auf Spezialisierungen aussichtsreich erschien. Respektiert wurde aber auch der Spezialisierungsautodidakt, der — oft unbeirrt vom Vorhandensein dafür zuständiger Hochschullehrer — seinen Weg etwa zum Sozialrecht, zum Steuerrecht oder auch zum internationalen Transportrecht ging und sogar im Examen das Fehlen kompetenter Gesprächspartner zu verschmerzen bereit war.

Die dritte Säule der neuen Juristenausbildung war die Didaktik. Die resonanzlosen Vorlesungen der Großzahl traditionalistischer Hochschullehrer, die Gängelung durch das davon unabhängige Schein- und Prüfungswesen, die Verlagerung des Studiums auf die wissenschaftsfernen Repetitoren, die immer wieder aufgedeckten Prüfungsskandale mit gewerblich erstellten Prüfungsarbeiten und andere Mißstände, die ungemindert fortbestehen, führten in den Reformfachbereichen zu einem grundlegenden Umdenken. Der Student sollte nun überwiegend mit seiner Primärmotivation, also dem Interesse an der Sache und nicht an einem Prüfungserfolg arbeiten. Er sollte sich mit viel weniger Kontrollen und Prüfungen vor allem am Anfang des Studiums abmühen müssen. Ein großes philantropisches Vertrauen in ihn führte sogar dazu, daß er mancherorts jahrelang auch beim Verlassen von Bibliotheken nicht auf mitgenommene Bücher kontrolliert wurde, gebot doch das Sachinteresse deren Rückgabe. Jahre später, als diese Praxis beendet wurde, war der Schwund nicht annähernd so groß, wie ihn die Wach- und Schließgesellschaft prognostiziert hätte. Kein Divine griff hier zu. Konnte man einer Universität etwas wegnehmen, die einen nicht für einen Dieb hielt?

Außerdem schrieb man seine meisten Arbeiten ganz für sich selbst. Der Student besuchte eine der Lehrveranstaltungen und erhielt dort eine individuelle Aufgabe. Ohne weiteres möglich war dies in Veranstaltungen mit Kleingruppen, wie sie ursprünglich den Gründern vorgeschwebt hatten.

Heinrich Hannover 1969 mit seinem Mandanten Daniel Cohn-Bendit

Kleingruppen, in denen auch der Stillste dem Hochschullehrer bekannt war und zu Worte kam, sollten einen hochintegrierten Lernprozeß voller Aktivitäten und Diskussionsfreude gewährleisten. Mit der Erhöhung der Aufnahmezahlen auch in den Reformfachbereichen war die Kleingruppendidaktik jedoch immer weniger zu halten. Selbst bei weitgehendem Verzicht auf den universitären Mittelbau, der ohnehin einem Verzicht auf wissenschaftlichen Nachwuchs gleichkam, konnten dafür nicht genügend Professorenstellen geschaffen werden. Die Lücken mit Lehrbeauftragten zu schließen, bedeutete den Verzicht auf eine bis ins Detail abgestimmte Stoffvermittlung. Schon bei Parallelveranstaltungen der Hochschullehrer gab es insoweit genügend Divergenzen, die abgesehen von den Vorlieben der Dozenten auch durch unterschiedliche Dimensionen der studentischen Beiträge bedingt waren. So blieb den einen der maßgebliche Einfluß von Schwimmerschaltern auf das Deliktsrecht keineswegs verborgen[9], während andere sich unter »Durchgriff« ein besonders intensives polizeiliches Eingreifen bei Demonstrationen vorstellten. Jedenfalls versuchten die Reformfachbereiche zum Teil mit zähem Widerstand, die Unterrichtsgruppen nicht allzu sehr wachsen zu lassen, um das ursprüngliche didaktische Konzept nicht gänzlich aufgeben zu müssen.

Zu ihm gehörte vor allem der vielfältigere Leistungskatalog[10], der außer Gutachten Referate, Rezensionen, Entwürfe von rechtlichen Regelungen etc. einschloß. Das wissenschaftlich ambitionierte Referat (eventuell auch die Rezension) mit dem Anspruch kritischer Würdigung eines rechtlichen Dogmas unter Entwicklung neuartiger Alternativen wurde jedoch mit der Zeit eine seltene Ausnahme. Vorherrschend wurde ein Referatstyp, der aus wenigen Büchern zusammenfaßte, was an anderer Stelle im Zweifel besser dargestellt war, eine Art Aneignungstext. Demgegenüber stellte ein Gutachten im Zweifel höhere Anforderungen an die Selbständigkeit juristischen Operierens. Die anderen Leistungsarten hatten keine entsprechende Breitenwirkung. Für einen Regelungsentwurf fehlte es zumindest den Anfangssemestern an Praxiserfahrung, so daß auf Eigenprobleme unterschiedlichen Gewichts zurückgegriffen werden mußte, etwa den Vertrag zur Regelung der Verhältnisse einer Wohngemeinschaft. Gegenüber der Wahlfreiheit der Studenten war es für die Professoren nicht leicht, einen einheitlichen niveauvollen Standard durchzusetzen. Wer in einem Referat nichts Falsches, aber gar nichts Neues geschrieben hatte, konnte schließlich kaum durchfallen, wenn man berücksichtigte, daß auch vielen traditionellen Dissertationen kaum ein Neuheitsgehalt zugesprochen werden kann. Die Leistungsnachweise sollten zudem die Lehrveranstaltungen begleiten, ihre Themen vertiefen und eine Rückmeldung der bisherigen Rezeption sichern. Verlangte der Professor von Studenten zuviel, so mußte er damit rechnen, daß dieser, um seine Arbeit anzufertigen, die Lehrveranstaltung bestenfalls noch aus der Ferne mit Sympathie begleitete. Außerdem geriet ein Hochschullehrer an die Grenzen seiner Phantasie, wenn er bei jedem Jahrgang jedem Studenten mit einem neuen Thema aufwarten wollte. Je größer die Studentenzahl wurde, desto stärker wurde also der Druck zur Standardisierung mit einheitlichen Aufgaben, insbesondere Einheitsgutachten für viele Bearbeiter. Hier konnten die Studenten dann nicht so individuell arbeiten wie ursprünglich vorgesehen. Bei diesen Hausarbeiten wirkten sich das weniger konkurrenzhafte Lernen, die größere Verunsicherung gegenüber den rechts- und sozialwissenschaftlichen Anforderungen, der bessere Gruppenzusammenhang und zum Teil auch der begrenzte Buchvorrat neuer Bibliotheken dahin aus, daß die Zusammenarbeit der Studenten zur Herstellung einer brauchbaren Einheitslösung stärker spürbar wurde, als dies in den traditionellen Übungen der Zweiphasenausbildung der Fall ist. Die Durchschlagskraft kollektiver Rechtsirrtümer war darum oft erstaunlich.

Von den universitären Leistungsnachweisen her mußte sich der Student in den Stationen der Praxis, die einen relativ festen Sprach- und Argumentehaushalt hatte, in beträchtlichem Maße umgewöhnen. Wer aber erwartet hätte, die Praxis, keineswegs durchweg reforminteressiert, werde nach ihren Maßstäben von der Universität womöglich versäumte Selektion vornehmen und die in ihrer Sicht unzureichenden Kandidaten durchfallen lassen, sah sich getäuscht. Hier wirkte sich fast noch stärker als im universitären Bereich das sozialpsychologische Näheprinzip aus. Der persönlich bekannte, mehrere Monate betreute oder beschäftigte, mit einer Individualarbeit geprüfte Einzelkandidat entging dem endgültigen Unwerturteil, das persönlich hätte vermittelt werden müssen, nahezu ausnahmslos, notfalls nach Abschiebung an einen milderen Ausbilderkollegen. Diese außerordentlich wohlwollende Prüfungspraxis entlastete sich insbesondere bei vielen Richtern in einer umfassenden Problemzuschiebung auf die Reformausbildung. Bestehenlassen und Schimpfen verbanden sich zur schizoiden Verhaltensform des enttäuschten Zwangsphilantropen. Praktiker, die an der Reform auch nach dem Durchlauf schwacher Kandidaten noch etwas fanden, gab es insbesondere in Teilen der Anwaltschaft, die den gesellschaftlichen Aktivitäten, sozialen Kenntnissen und rechtlichen Fortschritten der Rechtspraktikanten mehr Raum ließen.

Die Reform der Abschlußprüfung folgte ebenfalls einem langen didaktischen Anlauf. Am Anfang hatte eine radikale Kritik des traditionellen Prüfungssystems gestanden, an seiner mangelnden Verläßlichkeit, an der Vagheit der Prüfungsziele, an seiner Oberflächlichkeit insbesondere in den für wissenschaftliches Arbeiten wenig geeigneten Klausuren, an der Überdifferenzierung des Notensystems, an den Prüfungsängsten und Sekundärmotivationen und an der fehlenden Rückmeldung der Lehrerfolge. Noch heute trainieren sich die Studenten der traditionellen Juristenausbildung in Hausarbeiten und insbesondere Klausuren einen Opportunismus an, der sich weniger an der Überzeugungskraft der vertretenen Rechtsauffassungen als an der Notwendigkeit orientiert, den Klausursachverhalt in seinen Details auf die mutmaßliche Prüferlösung hin auszuschöpfen. Danach kann, wer der herrschenden Meinung im ersten Prüfungspunkt nicht folgt, fast nie auf einen grünen Zweig kommen. Deswegen ist mehr positives Wissen als Verständnis notwendig. Die zu den Prüfungen eingepaukten, bei den Repetitoren gesammelten Prüferprotokolle machen viele Prüfungen der zweiphasigen Juristenausbildung zu einer Farce. Wird etwa im Assessorexamen beim Prüfungsamt der norddeutschen Länder in Hamburg eine Protokollfrage gestellt, dann ist das Niveau der Prüflinge hoch, sehr hoch. Wird gleich danach eine im Protokoll nicht enthaltene Frage gestellt, wird es plötzlich niedrig, sehr niedrig. Die Prüferprotokolle werden von den Prüflingen post festum selbst angefertigt und erfassen regelmäßig einen beträchtlichen Teil des realen Prüfungsstoffs, obgleich sie nur einen verschwindenden Ausschnitt der Prüfungsfächer ausmachen. Insoweit wird geprüft, was der Prüfer (schon immer) geprüft hat.

An den Reformfachbereichen sollte nun geprüft werden, was gelehrt worden war. Dafür boten die Vertiefungsveranstaltungen, insbesondere diejenigen in Projektformen eine reale Chance. Wer über mehrere Semester die Sanierung von Unternehmen, die Wirtschaftstätigkeit der öffentlichen Hand, die Geschäfte der Kreditwirtschaft, die Auswirkungen der neuen Technologien im Arbeitsrecht oder die Rechtsprobleme des Gesundheits-, Verbraucher- oder Umweltschutzes studiert hatte, der konnte eine Abschlußarbeit schreiben, die einen höheren Qualifikationsstandard ergab als eine Fallbearbeitung, konnte mit seiner Spezialisierung einen einschlägigen beruflichen Arbeitsbereich anpeilen und damit auch vielfach die Nachteile ausgleichen, die sich auf dem Stellenmarkt für Bewerber mit fehlender oder weniger differenzierter Note oder durch vorurteilsbehaftete Geringschätzung der Reformfachbereiche ergaben. Andererseits wurde bei einem erheblichen Teil der Studenten das Fehlen eines wissenschaftlichen oder praktischen Neuheitswerts der Abschlußarbeit deutlicher aktenkundig, als dies bei traditionell ausgebildeten Juristen mit ihrem numerischen Notennachweis der Fall ist. Da Einstellungsbehörden und Personalabteilungen auf die Besonderheiten der einstufigen Juristenausbildung nur (regional) begrenzt eingingen, sah sich mancher neue Assessor gezwungen, seine Prüfungsleistung erst einmal durch entsprechende private Zusatzzeugnisse in eine gewohnte Bewertung übersetzen zu lassen. Institutionen mit eigenständiger Auslese aber wie etwa die großen Banken, die seit langem den eigenen Auswahl- und Sichtungskriterien mehr trauen als den staatlichen Noten und Abschlußzeugnissen, gingen über die Differenzierungen der Ausbildungen stärker hinweg. Das gleiche gilt für einen Teil der Anwaltschaft.

Was aber hat die Juristenausbildungsreform anstelle des anfangs entworfenen Homunculus in der Berufspraxis für Typen und Spuren hinterlassen? Dabei soll hier nicht von den Durchschnittsjuristen die Rede sein, die — zum Teil nach etwas längerer Einlernzeit — einen üblichen juristischen Beruf in üblicher Weise verwesen und die einen guten Teil der Reformausbildungsjahrgänge ausmachen. Nicht genauer konterfeit werden soll auch der Kompensationsanpasser, der — oft wegen regionaler Zufälligkeiten, aus familiären oder finanziellen Gründen an eine einstufige Juristenausbildung geraten — dort unter zunehmender Herausbildung eines Minderwertigkeitskomplexes der fühlbaren institutionellen Diskriminierung gewahr geworden ist und nun ganz unabhängig von seinem frühkindlichen Schicksal um den ständigen Nachweis seiner Gleichwertigkeit bemüht ist, gegenüber Kollegen, Mandanten, Bürokratien. So konnte einem vor Gericht auch schon der übereifrige neue Superadvokat begegnen, der die Sache seines Mandanten schriftsätzlich so extrem einseitig dargestellt hatte, daß der Mandant bei seiner Anhörung vor allem mit wahrheitsgemäßen Korrekturen des Vorgetragenen beschäftigt war. Verbliebene rechtliche Unsicherheit kann sich wie bei den traditionell Ausgebildeten auch mit eherner Miene und bramarbasierendem Imponiergehabe verbinden, selbst bei der Entgegennahme von Hiobsbotschaft für die vertretene Partei. Ein Gegenbild ist der neue Minderheitenadvokat, von dem es viele Schattierungen gibt. Hinzuweisen ist auf den Strafverteidiger, der die Straftäter auch nach Verhandlung, Urteil und Strafe ein Stück weit betreut und dafür eine Praxisausweitung opfert, also mit vergleichsweise geringen Entnahmen zufrieden ist. Zu erwähnen ist ferner der Anwalt, der sich in ähnlicher Weise für die Konfliktbewältigung bei Ausländern, Sozialhilfeempfängern, Alten, Sozialmietern, allein erziehenden Mütter etc. einsetzt. Viele, insbesondere auch viele Frauen tun diese ganz ohne Aufhebens und fallen auch beim Republikanischen Anwaltsverein oder beim Strafverteidigertag nicht ohne weiteres auf. Eine größere innere Selbständigkeit gegenüber den Gewohnheiten der Justizhierarchie ist auch teilweise bei den — allerdings relativ wenigen — Einphasern festzustellen, die in die Gerichte gelangt sind. Die gewerkschaftlich organisierten oder dem Richterratschlag verbundenen Richter und Staatsanwälte betonen allerdings zu Recht, daß ihre Prozesse sich oft mehr durch ein etwas anderes (eher demokratisches) Klima als unbedingt durch andere Entscheidungen auszeichnen. Das dürfte auch für die zugehörigen Absolventen der einphasigen Juristenausbildung gelten, ist aber nicht gering zu schätzen.

Einen großen Strafverteidiger, gar einen historisch und literarisch brillanten, eine überzeugende Persönlichkeit an der Spitze eines Gerichts oder auch nur eines Spruchkörpers, einen für die Synthese von Sozial- und Rechtswissenschaften vorbildlichen Professor hat die einphasige Juristenausbildung (jedenfalls bislang) nicht hervorbringen können. Keine 10 Jahrgänge haben sie durchlaufen, bis der Bundesgesetzgeber christliberaler Prägung die Reform mit der Richtergesetznovelle vom 25. Juli 1984 gestoppt hat. Mit dem zunehmenden Abbau des Sozialstaats war es folgerichtig, auch die auf Sozialwissenschaften, soziale Probleme und sozialstaatliche Fragestellungen ausgerichtete Juristenproduktion einzustellen. Blieb dabei kein Rest? Die Ausweitung der empirischen Sozialwissenschaft, die sich in erster Linie technokratischen Steuerungsimperativen verdankt, setzt heute doch Maßstäbe auf für den Informationsstand jedes juristischen Praktikers, auch wenn ihn die traditionelle Ausbildung damit kaum versorgt. Die Öffnung gegenüber der Theoriearbeit, die eine Gesellschaft mit den existentiellen ökologischen und militärischen Überlebensproblemen der Bundesrepublik Deutschland so dringend nötig hätte, ist dagegen, was den juristischen Diskurs angeht, noch nicht einmal ansatzweise vollzogen. Die juristische Rechte liest nicht, was die juristische Linke schreibt. Die Ausbildungsträume von einer durch Aufklärung und Wissenschaft schnell veränderten rechtlichen Praxis sind in den traditionellen Rechtsinstitutionen, die Träume vom primär motivierten Gruppenlernen in den Sparzwängen der Landeshaushalte verflogen. Erledigt sind die Prozesse gegen die einphasige Juristenausbildung, in denen insbesondere der Bremer Alfred Rinken den verfassungsrechtlich angetretenen Liquidierern einen zähen Kampf lieferte. Die Juristenausbildungsreform ist gescheitert, auch wenn die Landesgesetzgeber zum Teil wenigstens die sozialwissenschaftliche Idee in ihren neuen Entwürfen nicht aufgeben wollen.[11]

Sie ist in erster Linie an äußeren, an den politischen Schwierigkeiten gescheitert. Ihre inneren Schwächen, über die hier berichtet wurde, haben jedoch gleichfalls einen Teil dazu beigetragen. Die umfassende sozialwissenschaftliche Umarmungsstrategie der Gründungsinspiratoren war weniger utopisch als apolitisch. Sie zerbrach in den Partei- und Interessenkämpfen, in der sich gegen jede Theorie eine andere auftat. Außerdem fand sich Theorie nicht zu Formen alternativer Praxis, sondern zu deren altbekannten widerstrebenden Institutionen wie insbesondere der Justiz. Die Studien- und Prüfungsmodelle waren ein Stück Utopie, das sich über die Lernprozesse außerhalb der Universität und die begrenzten sozialpsychologischen Charakterbildungschancen in der Studienzeit hinwegzuheben versuchte. Diese überwiegend ehrenwerten Schwächen konnten während der Reformlaufzeit nicht ausgeräumt werden, da ihre Darlegung keineswegs auf einen konstruktiven Dialog hoffen konnte. Von der Herausarbeitung eines erforderlichen und realistischen sozialwissenschaftlichen Kanons für das Studium der Rechtswissenschaften waren die Reformfachbereiche bei allen Unterschieden der Hochschullehrer nicht so weit entfernt. Das vorzeitige Gewicht traditioneller Praxisstationen und die Dysfunktionalität eines allzu entstandardisierten Prüfungssystems konnten leicht beseitigt werden. Die traditionellen Juristenfakultäten und Justizprüfungsämter haben in vielen Jahrzehnten die gravierendsten Mängel der zweiphasigen Ausbildung nicht abstellen können, von denen die Belanglosigkeit des Vorlesungsbetriebs, das unwissenschaftliche Pauk- und Repetitorwesen, die fehlende Abstimmung mit der Referendarausbildung und die Prüfungsskandale noch einmal genannt werden sollen. Der Reformausbildung wurde praktisch nicht ein einziges Jahrzehnt, nicht einmal die Spanne einer Kindheit, zur Beseitigung ihrer Mängel gelassen. Die Ansätze zu ihrer Auswertung wurden nicht ernsthaft zur Kenntnis genommen.

Wenn ein Student heute das Studium an einem ehemaligen Reformfachbereich aufnimmt, wird er, wie gezeigt, auf eine viel buntere Schar von Professoren treffen als in den Traditionsfachbereichen, wenn man davon absicht, daß sie im wesentlichen alles Vierziger sind. Er kann nicht sicher sein, daß ihm herrschende Meinungen abverlangt werden. In keiner Fachzeitschrift kann er lesen, daß er es mit Fachvertretern zu tun hat, die auch auf dem Höhepunkt der Terrorismushysterie die Grenzen des Rechtsstaates verteidigt haben, die den Sicherheitsstandard von Atomkraftwerken in mühseligen und großenteils verlorenen Prozessen zu verbessern beigetragen oder die den gewerkschaftlichen Positionen überhaupt erst wieder in breitem Umfang Rechtsform gegeben haben. Er wird auch normalerweise während des Studiums mit einstufig ausgebildeten Juristen, also auch den Minderheitenadvokaten nicht zusammenkommen. Er wird sich in den Vorlesungen nicht als künftiger neuer Jurist fühlen. Er wird sich nicht mehr an der universitären Institution als solcher ausrichten können, wenn er der für die meisten Juristen typischen Entwicklung zum Desinteresse an den nicht unmittelbar erlebten gesellschaftlichen Konflikten und Veränderungen entgehen will. Er wird sich über seine Erkenntnisbemühungen hinaus also wieder stärker im Rechtsleben persönliche Vorbilder suchen müssen. Darum tut eine Festschrift für Heinrich Hannover not.

Anmerkungen

[1] Loccumer Arbeitskreis (Hrsg.), Neue Juristenausbildung, 1970.
[2] Vgl. die Formulierung von Rudolf Wiethölter, Didaktik und Rechtswissenschaft, in: Neue Juristenausbildung, S. 36.
[3] Erst mit erheblicher Verspätung schlossen die Traditionalisten wieder ihre Reihen, vgl. etwa Heldrich, Das Trojanische Pferd in der Zitadelle des Rechts? Überlegungen zu der Einbeziehung der Sozialwissenschaften in die juristische Ausbildung, JuS 1974, 281 ff. Das Festungsdenken kam auf.
[4] Es gab nur vereinzelte Ausnahmen wie etwa Ulrich K. Preuß.
[5] Vgl. etwa Hess. Minister der Justiz (Hrsg.), Einstufige Juristenausbildung in Hes-

sen, 1973, das sog. Wiesbadener Modell, S. 18 f.

[6] Zum einjährigen sozialwissenschaftlichen Eingangsstudium in Bremen, s. §§ 9 f. des BremJAG v. 3.7.1973 (GVBl. S. 177). Zu den Modellen der einphasigen Ausbildung insgesamt siehe Rinken, Einführung in das juristische Studium, 1977, S. 23 ff.; zu ihren inhaltlichen Konflikten s. S. 68 ff.

[7] Vgl. etwa die Ausführungen von Lautmann, in: Der neue Jurist, Materialien zur reformierten Juristenausbildung in Bremen, 1973, S. 71 ff.

[8] Vgl. Reinhard Hoffmann, in: Der neue Jurist (Fn. 7), S. 135.

[9] Vgl. dazu BGHZ 67, 359.

[10] Vgl. etwa die §§ 29 ff. des BremJAG (Fn. 6).

[11] § 5 a Abs. 2 Satz 1 DRiG läßt auch weiterhin die Einbeziehung der philosophischen, geschichtlichen und gesellschaftlichen Grundlagen der Kernfächer des Rechts zu. Die daraus etwa von Hamburger Gesetzesinitiatoren gezogene Konsequenz, die Sozialwissenschaften mit zum Prüfungsgegenstand zu machen, hat neuerdings wieder ein Traditionalistentrio auf den Plan gerufen (Landwehr-Martens-Seiler JZ 1985, 109), dem, wenn es an soziale Problemfelder denkt, vor allem »Essen, Trinken und Reisen« einfällt und das sich vehement gegen so harmlose Veranstaltungen wie solche über Familie oder Bau- und Mietwirtschaft wehrt. Ihr dürrer Witz kann nicht verbergen, daß an ihnen die Diskussion von anderthalb Jahrzehnten wahrhaft spurlos vorübergegangen ist.

Lutz Eisel
Aber das ist doch alles nur ein Märchen!

Vor einem großen Walde wohnte ein armer Holzhacker mit seiner Frau und seinen zwei Kindern; das Bübchen hieß Hänsel und das Mädchen Gretel. Er hatte wenig zu beißen und zu brechen, und einmal, als große Teuerung ins Land kam, konnte er auch das tägliche Brot nicht mehr schaffen. Wie er sich nun abends im Bette Gedanken machte und sich vor Sorgen herumwälzte, seufzte er und sprach zu seiner Frau: »Was soll aus uns werden? Wie können wir unsere armen Kinder ernähren, da wir für uns selber nichts mehr haben?« »Weißt Du was, Mann«, antwortete die Frau, »wir wollen die Kinder auf Diebeszug schicken. Es gibt in der Nähe des Waldes viele einsam gelegene Häuser: Da sollen sie sich hineinschleichen und stehlen, was sie mitnehmen können. Die Leute werden beim Anblick der Kinder an nichts Arges denken, und man wird die Diebstähle erst entdecken, wenn Hänsel und Gretel längst in Sicherheit sind. Was sie dann mit nach Hause bringen, können wir verkaufen. Dann haben alle Sorgen ein Ende.«

Der Vater überlegte sich den Vorschlag der Frau, und als der nächste Tag anbrach, wies er Hänsel und Gretel in das Diebeshandwerk ein. Die beiden Kinder gingen fortan jeden Tag in den Wald, und aus den Häusern, die dort einsam lagen, holten sie an Wert heraus, was sie tragen konnten, und brachten es dem Vater und der Mutter.

Eines Tages, als Hänsel und Gretel so tief im Wald waren, wie sie ihr Lebtag noch nicht gewesen waren, kamen sie an ein Häuschen, auf dessen Dach ein schneeweißes Vöglein saß. Das Haus gehörte einer steinalten Frau, die in vielen Jahren alle Kenntnisse gesammelt hatte über das, was das Volk von der natürlichen Heilkunst wußte. Sie war daher hochangesehen bei vielen Leuten und auch bei Frauen, denen sie manchmal half, ein Kind, welches nicht großgezogen werden konnte, gleich nach der Empfängnis wieder loszuwerden. Aus diesem Grund sagten auch einige, die weise Frau sei eine Hexe. Für ihre Dienste bei der Heilung von Krankheiten war die alte Frau immer entlohnt worden. So hatte sie im Lauf der Zeit ein kleines Vermögen angesammelt, welches sie in ihrem Haus versteckt hielt.

Die beiden Kinder wußten von alledem nichts. Sie wollten nur zusehen, ob sie bei der alten Frau etwas stehlen konnten. Gretel täuschte vor, sie interessiere sich für die Kunst des Brotbackens aus natürlichem Mehl im großen Steinofen. Also halfen die Kinder der alten Frau beim Anzünden und Einheizen des Backofens. Als aber gerade die alte Frau den frisch gekneteten Brotteig in den Ofen stellen wollte, da gab ihr Hänsel einen Stoß, daß sie weit hineinfiel, machte die eiserne Tür des Backofens zu und schob den Riegel vor. Da half alles Flehen nichts; die alte weise Frau verbrannte bei lebendigem Leibe.

Nach dieser schändlichen Tat gingen Hänsel und Gretel in das Haus der alten Frau hinein, suchten in allen Ecken und plünderten einen Kasten mit Perlen und Edelsteinen. Diese hatte die alte Frau von Leuten geschenkt bekommen, die zu ihr gekommen waren, nachdem die Ärzte in der Stadt ihnen nicht hatten helfen können.

Der Vater und die Mutter staunten nicht schlecht, als Hänsel und Gretel ihnen den Schmuck brachten. Sie schwiegen über den Frevel, den Hänsel begangen hatte, denn die große Beute bestach ihr Gewissen. Also versuchten sie als Hehler, die Perlen und Edelsteine in der Stadt zu verkaufen. Als sie aber auf dem Markt einen großen Siegelring anboten, erkannte diesen der Bürgermeister als sein früheres Eigentum. Er erinnerte sich, daß er diesen Ring der alten weisen Frau im tiefen Wald geschenkt hatte als Dank dafür, daß sie seinen Sohn von schwerer Krankheit geheilt hatte. Und er sandte einen Boten aus, der die weise Frau fragen sollte, ob sie den Ring weitergegeben hätte. Der Bote fand jedoch das Haus leer und durchwühlt und im großen Backofen fand er anstelle leckerer Brote die verkohlte Leiche der alten weisen Frau.

Als der Bürgermeister dieses hörte, ließ er sogleich den Vater festnehmen, doch dieser mußte gestehen, daß nicht er das Verbrechen begangen hatte, sondern sein Sohn Hänsel. Also sperrte man Hänsel in das Gefängnis ein und klagte ihn an wegen Raubes und Mordes und klagte auch Gretel an wegen Beihilfe dazu. Und wenn nun Gretel ihren Bruder beim Besuch durch die Gitterstäbe sah, dann tuschelte sie mit ihm darüber, was sie vor Gericht denn sagen sollten. Der Wärter, der nicht verstand, was die beiden sprachen, rief ihnen zu: »Was sagtet ihr?« Sie aber antworteten: »Wir schwiegen. Du hörtest den Wind, den Wind, das himmlische Kind.«

Nun kam es zum Gerichtstag, und dann erzählten Hänsel und Gretel dem Richter und den beiden Geschworenen, was sie sich ausgedacht hatten: Sie berichteten von einem abenteuerlichen Schicksal, von Vater und Mutter, die sie im tiefen Wald aussetzen wollten, vom weißen Vogel, der sie zu einem Knusperhäuschen geführt hätte, davon, daß die alte Frau eine Hexe gewesen sei. Und sie trugen eine Schauermär vor, daß die alte Frau sie nur habe mästen wollen, um sie dann aufzuessen, daß Gretel das Feuer habe zubereiten müssen und sie sich beide nur hätten retten können dadurch, daß sie die Hexe ins Feuer stießen. Die Wegnahme der Perlen und Edelsteine rechtfertigten sie als Entschädigung für die erlittene Pein, daß sie gefangengehalten worden seien und hätten getötet werden sollen.

Der erfahrene Richter schüttelte sein Haupt drob solcher Phantasien und sprach: »Aber das ist doch alles nur ein Märchen!« Die beiden Geschworenen hingegen waren sehr angetan von den Erzählungen, hielten sie doch selber nichts von alten weisen Frauen, die oftmals klüger waren als die Ärzte und auch als die Pfaffen. Sie schrieben alles genau mit, was Hänsel und Gretel ausgesagt hatten, und glaubten es aufs Wort. Schließlich, in der Urteilsberatung, überstimmten sie den Richter und sprachen Hänsel und Gretel frei. Die beiden Geschworenen waren Brüder. Sie sind heute noch bekannt.

Ihre Namen waren Jacob und Wilhelm Grimm.

Gine Elsner
»Der Kläger ist Türke und mentalitätsbedingt klagsam«
Ärztliche Sachverständige vor den Sozialgerichten

Ich lernte Heinrich Hannover kennen, als er einen Kollegen und früheren Kommilitonen von mir verteidigte. Karl Heinz Roth war der Mitgliedschaft in einer kriminellen Vereinigung und des Mordes angeklagt. Es stand schlecht um den Prozeßausgang. Heinrich Hannover sagte am Telefon: »Sie müssen unbedingt nach Köln mitkommen und das Prozeßklima miterleben.« Wir verabredeten uns am Blumengeschäft im Bremer Bahnhof. Das war der Anfang einer Freundschaft.

Ich habe Heinrich Hannover dann in den folgenden Jahren viel von den Strafprozessen berichten hören, in denen er verteidigte. Oftmals gab es Probleme mit den ärztlichen Sachverständigen, die über Schuldfähigkeit oder Nicht-Schuldfähigkeit zu gutachten hatten. Ich erinnere mich an einen Prozeß, der mit einem Freispruch für den Angeklagten — er war des Mordes angeklagt — endete. Da soll der ärztliche Sachverständige gesagt haben, wenn er gewußt hätte, daß ein Freispruch dabei rauskommt, hätte er sein Gutachten anders abgefaßt.

In dem Prozeß gegen Peter Jürgen Boock konnten die Verteidiger (einer war ja Heinrich Hannover) erreichen, daß der medizinische Gutachter vom Gericht abgelehnt wurde. Seine rassenhygienischen Tätigkeiten im Nationalsozialismus und seine Beziehungen zu einer Psychiatrie, die auf Konstitutions-Anomalien aufbaute, wurden aufgedeckt.

Ärzte, die im Faschismus noch tätig waren, sterben allmählich aus. Doch die Hoffnung darauf, daß damit alle faschistoiden Elemente verschwinden, ist verfrüht.

Wie sollten sie auch? Die Ärzte, die den Faschismus mitgetragen haben, sind nach 1945 unsere Lehrer geworden. Die anderen waren emigriert oder tot. Die ärztliche Versorgung und die ärztliche Ausbildung wurden also nach 1945 von Ärzten ausgeübt, die den Faschismus miterlebt und durchlebt hatten. Viele von ihnen gaben — wie bekannt — Loyalitätserklärungen gegenüber den Nationalsozialisten ab.

Nicht verwunderlich also, daß sich ärztliches Gedankengut, das an nationalsozialistische Erb- und Rassenhygiene und an Arbeitsdisziplinierung durch nationalsozialistische Arbeitsmediziner erinnert, bis heute gehalten hat. Ein solches Gedankengut tritt am häufigsten bei gerichtlichen Sachverständigenaussagen hervor. Der Arzt ist hier nicht nur der Heilende, der Medikamente verschreibt. Sondern der Arzt ist hier jemand, der über Strafe und Nicht-Strafe mitentscheidet oder — wie beim Sozialgerichtsprozeß — über die Verteilung öffentlicher Gelder. Der Arzt bringt also als Sachverständiger notgedrungen seine Weltanschauung in die Begutachtung mit ein. Und diese ist nun häufig genug so, daß Relikte an die nationalsozialistische Vergangenheit erkennbar sind.

1. Die Suche nach dem Drückeberger

In einem Vordruck des Landessozialgerichts Celle, in dem die Fragen an den ärztlichen Sachverständigen formuliert sind, heißt es: »Handelt es sich bei dem Kläger um Simulation oder Aggravation?«

Hier wird die Aggravation und die Simulation geradezu zum Normalfall deklariert und bereits als zweite Frage an den Gutachter gestellt. Die mutmaßliche unberechtigte Inanspruchnahme öffentlicher Gelder wird zum Normalfall ernannt, und von dem Sachverständigen wird eine »kriminalistische Findigkeit« gefordert, wobei die »Folgen des geduldeten Niedergangs des sozialen Pflichtgefühls und der Einschläferung des Gesundheitsgewissens« beklagt werden (BOCK 1981).

Ich habe vor kurzem einen Hafenarbeiter zu begutachten gehabt. Der Mann hatte in der Nachkriegszeit nie die Chance gehabt, etwas zu lernen. Er war damals als Kind auf eine Mine getreten und hatte ein Auge und mehrere Finger an beiden Händen verloren. An eine geregelte Schulzeit war dann nicht mehr zu denken. Säcke anpacken konnte er mit diesen verstümmelten Händen aber noch, und das hatte er sein Leben lang getan. Jetzt schaffte er die Arbeit jedoch nicht mehr, eine schwere Zuckerkrankheit war dazu gekommen und anderes auch. Er stellte schließlich Rentenantrag, der abgelehnt wurde. Da schrieb er an die zuständige LVA einen Brief, den ich in der Akte vorfand:

> *Sehr geehrter Sachbearbeiter,*
> *ich habe am 8. 9.1980 einen Rentenantrag gestellt, den Sie leider abgelehnt haben (...)*
> *Ich muß darauf hinweisen, daß ich bei sehr schweren Belastungen körperlich und geistig im Eimer bin. Ich brauche nur ein Handwerkszeug in die Hand zu nehmen und bin nicht mehr in der Lage, dies auszuführen. (...) Dabei bin ich einer der besten Arbeiter gewesen, die für die Firma da gewesen sind. Ich habe keine Überstunden in der Firma ausgelassen, um sie aufrecht zu erhalten. Ich habe nicht nur 9 Stunden gearbeitet, ich habe 16 bis 20 Stunden am Tag für die Firma gearbeitet, und mit Freude. Damit habe ich wohl die Firma mit aufgebaut. Ich habe 17 Jahre in meiner Firma sehr hart gearbeitet, und als 80% Schwerbeschädig-*

ter mußte ich damals in der freien Marktwirtschaft sehr schwer arbeiten, damit ich nicht entlassen wurde. (...)
Ich selber bin in meiner Firma noch nicht entlassen worden, sie würden mir eine leichtere Arbeit geben, aber nur halbtags, aber diese kann ich leider nicht annehmen, da ich mit dem Lohn von ca. 700,— DM nicht auskommen kann. Ich bin dafür, daß Sie mir eine neue Stelle mit der LVA und dem Arbeitsamt aussuchen. Ich selber bin immer ein Mann gewesen, der nur für seine Firma gearbeitet hat und nur für diese eingetreten ist.«

Wo kann hier die Rede davon sein, daß dieser Mann öffentliche Gelder ungerechtfertigt in Anspruch nehmen will? Und sind es denn gar öffentliche Gelder? Sind es nicht vielmehr Gelder der Arbeitnehmer, die diese in einen Topf zahlen, um für Fälle wie den obigen vorzusorgen? Und diese Gelder werden ihnen jetzt vorenthalten durch ärztliche Sachverständigengutachten. Dieser Mann wurde bis in die zweite Instanz hinein von allen Gutachtern noch für fähig gehalten, leichte bis mittelschwere Männerarbeiten vollschichtig zu verrichten. Da — meine ich — kommt dann so ein Gedanke von Arbeitsdisziplinierung hinein, der immer unterstellt, die Arbeitnehmer seien faul. Der obige Fall endete im Jahre 1985 — fünf Jahre nach Klageerhebung — in der zweiten Instanz aufgrund meines Gutachtens mit einem Anerkenntnis seitens der Beklagten.

Die vorrangigen Facharztdisziplinen, die als Sachverständige zu diesen Fragen gehört werden, sind Arbeitsmediziner und Orthopäden. Arbeitsmediziner werden eher zu den Zusammenhangsfragen gehört, Orthopäden eher zu den prognostischen Fragen über die Zukunft. Sieht man sich nun an, in welcher Tradition diese beiden Disziplinen stehen, dann verwundern solche Gutachtervoten nicht mehr so sehr.

Die Arbeitsmedizin in der Bundesrepublik steht in der Tradition von BAADER und KOELSCH. Alle zwei Jahre werden auf der Jahrestagung der Deutschen Gesellschaft für Arbeitsmedizin ein E.W. BAADER-Preis verliehen und eine FRANZ-KOELSCH-GEDÄCHTNISVORLESUNG gehalten. Und dies ungeachtet der Tatsache, daß beide doch loyales Verhalten gegenüber den Nationalsozialisten gezeigt hatten. BAADER (1934) schrieb im Jahre 1934 einen Aufsatz über die ›Entlarvung von Simulanten gewerblicher Krankheiten‹. Darin heißt es:

»Es wäre besser, wenn Nachgutachter ohne genügende persönliche Sonderkenntnisse den Mut und die Kraft besäßen, unberechtigte Ansprüche von Rentenbegehrern weder direkt noch indirekt durch ein Gutachten zu vertreten, wie ja im nationalsozialistischen Staate auch viele Anwälte schon dazu übergegangen sind, das Wohl des Ganzen vor ein persönliches Geschäft zu stellen und die Vertretung asozialer Elemente vor Gericht abzulehnen. Die Nachkriegszeit mit ihren politischen und sozialen Wirrnissen hat leider gemeinsam mit der Geißel der Arbeitslosigkeit die Moral zahlreicher Versicherten arg gelockert. Die Spruchbehörden haben durch schwächliches Entgegenkommen den verunfallten Klägern gegenüber in der marxistischen Ära leider auch oft unbewußt dazu beigetragen, die Mentalität der Kranken zu verschlechtern und den Sinn unserer sozialen Versicherungswerke dahin zu verwässern, daß aller Entscheidungen Weisheit immer

nur in einer Teilung strittiger Prozente der Erwerbsminderungseinschätzung zu liegen schien. Als Ärzten erwächst uns aber die Pflicht, angesichts des zunehmenden Mißbrauchs unserer Sozialgesetze den Versicherungsbetrügern und insbesondere den Simulanten gewerblicher Berufskrankheiten — deren Handlungsweise in einem Lande, das den Adel der Arbeit als höchste Würde mit Recht empfindet, doppelt verwerflich und unentschuldbar ist — mit Mut und Unerbittlichkeit entgegenzutreten. Solche Härte wird sich dann um so eher zum Wohle der wirklichen Arbeitsopfer und ihrer bestmöglichen Unterstützung bzw. Entschädigung auswirken.«

BAADER läßt keinen Zweifel daran, daß die Arbeitsmedizin für ihn ein Instrument ist, die Arbeitnehmer zu disziplinieren. Es ist nicht nur eine Disziplinierung gegenüber dem einzelnen Arbeiter, sondern auch ein Bekämpfen der Arbeiterklasse und der Versicherungswerke, die von dieser Arbeiterklasse geschaffen wurden. Die Arbeitsmedizin ist für BAADER ein Instrument zur Durchsetzung nationalsozialistischen Gedankenguts:

»So will und muß die Arbeitsmedizin dem Volksganzen dienen, und ihre Aufgaben und Interessen werden weit über die der allgemeinen Medizin hinausgehen, die sich im wesentlichen das Wohl der Herstellung des erkrankten Einzelindividuums zum Ziel setzt. (...)

Es ist Ihnen allen bekannt, mit welchem heiligen Ernst der Nationalsozialismus gerade diese Aufgabe angepackt hat und wie auch der Stellvertreter des Reichsärzteführers, Pg. Dr. Bartels, gerade diesen heiklen Punkt bei den Aufgaben der Gesundheitsführung des deutschen Volkes als vordringlich wichtig betrachtet und daher (...) die Stellung des Betriebsarztes für jeden Betrieb mit 200 Gefolgschaftsmitgliedern geschaffen hat.« (BAADER 1937).

Im Jahre 1936 wurde mit der ›Dritten Verordnung über Ausdehnung der Unfallversicherung auf Berufskrankheiten‹ der gewerbeärztliche Dienst ausgebaut (REICHS- U. PREUßISCHES ARBEITSMIMISTERIUM 1938). Vielerorts wurden jetzt neue Stellen für Staatliche Gewerbeärzte geschaffen. Im Rahmen dieser Neuregelung wurde auch SYMANSKI im Saarland ab 1939 zum Gewerbearzt ernannt. SYMANSKI wirkt bis in unsere Zeit hinein und hat die Arbeitsmedizin der Bundesrepublik mitgeprägt. Er erinnert sich noch an die Zeit der Weimarer Republik und macht dabei keinen Hehl aus seiner antikommunistischen Gesinnung. So schreibt er im Jahre 1972:

»Übertreibende Überschriften auch in ärztlich informierenden Zeitschriften wie ›Bleivergiftung bei Straßenarbeitern‹ können meines Erachtens bestenfalls als Warnung bezeichnet werden, denn es klingt ein bißchen wie jene Notiz in der Zeitung ›Die rote Fahne‹ des Jahres 1932, wo einige Formalinekzeme als ›zerfressene Frauenkörper in der Chemie-Hölle‹ apostrophiert wurden.« (SYMANSKI 1972).

Ein solches Zitat verwundert doch! Angesichts der Springer-Presse, die uns tagtäglich Unwahrheiten erzählt, braucht man im Jahre 1972 doch nicht auf ein Beispiel zurückzugehen, das vierzig Jahre zuvor geschah! Dies ist eine Gesinnung, die die politische Linke verachtet. Und diese Gesinnung — verbunden mit Relikten aus der faschistischen Vergangenheit —

prägt an vielen Stellen unsere bundesdeutsche (Arbeits-)Medizin noch heute. Der Arbeitnehmer wird oftmals als fauler Drückeberger angesehen, der ungerechtfertigt Leistungen in Anspruch nehmen will. Eine Postangestellte, die einen Antrag auf Erwerbsunfähigkeitsrente gestellt hatte und zum Gutachter vorgeladen war, hat diese für sie erniedrigende Situation einmal aufgeschrieben:

Arzt: » Was wollen Sie hier?«
Ich: » Ich bin bestellt.«
Er: » Zeigen Sie mir mal Ihren Personalausweis.«
Ich ziehe den Ausweis aus der Tasche.
Er: » Warum steht Ihr weiterer Name nicht im Personalausweis?«
Ich: » Die Namensänderung erfolgte 1949 aus Erbschaftsgründen.«
Er: » Ach, ja, also nicht wegen einer Verehelichung? Sie sind also ledig!«
Der Triumph in seiner Stimme ist unüberhörbar und seine Augen sagen: also unverträglich, sonst hätte sie ja einen Mann.
Er: » Haben Sie einen Arbeitsplatz?«
Ich beantworte die Frage mit Ja.
Er: » Wo?«
Ich: » Im Rechtsreferat der Oberpostdirektion.«
Er: » Was machen Sie da?«
Er hat meine Beschäftigungsunterlagen, in denen alles steht, vor sich liegen und starrt unentwegt hinein.
Ich: » Ich bin Sekretärin der Rechtsreferentin.«
Er: » Erklären Sie mir das näher.«
Ich: » Als Rechtsreferat führen wir Prozesse im Rahmen des Fernmelderechts. Meine Postion ist vergleichbar einer Inspektorin im gehobenen Dienst der Deutschen Bundespost. Im Schnitt sitze ich täglich vier bis fünf Stunden an der Schreibmaschine ... usw.«
Er sieht mich über seine Brillengläser hinweg durchdringend an, stellt meine Aussage sofort als Amtsanmaßung dar und sagt: » Sie, Sie sind doch keine Beamtin, wie können Sie so was sagen!« Das habe ich ja auch gar nicht behauptet, ich versuchte lediglich, an einem Vergleich meine berufliche Tätigkeit zu erklären.
Er: » Und warum sind Sie keine?«
— Stille —
Ich habe allmählich das Gefühl, daß er alle meine Worte sofort uminterpretiert, so daß sie in sein Schema passen, um mir mit seinen Antworten eine gewisse Unmündigkeit bescheinigen zu können. Seine Ungeduld, wenn ich mit einer Antwort zögere, irritiert mich mehr und mehr.
Er: » Leben Ihre Eltern noch, und wenn ja, wo?«
(Was geht ihn das an?)
Er: » Sie waren im Jahre 1981 zur Kur, was war das für eine Kur?«
Ich: » Eine Allgemein-Kur vor meiner Schilddrüsen-Operation.«
Er: » W e r (es hört sich an wie eine Drohung) hat diese Kur für sie befürwortet?«
Ich: » Mein Gynäkologe, wegen meiner damaligen Schwäche und Erschöpfung.«
Er (höhnisch): » Wollen Sie damit sagen, daß ein Gynäkologe Sie wegen einer Schilddrüsen-Operation in Kur geschickt hat? — Ich hätte Ihnen die Kur nie verschrieben!«
Ich: » Diese Kur wurde von der BfA genehmigt, und außerdem war es die erste und letzte Kur während meiner ganzen vierzig Arbeitsjahre.«

Er murmelt etwas von Kostendämpfung.
Ich, eifrige BfA-Beitragszahlerin, sitze da, zu einer orthopädischen Untersuchung bestellt, und wie in einem Roman von Kafka sehe ich mich vom ursprünglichen Zweck entfernt und in eine Befragung zur kommenden Volkszählung hineinmanipuliert.
Er: » Was haben Sie für Beschwerden?«
Ich: »Ich bin seit über vierzig Jahren berufstätig und habe jeden Tag stundenlang an der Schreibmaschine gesessen. Ich habe körperliche Verschleißerscheinungen.«
Er: »Das ist unwesentlich.«
Ich starre ihn an.
Er: » Gehen Sie hinter diesen Vorhang und ziehen Sie sich aus bis auf den Slip.«
Ich bin an sich nicht prüde und gehöre zu einer Generation, die mindestens einmal im Jahr zu ihrem Gynäkologen geht und vor einem untersuchenden Arzt ein Gefühl von Nacktheit kaum noch kennt. Hier habe ich es zum ersten Mal, seit meiner Reichsarbeitsdienstzeit, als ich von Militärärzten begutachtet wurde, wieder. Vor diesem Arzt wollte ich nicht nackt sein!

Eine solche Gutachtersituation stellt sich aus der Sicht eines Arztes ganz anders dar. BÜRKLE DE LA CAMP, seit 1933 Leiter der Klinik ›Bergmannsheil‹ in Bochum, beschreibt eine solche Situation so:

> *»Aber gerade dann, wenn der beste Arzt sich selbst überwindet und sich objektiv zu den ihm vorgelegten Begutachtungsfragen einstellt, prallt er als Gutachter häufig gegen eine völlige Verständnislosigkeit des Versicherten, der sich und seine versicherungspflichtigen Mängel aus ganz begreiflicher menschlicher Schwäche heraus überzubewerten pflegt. Dabei setzt sich der begutachtende Arzt den unangenehmsten Angriffen des Versicherten und seiner Berater aus, die weit von der Objektivität abrücken.*
>
> *Wer aber schützt den Arzt gegen Angriffe und Anwürfe? Niemand.«* (BÜRKLE DE LA CAMP 1951).

BÜRKLE DE LA CAMP war Chirurg und übernahm im Jahre 1933 die Leitung der Knappschaftsklinik ›Bergmannnsheil‹ in Bochum. Er hat das Berufskrankheitengeschehen in der Bundesrepublik, was die orthopädischen Berufskrankheiten angeht, wesentlich mitgeprägt. Seine Arbeiten um den Bergmanns-Meniskus sind verdienstvoll, seine Arbeiten um arbeitsbedingte Wirbelsäulenschädigungen weniger. Solche gab es für ihn nicht; es gab nur anlagebedingte Schädigungen.

Neben BÜRKLE DE LA CAMP war sein Kollege REISCHAUER einer der führenden Männer, die in der Bundesrepublik das Berufskrankheitengeschehen, soweit es den Bewegungsapparat betraf, mitprägten. Auch für ihn gab es keine arbeits- und berufsbedingten Schäden am Stütz- und Bewegungsapparat, und er scheute sich auch nicht, mit Hilfe unwissenschaftlicher Argumente zu belegen, was er wollte. Auf ihn und seine unwissenschaftlichen Arbeiten geht zurück, daß bis auf den heutigen Tag Abnutzungsschäden in der Ellenbeuge (sogenannte Epikondylitiden) nicht entschädigt werden. Welche Meinung REISCHAUER über die Versicherten hatte, zeigt das folgende Zitat:

> *Damit führt der Weg zum Schluß noch einmal zum Cervikal-Syndrom und zur Psyche. In eine Erkrankung, die so mit dem Vegetativen versponnen ist wie diese, spielt immer die Seele herein, meist spielt sie die erste Geige. Unter den Cervical-Syndromen begegnet man oft bestimmten Menschentypen. Einen pedantischen Typ nennen wir intra muros »Steiff-Knopf im Ohr«. Er lauscht dem Lied des Knirschens in seiner Halswirbelsäule, das jeder durch Kopfdrehung bei angespannter Nacken- und Rückenmuskulatur willkürlich erzeugen und zur Kunst und zur Lust steigern kann und dreht an der Straßenecke zum Blick nach rechts und links den ganzen Körper auf dem Fuße herum, obwohl er bei nächtlicher Prüfung im Bett eine freie Halsbewegung hatte. ...*
>
> *Blinzelt aus den treuen Augen dieses Mannes etwas Humor und Bauernschläue und das Recht des kleinen Mannes auf einen Griff in den großen Sack voll Geld des Versicherungsträgers, so ist bei der geschiedenen Frau mit dem bösen Blick der Kampf um den Unfall-Haftpflicht-Anspruch zum ausschließlichen Lebensinhalt geworden ...«* (REISCHAUER 1957).

Welch eine geschiedene Frau wird von diesem Gutachter jemals gerecht beurteilt werden?

Exkurs: Rassistische Vorurteile gegen Türken

Die Vorurteile, die Frauen treffen, sind schlimm. Wenn eine an der Fließbandarbeit leidet, dann sind es die klimakterischen Beschwerden — auch wenn die Frau erst 36 Jahre alt ist! Das habe ich gelesen!

Am schlimmsten aber sind die Vorurteile, die Türken betreffen. Davon sind die Sozialgerichtsakten und die medizinischen Gutachten voll! Türken trifft besonders der Vorwurf, sich ungerechtfertigt Sozialleistungen aneignen zu wollen. Der Vorwurf der Simulation fällt hier besonders oft und besonders hart. Da gibt es alle Nuancen von mentalitätsbedingter Aggravation bis hin zu betrügerischer Absicht. Noch nie aber habe ich Akten über türkische Arbeitnehmer gesehen, die völlig frei von diffamierenden Äußerungen waren. Mentalitätsbedingt klagsam: ist dabei noch die freundlichste Umschreibung dafür, daß da jemand seine Beschwerden angeblich aggraviere. Über einen türkischen Hochofenarbeiter las ich kürzlich:

> *»Der Patient bringt seine Beschwerden in der für den Südosteuropäer typischen Temperamentslage vor. Es soll nicht unbedingt die Auffassung vertreten werden, daß hier ein Rentenbegehren vorliegt, doch wurde der Eindruck gewonnen, daß eine erhebliche Leidensfähigkeit vorhanden ist, wenn nicht der Fall so interpretiert werden kann, daß gewisse, glaubhafte Beschwerden von Herrn K. einfach stärker als hier üblich empfunden und demzufolge auch mit etwas demonstrativer Grundtendenz beschrieben werden.«*

Wenngleich diese Formulierungen noch hinzunehmen sind, da sie doch ausdrücken, daß da ein Mensch leide, ist der Vorwurf der Simulation oftmals unerträglich. Dann nämlich wird ja unterstellt, daß der Arbeitnehmer seine Leiden nur vortäusche, um zu einer Rentenleistung zu gelangen. Mit welcher Härte dieser Vorwurf häufig vorgebracht und dann auch über viele Jahre (in den Akten nachzulesen) von den verschiedensten Ärzten immer wieder aufgenommen und wiederholt wird, das macht oftmals sehr betroffen. Absurde Beweise werden dann von den ärztlichen Begutachtern vorgebracht: Der Patient bringe Klagen hervor, die gar nicht zu einem einheitlichen Krankheitsbild passen, also simuliere er. Jeder Arzt weiß doch, wie oft Patienten in ihrer Laiensprache sagen: Mir tut die ganze linke Seite weh! Der linke Arm, das linke Bein — die ganze linke Seite! Und dann gehen die ärztlichen Gutachter hin und sagen, das gibt medizinisch keinen Sinn, also simuliert der Kläger. Jeder Arzt weiß doch auch, daß bei Bandscheibenschädigungen nicht immer nur eine Rückenmarks-Nervenwurzel irritiert wird, sondern oftmals mehrere. Und daß die Sensibilitätsausfälle und andere Ausfälle am Bein, das ja von diesen Nerven versorgt wird, ganz kunterbunt und unsystematisch sein können. Und doch liest man immer wieder: Der Patient gibt Sensibilitätsausfälle an, die keiner Nervenwurzel zuzuordnen sind: also simuliert er.

Ich erinnere mich an einen türkischen Werftarbeiter, der als gelernter Schiffbauer tätig war. Er war in einem ausgesprochen schlechten Allgemeinzustand, als er zu mir kam. Er kam von Bremerhaven und war kaum in der Lage, den weiten Weg zu schaffen. Er wurde begleitet von seiner sehr jungen, sehr schüchternen, sehr mädchenhaften Frau. Der Mann sprach fließend deutsch, ungewöhnlich gut deutsch für einen türkischen Arbeitnehmer. Seine vier Kinder besuchten sogar das Gymnasium. Dieser Mann war einfach fertig: Sein ganzer Bewegungsapparat war hinüber, Folge seiner zehnjährigen Arbeitstätigkeit in der Bundesrepublik. Jetzt war kein Gelenk mehr so, wie es sein sollte. Der Arbeitgeber hatte ihm gekündigt, neue Arbeit war nicht zu kriegen. Seine Frau arbeitete in der Fischverarbeitung, mußte diese Tätigkeit aber — da ist es feucht — wegen gehäufter Blasenentzündungen auf ärztlichen Rat hin aufgeben. Sie arbeitete dann in einer Elektrofirma, doch der Betrieb wurde an einen ausländischen Konzern verkauft, verkleinert, und sie wurde entlassen. Einen anderen Arbeitsplatz bekam sie nicht. Die Familie lebte von der Sozialhilfe. Ich hielt diesen Mann — zur Zeit jedenfalls — nicht für fähig, einer geregelten Erwerbstätigkeit nachzugehen. Das Gericht meinte, ich sei seiner Simulation aufgesessen, und es folgte dem »ausführlichen, schlüssig dargelegten und logisch begründeten Gutachten« der Psychiater Dr. F. und Dr. H., die für das Gericht »nachvollziehbar« ausgeführt hatten,

> *»daß der Kläger unter seinem Medikamentenmißbrauch, reaktiven depressiven Verstimmungszustand und beginnenden rentenneurotischen Fehlentwicklungen leidet... Wie die Gutachter (...) ausgeführt haben, bestanden beim Kläger Hinweise auf bewußte Aggravation und zielgerichtete Tendenzen. (...) Immer wieder blicke er mit einem schnellen Augenaufschlag den Untersucher an, als wolle er die Wirkung seiner Angaben prüfen. (...)*
> *Insgesamt habe der Kläger ruhig, nicht gequält oder verzweifelt, vielmehr eher berechnend und kontrolliert gewirkt. (...) Sein Einsatz eines Stockes zum Stützen der linken Körperhälfte ist unphysiologisch. Er nimmt den Stock in die linke —*

schmerzende — Hand. Ein wirklich Behinderter würde den Stock in die rechte Hand nehmen. Seine Bemühungen, sich mit Hilfe seines linksseitig geführten Stockes von seinem Sessel zu erheben, sind als schlichtweg peinliches Theater zu bewerten.«

So aus dem Urteil! Die Klage wurde — wie sich denken läßt — abgewiesen. So kraß urteilen Ärzte sicherlich selten über türkische Arbeitnehmer. Aber die Palette der Diffamierungen ist breit. Die türkischen Arbeitnehmer sind diejenigen, die der Vorwurf des Drückebergertums am stärksten und am häufigsten trifft. Schwer fällt es, dies nicht als rassistische Diffamierung anzusehen.

2. Die minderwertige Anlage

Lang ist die Liste der Arbeiten und Veröffentlichungen in der Bundesrepublik, die in einer minderwertigen Anlage die Krankheitsursachen sehen und nicht in den Arbeitsbedingungen. Die häufigen Erkrankungen des Stütz- und Bewegungsapparates werden immer wieder als Folge einer minderwertigen Knorpelanlage angesehen und nicht als Folge einer berufsbedingten Vernutzung.

BÜRKLE DE LA CAMP (1938) schrieb bereits im Jahre 1938 über die Ellenbogengelenkveränderungen bei Preßluftarbeit,

»daß die körperliche Anlage eine größere Rolle spielt, als man bislang angenommen hat.«

Dieselbe Argumentation findet sich in den fünfziger Jahren. Über die chronischen Erkrankungen der Sehnenscheiden schreibt er dann:

»Das Ungewohnte, die Neuartigkeit der Beschäftigung bei einem Anfänger auf einem gewissen Arbeitszweig dürften eine viel größere Rolle spielen. Dann aber muß man sich wieder fragen, ist es überhaupt berechtigt, dann von einer Berufskrankheit überhaupt zu sprechen, liegt nicht vielmehr alles in der Anlage...«
(BÜRKLE DE LA CAMP 1953).

Und über Bandscheibenschäden:

»Es gibt bei uns keine Berufskrankheit, die den Bandscheibenschaden umfaßt — nach unseren bisherigen Untersuchungen besteht auch nicht die Notwendigkeit, eine solche Berufskrankheit vorzuschlagen. (...)
Und wie bei allen diesen Überlastungs- und Erschöpfungserkrankungen im menschlichen Leben ist die Veranlagung des einzelnen von ganz wesentlicher Bedeutung für die Entstehung solcher Veränderungen.« (BÜRKLE DE LA CAMP 1951).

Diese Untersuchungen, von denen BÜRKLE DE LA CAMP in den fünfziger Jahren als von »unseren bisherigen Untersuchungen« sprach, sind noch heute von Bedeutung. In der Klinik von BÜRKLE DE LA CAMP fanden damals Untersuchungen statt, die nachweisen sollten, daß es keine arbeitsbedingten Wirbelsäulenschäden gebe. BECK (1951) untersuchte dabei die Halswirbelsäule von Preßluftarbeitern und verglich sie mit der Halswirbelsäule von Nicht-Preßluftarbeitern (das waren vorwiegend

Schwerarbeiter) und wunderte sich, daß er keine Unterschiede fand. Das konnte er auch gar nicht! Denn die Halswirbelsäule ist sowohl bei Preßluftarbeitern als auch bei Schwerarbeitern gleichermaßen verändert: In beiden Gruppen findet man gleich geartete Verschleißzeichen.

Die Auseinandersetzung um diese oder ähnliche Fragen wird nicht sachlich geführt und ist nicht von der Suche nach der Wahrheit geprägt. Polemiken ersetzen den rationalen Diskurs. VALENTIN & HARTUNG werfen mir in einem Gutachten einen »Mangel an arbeitsmedizinischer Berufskunde« vor, weil ich vorschlug, eine bestimmte Wirbelsäulenerkrankung (eine Spondylolyse) bei einem Bergmann als Berufskrankheit zu entschädigen. Sie warfen mir ferner vor, daß ich die Literatur nicht in »ausgewogener Form präsentiert« habe. Sie sagten, meine Argumentation beweise, »daß offenbar keine epidemiologischen Untersuchungsergebnisse aus dem Bergbau vorliegen, mit denen das gehäufte Auftreten einer Spondylolyse bei Bergleuten bewiesen werden könnte«. Und dabei hatte ich explizit auf eine Arbeit von RAYNAL hingewiesen, die das aufzeigte. Diese Arbeit liegt nur in französischer Sprache vor, und ich übersetzte das Wichtigste in meiner schriftlichen Erwiderung, um den Prozeßbeteiligten das Lesen zu erleichtern. Aber dennoch urteilte das Landessozialgericht, daß es meinen Ausführungen nicht entnehmen könne, »daß speziell bei Bergleuten die Spondylolyse in einem *erheblich* höheren Grade als bei der übrigen Bevölkerung auftritt«.

Mit dem Verweis darauf, daß die Unterschiede nicht erheblich sind, ohne daß irgendein Mensch weiß, was denn nun eigentlich erheblich sei, gelingt es, alle Entschädigungsansprüche der Versicherten abzulehnen. Ferner damit, daß neue Erkenntnisse nur solche seien, die von der Mehrheit der Wissenschaftler getragen werden. Dazu VALENTIN & HARTUNG abschließend:

> *»Abschließend stellen wir fest, daß die von Frau Prof. E. vorgetragene Ansicht nicht die herrschende medizinische Lehrmeinung darstellt, auf deren Grundlage bekanntlich das Recht zu erfolgen hat.«*

Und dazu das Gericht:

> *»Die allein von Frau Prof. E. vertretene Auffassung reicht nicht aus, um von neuen Erkenntnissen ausgehen zu können. Nach ständiger Rechtsprechung des BSG muß die Geeignetheit berufsbedingter Einwirkungen für die Entstehung einer Erkrankung in der medizinischen Wissenschaft allgemein anerkannt sein. Dies setzt voraus, daß die neue Erkenntnis von der herrschenden Auffassung der Fachwissenschaftler getragen wird; vereinzelte Meinungen auch von Sachverständigen reichen hingegen nicht aus.«*

Was macht man denn nun aber, wenn sich die Mehrheit der Wissenschaftler weigert, bestimmte Forschungsthemen zu bearbeiten! Oder wenn sie gar vorhandene Forschungsergebnisse falsch wiedergibt! Oder wenn sie methodisch unzureichend forscht! Es gibt einen Konsens unter bundesdeutschen Arbeitsmedizinern (und auch unter Orthopäden), die Ursachen von Krankheiten nicht in den Arbeitsbedingungen zu sehen, sondern in der Anlage. Dieser Konsens ist kaum zu durchbrechen, weil er nicht auf einer rationalen Auseinandersetzung basiert. An vielen polemischen Zitaten läßt sich ablesen, daß es sich hierbei um Vorurteile handelt, die durchaus mit einer politischen Diskriminierung der Arbeitnehmer einhergehen. Zwei Beispiele:

> *»Nicht einmal die einem zeit- und politisch gefärbten Modedenken entsprechend diskreditierte Arbeitsbelastung, sofern sie sich in normalen Grenzen hält, wirkt pathogenetisch im Sinne von Verschleißerscheinungen an der Bandscheibe« (SCHLEGEL 1975).*

Oder:

> *»Das Beispiel des alten Gorilla zeigt die klassischen Zeichen, die wir an der menschlichen Wirbelsäule kennen. Die Lokalisation der ausgeprägten Veränderungen ist auch für den Menschen typisch. Dies wirft ein klares Licht auf die vielumstrittene Frage (...) der angeblich traumatischen Bandscheibenschäden der Schwerarbeiter. Es ist nicht anzunehmen, daß der Gorilla unseres Beispiels seine Zuckergußwirbel im Lendenbereich, die Osteochondrose der Halswirbelsäule sowie die dorsalen Keilwirbel als Maurer oder Grubenarbeiter erworben hat. Diese Erscheinungen sind die schicksalsmäßige Folge seiner lebensüblichen Dauerbeanspruchung.« (EXNER 1954).*

In solchen Äußerungen verbirgt sich die tiefe Abneigung vieler Gutachter und gutachtenden Ärzte und Wissenschaftler gegen die Arbeitnehmerschaft. Faschistische Relikte finden sich da, wo dauernd auf die Anlage abgestellt wird, ohne daß eindeutige diesbezügliche Forschungen vorliegen. Eine solche Sicht lehnt sich an nationalsozialistischen Gedanken an, die letztendlich die Aussonderung derjenigen Arbeitnehmer vorsahen, die in irgendeiner Weise angeblich genetisch minderwertig waren. Das Abstellen auf die Anlage enthält darüber hinaus dem Arbeitnehmer die ihm zustehende Entschädigung vor. Gutachter, die auf diese Art und Weise in Richtung auf die Anlage argumentieren, stehen somit notwendigerweise auf seiten der Arbeitgeber. Inwieweit ein solches Abstellen auf die Anlage nun bedingt ist durch Arbeitgeberpositionen, die die Ärzte annehmen, oder bedingt ist durch Relikte faschistischer Herkunft, ist dabei im Einzelfall nicht zu entscheiden. Beide Denkrichtungen sind aber für die Arbeitnehmerschaft fatal. Im einen Fall werden sie ohne Entschädigung und ohne Rente auf den Müll geworfen. Im anderen Fall ist die Gefahr gegeben, daß sich eine Aussonderungsstrategie entwickelt, die in ihrer schlimmsten Form zur nationalsozialistischen Vernichtungspolitik wurde.

Literatur

Baader, E. W., Entlarvung von Simulanten gewerblicher Krankheiten. Jahreskunde für ärztliche Fortbildung 25 (1934) 43-56

Baader, E. W., Aus- und Fortbildungsmöglichkeiten in der Gewerbemedizin in

Deutschland. Zentralblatt für Gewerbehygiene 24 (1937) 272-277

Beck, W., Ergebnisse vergleichender Röntgenuntersuchungen der Halswirbelsäule von Preßluftarbeitern und Nicht-Preßluftarbeitern. Hefte zur Unfallheilkunde 42 (1950) 63-74

Bock, H.E., Von den Schwierigkeiten des Gutachters bei der objektiven Beurteilung von Patienten. Der Medizinische Sachverständige 77 (1981) 3-9

Bürkle de la Camp, H., Erich Lexer zum Gedächtnis. Deutsche Medizinische Wochenschrift 64 (1938) 135

Bürkle de la Camp, H., Die Berufskrankheit Nr. 16. Zeitschrift für ärztliche Fortbildung 35 (1938) 485-489

Bürkle de la Camp, H., Über die Bluttransfusion im Kriegsfall unter besonderer Berücksichtigung der Verwendung konservierten Blutes. Deutsche Zeitschrift für Chirurgie 252 (1939) 365-380

Bürkle de la Camp, H., Über die Absetzung von Gliedmaßen. Deutsche Medizinische Wochenschrift 66 (1940) 347-349

Bürkle de la Camp, H., Eröffnungsansprache des Vorsitzenden. Monatsschrift für Unfallheilkunde (Beiheft) 42 (1951) 1-7

Bürkle de la Camp, H., Zur Frage der unfallbedingten Entstehung des Bandscheibenschadens. Langebecks Archiv und Deutsche Zeitschrift für Chirurgie 267 (1951) 479-483

Bürkle de la Camp, H., Berufskrankheiten unter besonderer Berücksichtigung der Sehnenscheidenentzündung und Gelenkveränderungen. Bericht über die Unfallchirurgische Tagung in Frankfurt/M. am 21. und 22. November 1953, Veranstalter Landesverband Hessen-Mittelrhein der gewerbl. Berufsgenossenschaften in Mainz

Flesch-Thebesius, Diskussionsbemerkung. Bericht über die Unfallchirurgische Tagung in Frankfurt/M., a.a.O.

Hartung, M. & H. Valentin, Erfahrungsbericht über die Anwendung von §551 Abs. 2 RVO bei beruflichen Erkrankungen. Schriftenreihe des Hauptverbandes der gewerblichen Berufsgenossenschaften, Bonn 1983

Hebestreit, Hofmann & Teitge, Schutz und Erhaltung der Arbeitskraft, Berlin 1939

Karbe, K.-H., Das Betriebsarztsystem und zum Schicksal der Arbeitsmedizin im faschistischen Deutschland, in: Thom, A. & H. Spaar (Hrsg.), Medizin im Faschismus, Berlin (DDR) 1983

Koelsch, F., Buchbesprechungen. Münchner Medizinische Wochenschrift 87 (1940) S. 548 und 1368

Maintz, G., Gibt es Schädigungen der Wirbelsäule durch Preßluftwerkzeugarbeit? Hefte zur Unfallheilkunde 44 (1953) 154-162

Müller-Hill, B., Tödliche Wissenschaft. Die Zeit vom 13. Juli 1984

Reichs- und Preußisches Arbeitsministerium (Hrsg.), Der gewerbeärztliche Dienst in den Jahren 1935 und 1936, Schriftenreihe ›Arbeit und Gesundheit‹, Heft 32, Leipzig 1938

Reischauer, F., Wirbelsäulen- und Bandscheibenschäden. Therapiewoche 8 (1957) 130-139

Symanski, H., Die Berufskrankheiten in den letzten 35 Jahren. Das öffentliche Gesundheitswesen. 34 (1972) 219-233

Verschuer, von, O., Anlage und Abnutzung in ihrer Bedeutung für Unfall und Berufsschädigung. Bericht über den VIII. Internationalen Kongreß für Unfallmedizin und Berufskrankheiten 1938, Leipzig 1939

Erich Fried
Vierzigster Jahrestag Bitburg-Belsen

(zum 60. Jahrestag für Heinrich Hannover)

Die Ära Hitler ist abgeschlossen
Heut sind wir Ronnie Reagans Genossen

welcher das Abendland gleichfalls gut
verteidigen will mit unserem Blut.

Und Helmut Kohl sagte andächtig fast:
»Komm, Herr Reagan, sei unser Gast.«

Wenn unser Festgast uns leben läßt
gibts in zehn Jahren wieder ein Fest!

***

Doch die ihnen die Festesfreude dämpfen
sind solche wie du, die weiterkämpfen

und im Kampf mit all diesen hohen Tieren
nicht einmal den Humor verlieren.

Rolf Gutte
Wider die »gemeinsame Verantwortung für den Frieden«

(Es gibt viele Gründe, sich einer gemeinsamen Nachkriegs-Vergangeheit zu erinnern. Ich habe mich dafür entschieden, Konsequenzen aus gemeinsam gemachten Fehlern zu ziehen, — auch ein Beitrag zu einer Festschrift für Heinrich Hannover in neuer Vorkriegszeit).

Wir waren Wiederbewaffnungsgegner, Kriegsdienstgegner und Atomwaffengegner — »damals«, d.h. in den 50er und Anfang der 60er Jahre, als die Nie-wieder-Krieg-Generation auf die Straße ging. Wir zitierten Heine (»Denk ich an Deutschland in der Nacht ...«) und hatten uns die Parole, »Nie wieder soll von deutschem Boden ein Krieg ausgehen ...«, zu Herzen genommen. Wir bestanden emphatisch darauf, daß gerade die Deutschen endlich allen Grund hätten, kriegerischen Absichten für immer abzuschwören und sich für die Erhaltung des Friedens einzusetzen. Gründe dafür gab es genug: Im Namen Deutschlands war der 2. Weltkrieg angezettelt worden. Von deutschem Boden aus wurde der faschistische Herrschaftsanspruch mit militärischer Gewalt in alle Himmelsrichtungen getragen; ganz zu schweigen von den besonderen Greueln, die im Interesse und im Namen der deutschen Nation hierzulande und anderswo verübt wurden.

Sich dafür als Deutscher, wenn nicht mitschuldig, so doch mitverantwortlich zu fühlen, galt damals vielen gutwilligen Menschen, auch vielen Linken, als selbstverständlich und war die allgemeinste Klammer einer Bewegung, in der sich seit Adenauers »Angebot« an die westlichen Alliierten, die Bundesrepublik zum Frontstaat gegen den Osten aufzurüsten, die »Friedenskräfte« sammelten.

Denn darum ging es uns schon damals: Die Erhaltung des Friedens im Gegensatz zur Wiederbewaffnung und den damit einhergehenden »Gefahren« für eben diesen Frieden. Also gingen wir auf die Straße und demonstrierten gegen das Wehrpflichtgesetz, gegen die Aufrüstung, gegen den NATO-Beitritt der Bundesrepublik und bald auch gegen Atomwaffen.

Die Adressaten dieser Demonstrationen waren die sogenannten Verantwortlichen in Politik und Staat, die mittels öffentlicher Proteste einer demokratischen Öffentlichkeit auf das »Unverantwortliche« ihres Tuns hingewiesen und auf ihre »eigentliche« Veranwortung hinsichtlich der Erhaltung des Friedens verpflichtet werden sollten. »Eigentlich«, so der Gedanke, müßten doch auch »die da oben« erkennen, daß Aufrüstung eine »Bedrohung des Friedens« ist und eine »Erhöhung der Kriegsgefahr«. Wenn nicht, dann wäre mit dem »Druck« der öffentlichen Meinung nachzuhelfen, im Namen der gemeinsamen Verantwortung für den Frieden.

Es ist kein Geheimnis, daß all unsere Proteste von damals nicht den gewünschten Erfolg hatten. Zwar gibt es Leute, die meinen, ohne diese Proteste wäre alles noch viel schlimmer gekommen oder wäre schneller vonstatten gegangen, aber angesichts der Tatsache, daß die Bundesrepublik mittlerweile zweitstärkste Macht des Westens geworden ist und der zuverlässigste Bündnispartner der Weltmacht USA, kann an dieser Vermutung nicht viel Wahres dran sein. Also: Genützt hat unser viertätiger Marsch zur Raketenstation in Bergen-Hohne genauso wenig wie der Aufzug zig-tausender friedenswilliger Menschen gegen Atomwaffen und Atomtod, die Ostermärsche oder die Aktivitäten der Wehrdienstverweigerer.

Nun ist Mißerfolg sicherlich kein Argument gegen die Richtigkeit einer politischen Zielsetzung, genausowenig wie der Erfolg etwas darüber aussagt, ob die ihm zugrundeliegende Theorie etwas taugt oder nicht. Deshalb kann die Erfolglosigkeit der Wiederbewaffnungsgegner auch nicht zum Krieterium einer Beurteilung gemacht, wohl aber zum Anlaß genommen werden, über die zugrundeliegenden politischen Absichten und Ziele nachzudenken. Waren die denn in Ordnung?

Was also ist von der Forderung nach Frieden zu halten? Wer stellt sie, und an wen ist sie gerichtet? Wo liegen die Gemeinsamkeiten zwischen den Demonstranten und den Verantwortlichen, denen sich alle im Interesse einer übergeordneten Verantwortung verpflichtet wissen sollen? Und was hat diese unterstellte gemeinsame Verantwortung mit der Tatsache zu tun, daß sie damals wie heute immer erst beschworen wird, wenn die Wiederbewaffnung oder die Nachrüstung oder die weitere »Anhäufung von Waffenpotential« bereits auf der politischen Tagesordnung steht, d.h. beschlossene Sache ist?

Wie also steht es mit der »gemeinsamen Veranwortung für den Frieden« angesichts friedensbedrohender Waffen?

Es ist wahr: Der Wunsch nach Frieden bewegt viele Menschen, und zwar besonders dann, wenn, wie in den 50er Jahren, der letzte Krieg noch in böser Erinnerung ist und bereits wieder Waffen für neue mögliche Kriege bereitgestellt werden, oder wenn, wie heute, das »Ende der Entspannung« öffentlich verkündet und die Kriegsbereitschaft der NATO auf allen militärischen und zivilen Ebenen vorangetrieben wird. Also immer dann, wenn die Herrschenden das Thema Krieg auf ihre große Tagesordnung gesetzt haben. Schon diese Tatsache muß stutzig machen, was den Inhalt des Wunsches nach Friedens angeht. Offenbar reduziert sich der auf die ganz abstrakt-negative Forderung nach Vermeidung von Krieg. Wenn nämlich erst geschossen wird, dann ist das Leben prinzipiell in Gefahr, mithin auch alles, was man sonst noch mit diesem Leben anfangen könnte, lautet der Gedanke. Frieden erscheint deshalb, verglichen mit Krieg, als allgemeinste Voraussetzung für Leben schlechthin, und selbst wenn es bei dieser Frage nur ums »nackte Überleben« geht. Gewiß, wenn jedermann zwischen Krieg (Lebensgefahr) und Frieden (wenigsten am Leben) wählen könnte, würde den meisten die Entscheidung nicht schwerfallen, weshalb ja auch der Wunsch nach Frieden überhaupt und ganz prinzipiell so verbreitet ist. (Genauso verbreitet übrigens wie der nach Glück und Gesundheit!) Und aus denselben Gründen fällt es auch Politikern überhaupt nicht schwer, neben ihrem praktischen Treiben, das politische Erpressung und Kriege überhaupt nicht ausschließt, sich andauernd zum Frieden zu bekennen und ihr eigenes Tun als »Friedenssicherung« auszugeben, die dazu angetan sein soll, die überall und andauernd lauernden »Kriegsgefahren« zu bannen.

Die Einmütigkeit in der Beschwörung *des* Friedens ist also allgemein, auch wenn sich Demonstranten für die Erhaltung des Friedens immer *dann* mit *anderen* Mitteln vorstellen, wenn die »Verantwortungsträger« sich bereits für den friedenssichernden Zweck *ihrer* (Gewalt-)Mittel entschieden haben.

Die scheinbare Übereinstimmung in Sachen Frieden (mit oder ohne, mit mehr oder weniger Waffen) resultiert aus der Abstraktion von dem, was Frieden *tatsächlich* ist, nämlich eine ganz und gar nicht friedfertige Zeit im Interesse eines seinen Frieden liebenden Menschen. Und das kann man der schönen Friedenszeit durchaus ansehen, wenn man genauer hinguckt.

Friedenszeit für sich betrachtet, d.h. *nicht* als die Zeit, in der mal *nicht* geschossen wird (was für sich genommen schon eine Fiktion ist, angesichts der Tatsache, daß seit dem II. Weltkrieg weit über 100 Kriege stattfanden und Meldungen über kriegerische Ereignisse zu den täglichen Nachrichten gehören), sondern als die Zeit, in der all das geschieht, was eine Staatsmacht *»positiv«* so treibt und die Weltwirtschaftsordnung freiheitlicher Staaten so anrichtet, ist alles andere als »friedlich«. Frieden, das ist die Zeit, in der die Menschen in den Grenzen ihres Staates für das Wirtschaftswachstum eingespannt oder arbeitslos gemacht werden und in der sie den dafür notwendigen Gesetzen unterworfen sind. Im Frieden geschieht all das, was nötig ist, um im Verteidigungsfall den Krieg zu führen, und das ist allemal mehr als nur die Produktion von militärischem Gerät und die Ausbildung daran. Im Frieden schließlich werden durch die herrschende Politik und deren Subjekte all die Gründe in die Welt gesetzt, die *praktisch* Kriegsgründe *sind,* auch wenn der Krieg deswegen noch nicht gleich stattfindet.

Deshalb ist es auch völlig falsch, sich als friedliebender Mensch vorzustellen, der menschenfreundliche Zweck des eigenen Staates müsse doch die Erhaltung des Friedens sein. Weit gefehlt: *Solch* einen politischen Staatszweck gibt es nicht! Ob Krieg *oder* Frieden *herrscht*, verdankt sich als Alternative einem politischen Kalkül, in dem friedliche und kriegerische Mittel ihre jeweilige staatsdienliche Funktion haben. *Beides* im übrigen auf der Basis vorhandener Gewaltmittel des Staates, weshalb *die* auf alle Fälle her müssen als Garant eines »sicheren« Friedens *und* für die Siegfähigkeit im Ernstfall.

Dementsprechend sieht denn auch der so machtgeschützte Frieden aus: Lauter Einmischungen in fremde Angelegenheit im Interesse der eigenen Nation.

Und dafür werden nicht erst in Kriegszeiten, sondern im Frieden, dieser angeblich schönen Zeit, all die Waffenpotentiale geordert, die es z.B. der Bundesrepublik in zunehmendem Maße erlaubt haben, sich in Friedenszeiten in der Konkurrenz der kapitalistischen »Industrienationen« als machtvolles NATO-Mitglied durchzusetzen.

Und diese gar nicht friedlichen Ideale der Repräsentanten staatlicher Herkunft, deren nationaler Materialismus weltpolitisch auf Gewalt beruht, sollen den Frieden so attraktiv machen, daß man als Kriegsgegner gerade für die Erhaltung *der* friedlichen Zustände plädiert, die die nächsten Kriegsgründe hervorbringen?

Ein seltsames Anliegen eines Menschen, der vorhat, vom Leben etwas zu haben und es sich auf dieser Welt gut sein zu lassen! Für *diesen* Zweck ist der Appell an die gemeinsame Verantwortung mit denen da oben für die Erhaltung des Friedens ein denkbar ungeeignetes Mittel, legt es doch die Entscheidung über das eigene Wohl und Wehe vertrauensvoll in die Hände derjenigen, die ihm doch gerade mit ihrer Politik den Grund für's Dagegensein geliefert haben, die mit ihrer Politik immer Größeres im Sinn haben als die Erhaltung des Friedens um jeden Preis. Um den Preis der Freiheit schon mal nicht, und die kennt keine Grenzen. Für die Ausbreitung von »Frieden in Freiheit« auf der Welt sind die Waffen also nicht das *letzte* Mittel, sondern schon immer das erste, denn die politische Freiheit eines Staates im Umgang mit anderen souveränen Mächten bemißt sich ganz unmittelbar an seiner militärischen Stärke, die von der wirtschaftlichen Potenz des Landes abhängt (und vice versa).

Deren Friede ist alles andere als prinzipielle Friedfertigkeit, die sie als Maxime ihrer internationalen »Beziehungen« ständig behauptet. Im Gegenteil: Auf Gewalt als Mittel der Politik will kein Staat verzichten, schon gar nicht einer, der wie die Bundesrepublik zu den Mächtigsten in der Welt gerechnet werden will.

Das ganze nennt sich zwar Friedenspolitik, ihr Zweck ist aber damit noch längst nicht einfach »Frieden«, wie die vielen Kriege seit 1945 beweisen.

Folglich ist es falsch, für die Erhaltung *dieses* Friedens auf die Straße zu gehen.

Das gilt auch dann, wenn man wegen der gemeinsamen Verantwortung für die Erhaltung des Friedens an »die da oben« appelliert, sie möchten doch eine *andere* Sorte Frieden praktizieren, ihnen also ein Ideal von Frieden vorzuhalten, dem sie zu entsprechen hätten. Das Vortragen dieser Forderung unterstellt zum einen, daß gegen den herrschenden Frieden in den Fabriken und Kasernen offenbar nichts einzuwenden ist, daß Arbeits- und Dienstbereitschaft, sich für das allgemeine Wohl nützlich zu machen, durchaus als tägliche Praxis anerkannt sind, und auch sonst alles seinen gesetzlich geordneten Gang geht. Der real existierende Friede ist also die akzeptierte Grundlage, auf der die Forderung nach Erhaltung des Friedens an die Adresse der staatstragenden Kräfte gerichtet wird: Hauptsache, es wird nicht geschossen! (Den »Rest« nehm ich in Kauf.).

Und was hat der Aufrüstungsgegner und Anhänger einer friedlichen und völkerverständigten Welt davon?

Erstens das Fortbestehen der Verhältnisse, an denen er doch irgendwie Kritik geübt haben möchte; zweitens die Unterwerfung unter die für alle Fragen von Krieg und Frieden allein zuständige Obrigkeit; und drittens die von der Obrigkeit eingeforderte Pflichterfüllung im Namen der gemeinsamen Verantwortung für das große Ganze, für das Florieren der deutschen Ökonomie und die Durchsetzung deutscher Interessen in der Welt.

Nichts Gutes hat man also als Untertan davon, wenn man sich im Namen des Friedens an diejenigen wendet, die über Krieg und Frieden entscheiden; und von der Gemeinsamkeit der Verantwortung haben nur diejenigen einen Nutzen, die die Verantwortung tatsächlich tragen und in der Verantwortungsgemeinschaft mit den Bürgern um deren Willen zum Mitmachen bei allem, was der Staat beschließt, nicht zu fürchten brauchen.

Also ist nicht nur die Forderung nach Frieden unzweckmäßig, sondern auch der Appell an die gemeinsame Verantwortung. Die wird von den Verantwortlichen als Bekenntnis zur gemeinsamen Sache gewertet und dementsprechend in Anspruch genommen. Von dem öffentlichen Druck auf die Verantwortlichen im Namen einer alternativen Verantwortung für den Frieden und gegen die Anhäufung von Waffenpotential bleibt am Ende nichts übrig als ein öffentlich geführter Streit über die bessere Moral, die dem jeweils vorgetragene Appell an die Verantwortung zugrundeliegt.

Vor dem Hintergrund ganz und gar legal getroffener und in voller Verantwortung der Verantwortlichen vollzogenen Entscheidungen im wohlverstandenen Interesse der Staatsgewalt nach innen und außen läßt sich kräftig streiten über die rechte Verantwortung, die jeweils höherwertige oder bessere moralische Instanz, vor der sich die Verantwortung zu verantworten hat, und darüber, daß oder ob die jeweilige Gegenseite nicht vielleicht doch unverantwortlich gehandelt hat angesichts dieser oder jener »Herausforderung« in schwieriger Zeit im geteilten Deutschland, geteilten Europa und in einer friedlosen geteilten Welt.

Bei all dem Hin und Her an wohlmeinenden Idealismen, heuchlerischen Lippenbekenntnissen und tiefschürfenden Analysen in Sachen Verantwortung, ihrer Inhalte und legitimen, angemaßten oder falschen Berufungsinstanzen ist, wie bei allen ideologischen Streitereien üblich, eins vorab geklärt: Recht hat die Verantwortung, die an der Macht ist, und das unabhängig davon, ob die sie begründenden Argumente überzeugen oder nicht. Den anderen bleibt nur der Appell, der dann entweder als »Erpressungsversuch der Straße« oder als »vom Osten gesteuert« oder günstigstenfalls als ernstzunehmende Gewissensentscheidung respektiert wird, dann aber gleich verbunden mit der Aufforderung (der bei Nichtbefolgung mit polizeilichen Mitteln Nachdruck verliehen werden kann), gefälligst auch die Gewissensentscheidung der Politiker zu respektieren, sprich: sich auf die Äußerung einer abweichenden Meinung zu beschränken und im übrigen die Geschäfte von Politik und Gewalt nicht zu stören. Für den Krieg oder Frieden sind die Verantwortlichen zuständig. Sonst keiner! So geht es einem, wenn man sich auf seine *Verantwortung* beruft und an die der anderen appelliert.

Soweit die Sachanalyse einer politischen Forderung nach Erhaltung des Friedens im Interesse einer gemeinsamen Verantwortung.

Wenn an dieser Analyse einiges dran ist, dann sind wir in den 50er und Anfang der 60er Jahre für die falschen politischen Ziele auf die Straße gegangen. Das ist zwar eine bittere Erkenntnis, weil unsere Empörung über die Wiederaufrüstung des neuen deutschen Staates tief saß und wir aus Überzeugung und guten Gewissens Kraft, Zeit und Geld in unseren »Widerstand« investiert haben. Genaugenommen hätten wir unsere Fehler damals schon erkennen können, denn die hier vorgetragenen Gedanken beziehen sich auf einen Sachverhalt, der damals wie heute Gültigkeit beansprucht, wenngleich vieles von dem, was heute an deutscher Machtentfaltung, Spitzenstellung deutscher Ökonomie und deutscher Mark, verbunden mit einem weltweiten »Engagement« deutscher Politik offen zutage liegt, damals erst in Ansätzen sichtbar war. Aber sei's drum: Erkenntnisse sind gut für die Vermeidung von Fehlern hier und jetzt.

Und sofern die Fehler von damals heute wieder gemacht werden, sind sie nicht nur gleichermaßen zu kritisieren, sondern *erst recht*. Denn die Bundesrepublik des Jahres 1985 ist nicht die von 1956 oder 1961, sondern mittlerweile zur zweitstärksten Militärmacht des Westens avanciert, Hauptverbündeter der Weltmacht USA, ökonomischer Riese und auch politisch schon lange kein Zwerg mehr. Im Gegenteil: Wieder einmal Großmacht mit weltpolitischen Ambitionen und einem militärischen Gewicht gegenüber dem Osten wie kein anderes Land in Europa. Als NATO-Mitglied mit eigenen politischen und wirtschaftlichen Interessen in jedem Winkel der Erde ist die Bundesrepublik die sich schon lange einfach Deutschland nennt, an der unheiligen Allianz von Geschäft und Gewalt beteiligt, mit der sich eine freiheitliche Weltwirtschaftsordnung Staaten dienstbar macht (Land und Leute eingeschlossen), solange sie nützlich sind, oder auch ruiniert, wenn es dem staatlichen Nutzen und seiner Wirtschaft frommt.

»Wir« sind nun endgültig wieder »wer«, sitzen auf allen möglichen Gipfelkonferenzen und entscheiden zusammen mit den NATO-Bündnispartnern über die Geschicke diverser Weltgegenden. Daß Deutschland West diesen Machtzuwachs für seine ureigensten nationalen Anliegen in Anschlag zu bringen gewillt ist, sprich für die Lösung *seiner* »deutschen Frage«, braucht deshalb niemanden zu wundern. Schließlich hat die Bundesrepublik seit ihrer Gründung auf Wiedervereinigung in Freiheit bestanden, auch wenn den ersten Bundesregierungen der 50er und 60er Jahre nicht die notwendigen Machtmittel zur Verfügung standen, diesem Begehren gehörigen Nachdruck zu verleihen. Das hat sich spätestens seit der Nachrüstung und den damit einhergehenden verstärkten Rüstungsanstrengungen auf allen Ebenen geändert, zumal die NATO, an ihrer Spitze die USA, die Revision der Ergebnisse des Zweiten Weltkriegs auf die politische und militärische Tagesordnung gesetzt haben und unter Hinweis auf Jalta nicht bereit sind, die damals vollzogene »Teilung Deutschlands, Europas und der Welt« länger hinzunehmen. Der NATO-Zweck, Frieden und Freiheit überall in der Welt zu verbreiten, d.h. durchzusetzen, ist einzulösen. So trifft sich die offene deutsche Frage mit einigen anderen offenen, deren Beantwortung ansteht, und jedermann weiß, daß die Sowjetunion der Adressat dieser ungemütlichen Fragen ist und daß diese Sorte »offener Fragen« nur mit den Mitteln der Gewalt gestellt werden kann.

Kein Wunder also, daß mit der »Nachrüstung« eine Rundumerneuerung aller Waffengattungen ansteht, daß immer neue »Generationen« biologischer, chemischer und konventioneller Waffen, von Mittel- und Langstreckenraketen in die Welt gesetzt und daß mit dem SDI-Programm ganz neue strategische »Optionen« der Siegfähigkeit im Umgang mit dem Feind ins Auge gefaßt werden. Auf *die* kommt es schließlich im Kriegsfall an und nicht auf die »Vernichtung der Menschheit« oder den »atomaren Selbstmord«. Der Osten soll in die Knie gezwungen werden, das ist das erklärte Ziel, an dessen Verwirklichung die Bundesrepublik mit ihren gar nicht geringen Gewalt- und sonstigen Mitteln im wohlverstandenen eigenen Interesse beteiligt ist.

Das kriegt jeder Bürger hierzulande kräftig zu spüren, daß nämlich die politischen Ansprüche seines Staates nicht erst im Kriege tödlich sind, sondern ihn bereits im Frieden teuer zu stehen kommen, und das im Wortsinn:

Niedrige Löhne und Entlassungen nicht mehr profitabler Arbeitskräfte für das Wirtschaftswachstum der Nation; Sparprogramme für die Sanierung der Haushalte, die für die Anschaffung von immer mehr und perfekterem Tötungsgeräte da zu sein haben statt für »soziale Leistungen«; »neue Armut« und neue einschränkende Gesetze für Recht und Ordnung an der Heimatfront und die Sicherung des sozialen Friedens. Und das alles im Namen des nationalen »Wir« und unter Beschwörung unserer »nationalen Identität« als ideologischer Begleitung des praktischen Vollzugs nationaler Prioritäten. So wird das Volk täglich praktisch und theoretisch mit der Notwendigkeit vertraut gemacht, sich den immer neuen Anforderungen zu unterwerfen und seine verdammte Pflicht zu tun, d.h. zu arbeiten und keine Ansprüche zu stellen, die quer liegen zu den Erfordernissen der deutschen Nation und ihrem nationalen Wiedervereinigungsauftrag.

Wie gut das alles hierzulande klappt, kann man u.a. daran erkennen, daß die Suche nach der »nationalen Identität« mittlerweile in so ziemlich allen Köpfen spukt, die gelehrten eingeschlossen. Und zum Beweis der natürlichen Zusammengehörigkeit aller Deutschen wird von Heimat bis Geschichte so ziemlich alles bemüht.

Fazit: Die Appelle an die nationalen Gemeinsamkeiten und die damit verbundenen *gemeinsame Verantwortung* gehören zum festen Bestand der täglichen Plackerei der arbeitenden Bevölkerung.

Die *Verantwortung der Verantwortlichen* war noch nie so groß, weshalb sie sich für alles verantwortlich fühlen und im Interesse des großen Ganzen ihre politischen Entscheidungen treffen, von denen der kleine Mann nichts hat außer dem faden ideellen Anteil am Wachstum von Deutschlands Macht und ökonomischer Stärke.

Der *Friede* schließlich, für den die *gemeinsame Verantwortung* eingefordert wird, ist mal wieder kriegsträchtig und gilt deshalb auch seit geraumer Zeit ganz offiziell nicht mehr als höchstes Gut, sondern »es gibt bedeutendere Dinge, als im Frieden zu sein«, weil Frieden kein »Grundwert« ist in einer freiheitlichen »Wertegemeinschaft«. Deshalb werden wir bereits im Frieden kräftig herangenommen und ideologisch auf den Ernstfall vorbereitet: Vorkriegszeit — ein schöner Friede!

Nichts Gutes also gibt es zu vermelden in Sachen »gemeinsamer Verantwortung für den Frieden«, dafür gute Gründe, die *gemeinsame Verantwortung* nicht länger zu beschwören, sondern sie aufzukündigen.

Und was tun die Rüstungsgegner, Atomwaffengegner, Nachrüstungsgegner? Was macht die Friedensbewegung in der Bundesrepublik der 80er Jahre?

Sie appelliert wieder einmal an die »gemeinsame Verantwortung für den Frieden«, obgleich, verglichen mit »damals«, Anspruch und Wirklichkeit der deutschen Nation in militärischer, ökonomischer und politischer Hinsicht nichts an Deutlichkeit zu wünschen übrig lassen.

So richtig angefangen hat alles mit der sogenannten Nachrüstung, also mit einem *Mehr* an Waffen und der besonderen *Qualität* dieser Waffen, die ins Schußfeld der Kritik gerieten, was den Schluß nahelegt, daß an der »Entspannungsära« mit ihrer Aufrüstung der Bundeswehr zur führenden europäischen Landmacht nicht sonderlich viel auszusetzen war.

Die *neuen* Raketen waren es, die weg sollten: wegen ihrer prinzipiellen Gefährlichkeit, wegen ihrer »Anziehungskraft« auf russische Raketen, wegen des damit verbundenen »Kriegsrisikos«, wegen möglicher technologischer Pannen, vor allem aber wegen ihrer verheerenden Wirkungen im Falle ihres Einsatzes und der Gefahr, daß die »Rüstungsspirale« außer Kontrolle geraten könnte. Kurz und gut: Es wurde der alte Fehler wiederholt, in den *Waffen* die Wurzel allen Übels zu erblicken und die Ursache aller »Kriegsgefahren« und von den tatsächlichen politischen Zwecken, denen sie sich verdanken, zu abstrahieren.

Deshalb war der Übergang zu allgemeinen Menschheitsfragen auch so naheliegend und die Beschwörung des Friedens als eines Ideals, dem sich alle *Menschen* jenseits aller Interessengegensätze und gewaltsam hergestellten Unterschiede wegen des »Überlebens der Menschheit« doch verpflichtet fühlen müßten, so konsequent.

Da auch diese Beschwörung des Friedens im Namen der Menschheit und der Erhaltung der Erde samt ihrer Bewohnbarkeit ihren Adressaten in den für die herrschende Politik Verantwortlichen hat, kriegen diese die höchsten und verantwortlichsten Aufgaben angetragen, die man sich so denken kann: Bewahrung der Menschheit vor der Apokalypse! So dürfen sich die Herrschenden weiterhin in der schwierigen Kunst des friedenerhaltenden Regierens üben, während der untertänige Bürger ängstlich darauf hofft, daß alles gut geht.

Mit »Widerstand« oder ernsthafter Kritik an den Verhältnissen, gar mit der Aufkündigung gehorsamen Mitmachens bei allem, was ansteht, hat das nichts zu tun. Daß das auch alles gar nicht gemeint war, kann man der Tatsache entnehmen, daß nach der Stationierung der neuen Pershings und Cruise Missiles die Massenbasis der Friedensbewegung zu ihren alltäglichen Dienstbarkeiten zurückkehrte.

Was übrig geblieben ist von der Friedensbewegung allerdings hat sich zeitgemäß weiterentwickelt zu einer friedenspolitischen Kraft mit alternativen Vorstellungen über die Erhaltung des bestehenden Friedens, adressiert an die bestehende oder zukünftige Koalition. Eine neue, eine alternative deutsche Friedenspolitik wird gefordert, und dazu gehört zunächst einmal die Kritik an der Bündnistreue der Bundesrepublik zu den USA. Nicht mehr Vorposten oder Abschußrampe der Amerikaner soll Deutschland sein, nicht Opfer oder Vollziehungsgehilfe US-amerikanischer Weltmachtinteressen, sondern ein Staat mit souveränem Rückgrat, das niemandem in den Hintern kriecht.

Darum lautet eine weitere Forderung: Raus aus der NATO und Aufbau einer genuin deutschen alternativen Verteidigung. Dadurch und überhaupt soll der »Rüstungswahnsinn« gestoppt und der Rüstungs*haushalt* zugunsten anderer Vorhaben zum Wohle Deutschlands gekürzt werden, so daß die Umwelt, der deutsche Wald und lohnende Arbeitsplätze zu ihrem Recht kommen. Damit dieser alternative friedenspolitische deutsche Standpunkt sich wirkungsvoll entfalten kann, sollen die beiden Supermächte endlich ihren »Rüstungswettlauf« einstellen und ernsthaft abrüsten als Beitrag zur Stabilisierung des Friedens in Europa. Im übrigen könnten mit den dadurch einzusparenden Milliarden die Hungernden dieser Welt endlich ernährt und der Weltfriede sicherer werden.

Es ist nicht nötig, jede dieser politischen Forderungen zu prüfen, weil es hier auf das Gemeinsame ankommt, das ins Auge fällt: Das *Konstruktive* dieser nationalen Alternativen, das keine Gegnerschaft und keine Gegensätze mehr kennt, sondern nur noch die Fiktion der Gemeinsamkeit deutscher Menschen. Auf *deutsche* Souveränität wird hier abgehoben. Im Namen einer souveränen deutschen Staatsgewalt werden eigene NATO-Verpflichtungen und NATO-Rechte verbündeter Staaten, voran die der USA, zum Anlaß genommen, für eine eigenständige deutsche »Friedenspolitik« zu werben.

Und daran soll was Gutes sein? Mal unterstellt, die Bundesrepublik sei nicht »wirklich« souverän, sondern eine Dependance der amerikanischen Weltmacht, was wäre dann von einer wirklich souveränen deutschen Nation zu erwarten?

Genau das, was sie seit ihrem Bestehen treibt, nämlich die Vermehrung ihres Reichtums, die Stärkung ihrer Machtmittel, die Wahrnehmung und Durchsetzung ihrer nationalen Interessen überall in der Welt und die Herbeiführung der Wiedervereinigung aller Deutschen. Und weil dieses am besten mit Unterstützung und unter Benutzung des NATO-Bündnisses geht, deshalb haben sämtliche Regierungen seit Bestehen der Bundesrepublik zu ihrem durchaus kalkulierten nationalen Vorteil in diesem Bündnis mitgemacht, weshalb denn auch die unbedeutende Bundesrepublik von einst sich zur großen deutschen Nation von heute gemausert hat und »im Rahmen des Bündnisses« ganz eigene nationale Interessen der Wiedervereinigung verfolgen kann. Und genau *deswegen* gibt es wieder eine nationale »Identität«, an deren alternative Ausgestaltung friedliebende Menschen Hoffnungen und Erwartungen knüpfen.

Von einer »wirklichen« und irgendwie alternativen Souveränität der Bundesrepublik aber etwas anderes zu erwarten als von der tatsächlich existierenden, geht nur, wenn man von den realen Verhältnissen und den Mitteln ihrer Aufrechterhaltung nichts zur Kenntnis nehmen will, sondern die Übereinstimmung mit einem gemeinsamen *deutschen* Interesse zum Ausgangspunkt seiner politischen Gedanken macht.

Der Preis dafür ist bekannt: Verzicht auf die Verfolgung und Durchsetzung eigener materieller und sonstiger Interessen, verbunden mit der täglichen Pflichterfüllung als Voraussetzung dafür, daß aus dem arbeitenden Volk von heute das Kanonenfutter von morgen gemacht werden kann.

Deshalb taugt der Appell an die »gemeinsame Verantwortung für den Frieden« im Namen und im Interesse eines alternativen nationalen Anliegens zu nichts weiter als dazu, von den allein für die tatsächlichen Belange der Nation Zuständigen ganz praktisch in die Pflicht genommen zu werden für Frieden, *aber* in Freiheit.

Klaus Hübotter/Heinz Kahlau
An Heinrich Hannover

Mein lieber Freund, ich habe
mir lange überlegt,
warum mich die Begegnung
mit dir so sehr bewegt.
Seit fünfundfünfzig Jahren
bin ich jetzt auf der Welt
und es wird immer seltner,
daß jemand mir gefällt.

Und so gefällt, daß ich ihn
mit Spaß ertragen kann,
denn mein Metier macht einsam
und nicht nur dann und wann.
Ich suche nicht nach Leuten,
mit denen man sich schmückt —
auch nicht nach Einverständnis,
das stumm die Hände drückt.

Ich muß von Menschen wissen
die von der Sorte sind,
die diese Welt verbessert —
(und nicht nur blöd und blind
dem eignen Vorteil nachrennt)
die fest im Leben stehn,
so fest, daß sie die Wahrheit
in ihren Träumen sehn.

Die müssen mich nicht mögen,
mir nicht sympathisch sein.
Die müssen nur was machen
und nicht für sich allein.
Das sind die Unbequemen —
mitunter ekelhaft
verbissen unzufrieden —
doch immer voller Kraft.

Ein paar davon braucht jeder.
Es reicht schon, daß er weiß,

es gibt sie und sie tun was,
inmitten all dem Scheiß —
damit er nicht versauert
in seinem Alltagsstreit,
damit er überdauert
und das in Heiterkeit.

Du bist von dieser Sorte,
die niemals untergeht,
das macht dich mir so wichtig ...
Doch Wahrheit ist konkret:
Wir wissen voneinander,
die Arbeit dauert fort,
konkret wie unser Dasein
an dem konkreten Ort.

Wo ich dir nützlich sein kann,
benutze mich — wo nicht,
zeig deutlich deinen Ärger —
ich nenn das Freundespflicht.
Erfahrung konsumieren
macht keinen Faulpelz satt,
Hoffnungen produzieren
geht zwar nicht immer glatt,

doch macht es uns gescheiter,
solang man etwas tut
ist neue Hoffnung möglich —
das Freund, verstehst du gut.
Ich irre mich noch häufig
und liege oft sehr schief —
solange ich mich kenne
macht mich das produktiv.

Ich weiß auch, daß ich manchmal,
schwer zu ertragen bin,
mit meinen schlimmen Zweifeln
und meinem Eigensinn,
du kannst dich drauf verlassen,
und wenn ich drin ersauf:
ich gebe unsre Hoffnung
und unser Ziel nicht auf!

Friedrich Karl Kaul
Das Landesverratsverfahren gegen Karl von Ossietzky und Walter Kreiser[1]

Die tragende Idee der die Konterrevolution betreibenden imperialistischen Kräfte war die den Revanchekrieg einschließende außenpolitische Restauration, die unter der phraseologischen Devise »Befreiung von den Ketten des Versailler Schandvertrages« popularisiert wurde.

Bestimmend für den Erfolg dieses konterrevolutionären Strebens war die Tatsache, daß durchgängig sämtliche Regierungen der deutschen Republik von 1919-1933, das heißt vom »Rat der Volksbeauftragten« bis zum letzten Kabinett der Präsidialdiktatur des General v. Schleicher mit mehr oder weniger Initiative diese »nationalen« Bestrebungen unterstützten. Selbst Stresemann[3], der die Revisionspolitik auf der Basis der Verständigung mit dem ehemaligen »Feindbund« betrieb, fand sich mit der konterrevolutionären, systematisch vorangetriebenen geheimen Aufrüstung ab, obwohl sie seine Politik gefährden mußte; doch war die politische Position der Reichswehrführung nach der Wahl Hindenburgs zum Reichspräsidenten übermächtig geworden.[4]

Außer der Kommunistischen Partei Deutschlands und linken Kreisen der SPD blieb nur eine Minderheit intellektueller, bürgerlicher Gruppierungen, die aus der freilich nicht frühzeitig genug profilierten Erkenntnis, daß die geheim betriebene Aufrüstung als Element der Konterrevolution früher oder später zum Faschismus führen mußte, die Aufrüstung als solche zum Schwerpunkt ihres politischen Abwehrkampfes machten.

Neben den ein wenig zur Weltfremdheit neigenden pazifistischen Gruppen war auf dieser Ebene zu einem der Zentren dieses Abwehrkampfes der sogenannte »Weltbühnenkreis« geworden. Die »Weltbühne«, dieses jeden Dienstag erscheinende »Blättchen«, wie seine Autoren es zu nennen pflegten, war 1905 von Siegfried Jacobsohn als Theaterzeitschrift unter dem Namen »Die Schaubühne« gegründet worden. Als nach der ersten Panne des deutschen Imperialismus 1918 die politischen Veröffentlichungen immer mehr die kulturellen zu überwiegen begannen, hatte Jacobsohn dem Rechnung getragen und die Wochenzeitschrift in »Die Weltbühne« umbenannt. Im Januar 1926 gewann Jacobsohn, der damals bereits kränkelte, den Journalisten Karl von Ossietzky zum Mitarbeiter. Als Jacobsohn am 3. Dezember 1926 starb, übernahm Karl von Ossietzky nach kurzem Interregnum am 2. Mai 1927 die Chefredation der »Weltbühne«. Karl von Ossietzky wurde am 3. Oktober 1889 in Hamburg als einziger Sohn des Stenografen Carl Ignatius von Ossietzky und seiner Ehefrau Rosa geb. Pratzka geboren. Der Vater starb bereits 1891. Ossietzky besuchte die Rumbachsche Realschule in Hamburg, von der er 1905 mit der Reife für Obersekunda (7. Oberschulklasse) abging. Der Grund hierfür war nicht in den materiellen Verhältnissen zu suchen, denn die Mutter, die 1898 den Bildhauer Gustav Robert Walther geheiratet hatte, betrieb eine gut gehende Speisewirtschaft.

Karl von Ossietzky nahm nach der Schulentlassung eine Tätigkeit als Büroangestellter bei der Hamburger Justiz auf und wurde im Grundbuchamt beschäftigt. Anläßlich einer Englandreise heiratete er 1913 die Engländerin Maud Lichtfield-Woods.

Bereits vor dem ersten Weltkrieg trat er der 1908 in Berlin von liberalen Politikern gegründeten »Demokratischen Vereinigung« bei, die 1910 in Hamburg eine Ortsgruppe errichtet hatte. In dem Wochenblatt »Das freie Volk« dieser Vereinigung betätigte sich Ossietzky erstmalig journalistisch. Seine Artikel hatten eindeutigen antiautoritären-antimilitaristischen Charakter.

Das Urteil eines Erfurter Kriegsgerichts, durch das gerade ausgehobene Wehrpflichtige einer Wirtshausrauferei wegen zu hohen Zuchthausstrafen aufgrund »militärischen Aufruhrs« verurteilt wurden, verglich Ossietzky in einem im »Freien Volk« am 5. Juli 1913 erschienenen Artikel mit der »Landsknechts-Justiz des dreißigjährigen Krieges«. Den ganzen Haß, den er gegen das Kaiserreich, sein Militär, seine autoritären Unterdrückungsmaßnahmen empfand, lud er auf die Kriegsrichter in Erfurt ab. Daraufhin stellte der damalige preußische Kriegsminister v. Falkenhayn Strafantrag gegen Ossietzky. Am 5. Juli 1913 wurde Ossietzky von der 3. Strafkammer des Landgerichts II in Berlin wegen Beleidigung der Erfurter Kriegsrichter zu 2.000,-- Mark Geldstrafe verurteilt.[5]

1915 wurde Ossietzky eingezogen. Zunächst »Schipper«, kam er mit dem Infanterieregiment 75 zum Einsatz an der Westfront. Nach dem Krieg betätigte sich Ossietzky in der »Deutschen Friedensgesellschaft«. 1920 wurde er Redakteur bei der »Berliner Volkszeitung« und wechselte 1924 zur Redaktion der Zeitschrift »Das Tagebuch« über, die als »links-liberal« zu bezeichnen ist. Im Rahmen dieser Tätigkeit war Ossietzky auch verantwortlicher Redaktuer des linken »MM« (Montag Morgen).

1926 ging er — wie bereits erwähnt — zur »Weltbühne« Am 10. Februar 1927 wurde er vom Schöffengericht Berlin-Mitte wegen durch die Presse begangener Beleidigung der Offiziere und Mannschaften des Kreuzers »Hamburg« zu 500 RM Geldstrafe verurteilt.[6] Am 24. Juli 1927 erhielt er wegen Verweigerung einer Berichtigung vom Amtsgericht Charlottenburg 100 RM Geldstrafe.[7] Am 28. Juni 1928 verurteilte ihn das Amtsgericht Berlin-Charlottenburg wegen öffentlicher Aufforderung zur Verweigerung von Eidesleistungen zu 50 RM Geldstrafe.[8] Am 16.4.1928 wurde Ossietzky wegen öffentlicher Beleidigung der 3. großen Strafkammer des Landgerichts III Berlin im Berufungsverfahren zu 600 RM Geldstrafe verurteilt.[9] Das Urteil erster Instanz, das Ossietzky mit der Berufung anfocht, lautete auf 1 Monat Gefängnis. In den Strafzumessungsgründen, die übrigens in der Hauptverhandlung des vorliegend berichteten Verfahrens gegen Ossietzky vor dem RG verlesen wurden, hieß es:[10]

> »Strafschärfend fiel ins Gewicht, die ungeheuerliche Schwere und Tragweite der Beleidigung. Hochangesehene aktive Offiziere, teils in den höchsten Stellen der deutschen Wehrmacht, die sich in Krieg und Frieden bewährt haben, wie ihre Beförderung und Auszeichnung beweist, werden öffentlich der Teilnahme an einem der schwersten Verbrechen des StGB, des Mordes bezichtigt, ohne jede tatsächliche Grundlage, nur aus gehässiger Politik gegen die Reichswehr. Schon dieser Umstand allein gab dem Gericht Veranlassung, die schärfere der vom Strafgesetzbuch zur Verfügung gestellten Strafarten (Geldstrafe oder Freiheitsstrafe, d.V.) auszuwählen...«

1928 wurde in der deutschen Öffentlichkeit ruchbar, daß das Reichswehrministerium für die Aufbringung der Mittel zu der geheim betriebenen Aufrüstung dem Reichstag zweck-gefälschte Etat-Forderungen zur Genehmigung vorlegte.

War es zunächst die Marine, die in dieser Beziehung ins Gerede kam, so beschäftigten sich 1929 die Gegner der Konterrevolution mit den Subventionen, mit denen das Reichsverkehrsministerium die Reichswehrführung zum Zwecke des Aufbaus einer Luftwaffe, die Deutschland durch den Versailler Vertrag[11] grundsätzlich verboten war, unterstützte.

In diesem Zusammenhang war am 12. März 1929 in der »Weltbühne«[12] ein Artikel unter dem Titel »Windiges aus der deutschen Luftfahrt« veröffentlicht worden, dessen Autor als »Heinz Jäger« bezeichnet wurde. Der Artikel, der ganz offenbar von einem Fachmann geschrieben war, zerfiel in sechs gesondert betitelte Abschnitte.

I. »Deutscher Luftkrieg im Ausland«. Hier wurde dargelegt, daß die staatliche »Deutsche Lufthansa« im Ausland ohne Rücksicht auf die deutschen Steuerzahler eine reine »nationale« Prestige-Politik betreibt, die das Ziel hat, »überall die deutsche Flagge zu zeigen, d.h. überall deutsche Luftlinien mit Flugzeugen deutscher Provenienz zu errichten«.

Im II. Abschnitt wurde unter dem Zwischentitel »Jubiläums-Gaben« die Leitungs-Korruption kritisiert, die dazu führte, daß sich der Dreier-Kopf des »Lufthansa-Direktoriums«[13] anläßlich des zweijährigen Jubiläums der Gesellschaft aus dem jährlich mit 100.000 Reichsmark dotierten »Geheimkonto der Direktion« je 10.000 Reichsmark Jubiläumsgabe zubilligte.

Der III. Abschnitt trug den Untertitel »Vergessen, Vergessen...« Er enthielt die Behauptung, daß unter Hintanstellung der Flugfunkschule des ehemaligen Sportflugs der Flugfunkdienst wesentlich verschlechtert wurde.

Der IV. Abschnitt hieß »Industrie-Subventionen«. Er beschäftigte sich mit der Frage, »ob es wirklich nötig ist, für unseren geringen Bedarf an Verkehrs- und Sportflugzeugen ein halbes Dutzend Flugzeugfabriken künstlich am Leben zu erhalten«. Insbesondere wurde in diesem Zusammenhang die Existenzberechtigung der Rohrbach-Fluggesellschaft in Frage gestellt, die auf Grund ihrer teuren Produktion nicht international konkurrenzfähig sei:

» Und trotzdem ist Rohrbach nach wie vor Lieblingskind der Marineleitung und der Geist des Wehretats ist für die kaufmännische Unfähigkeit dieser Firma wohl mit verantwortlich.«

Es wurde dann von Steuergeldern gesprochen, die Rohrbach »zur Verfügung stehen« und weiter erwähnt, daß auch die Flugzeugbetriebe Focke-Wulf und Albatros von der Marineleitung subventioniert würden und unter deren Einfluß ständen.

Der V. Abschnitt beschäftigt sich unter dem Zwischentitel »Seemannslos« mit der als Tochtergesellschaft der »Lufthansa« gegründeten Seeversuchsanstalt »Severa«, die »nichts anderes als eine getarnte Abteilung der Marineleitung« sei. Als man im Reichstag auf die »Severa« aufmerksam wurde, sei sie nach Absprache des Reichswehrministers General Gröner mit dem Verkehrsminister v. Guérard kurzerhand aufgelöst worden und einfach unter dem Namen »Deutsche Lufthansa-Abtlg. Küstenflug« wieder erstanden.

Im VI., dem letzten Abschnitt, wird die »besondere Gruppe der Deutschen Versuchsanstalt für Luftfahrt«, die »Abteilung M« unter die Lupe genommen: »Als beim vorjährigen Luftfahrtetat der sozialistische Abgeordnete Krüger im Haushaltsausschuß die Regierungsvertreter um Auskunft bat, zu welchem Zweck die Abteilung M da sei, bekam er keine Antwort, denn sonst hätten die Behörden darauf aufmerksam machen müssen, daß ›M‹ auch der Anfangsbuchstabe des Wortes ›Militär‹ ist.«

Auch diese Abteilung sei aus Tarnungsgründen aufgelöst und bestehe jetzt als »Erprobungsabteilung Albatros« weiter, die »zu Lande dasselbe wäre, was an der See die ›Küstenabteilung der Lufthansa‹« darstelle. Beide Abteilungen besäßen je etwa dreißig bis vierzig Flugzeuge, manchmal auch mehr.

Am 1. August 1929 stellte nach einer Anzeige des Reichswehrministeriums der ORA bei dem Untersuchungsleiter des Reichsgerichts beim Landgericht II Berlin den Antrag gegen

»1. den Schriftleiter Heinz Jäger — nähere Personalien und Anschrift bisher un-

bekannt —
2. den verantwortlichen Schriftleiter der Zeitschrift »Die Weltbühne«, Karl von Ossietzky in Berlin

die Voruntersuchung zu eröffnen, weil sie

> »Nachrichten, von denen sie wußten, daß ihre Geheimhaltung einer anderen Regierung gegenüber für das Wohl des Deutschen Reichs erforderlich ist, öffentlich bekannt gemacht haben, sowie vorsätzlich Nachrichten, deren Geheimhaltung im Interesse der Landesverteidigung erforderlich ist, an eine ausländische Regierung oder an eine Person, die im Interesse einer ausländischen Regierung tätig ist, haben gelangen lassen und dadurch die Sicherheit des Reiches gefährdet haben.«

Als Bestandteile des Artikels, deren Veröffentlichung den Tatbestand des Landesverrats in der obigen Normierung erfülle, sah der ORA folgende Nachrichten, die in den Abschnitten »Industriesubventionen«; »Seemannslos« und »Abteilung M« enthalten waren, an:

> »1. Flugzeugfabrik Rohrbach, Focke-Wulf und Albatros würden durch die Marineleitung beeinflußt und subventioniert.
> 2. Die »Severa« GmbH sei eine getarnte Abteilung des Reichswehrministeriums gewesen und werde nach ihrer Auflösung als »Deutsche Lufthansa, Abteilung Küstenflug« weitergeführt.
> 3. Die frühere Abteilung »M« der Deutschen Versuchsanstalt für Luftfahrt, jetzt »Erprobungsabteilung Albatros« auf dem Flugplatz Johannisthal-Adlershof werde durch das Reichswehrministerium bezahlt und geleitet.«

Am 6. August 1929 gab der Vertreter des Untersuchungsrichters des Reichsgerichts, Landgerichtsrat Dr. Walter, dem Antrag statt. Am 7. August forderte er vom Polizeipräsidenten Berlin die genaue Personalienfeststellung der Beschuldigten. Am gleichen Tage ersuchte er das Reichswehrministerium, Wehrmachtabteilung, um »Erstattung eines Gutachtens darüber, inwiefern nach dortiger Ansicht durch den Artikel die Sicherheit des Reiches gefährdet worden ist, insbesondere inwiefern die Geheimhaltung erforderlich gewesen ist.«.

Sehr rasch stellte sich heraus, daß der als Autor angegebene Name »Heinz Jäger« ein Pseudonym war. Am 20.8. ersuchte deswegen der Untersuchungsrichter den Polizeipräsidenten Berlin I. A. Landeskriminalpolizeiamt »um eine ganz eingehende Durchsuchung in den Räumen des Verlages ›Die Weltbühne‹ in Charlottenburg, Kantstraße 152, sowie in der Privatwohnung des Karl von Ossietzky, um auf diese Weise Näheres über die Persönlichkeit des ›Heinz Jäger‹ zu ermitteln«:

> »Ich bitte u.a. die Geschäftsbücher und die Abrechnungen, sowie die gesamte Korrespondenz daraufhin genau durchzugehen, ob sie nicht einen Anhalt für den richtigen Namen und die Wohnung des angeblichen Heinz Jäger geben. Eile ist geboten, da ich v. Ossietzky, dessen Personalien ebenfalls nachzuprüfen sind, für Dienstag, 27. August zur Vernehmung vorgeladen habe.«

Die angeordnete Durchsuchung der Geschäftsräume der »Weltbühne« war fündig. Neben drei weiteren einschlägigen Briefen eines Walter Kreiser,

Berlin W 35, Stieglitzer Str. 66, v.[1], Telefon B 2, Lützow 8091, fand sich der folgende handgeschriebene Brief:
> *»Sehr geehrter Herr von Ossietzky.*
> *Anbei schicke ich Ihnen den versprochenen Luftfahrtartikel. Ich möchte Sie bitten, trotz der Länge des Artikels möglichst wenig Streichungen daran vorzunehmen. Im Laufe des morgigen Tages werde ich anrufen, um eine mündliche Unterredung mit Ihnen zu verabreden.*
> *Es ist zweckmäßig, den Aufsatz in der »Weltbühne« vom 11. III. zu bringen. An diesem Tage findet abends 8 Uhr im Herrenhaus eine von der W.G.L. einberufene Luftfahrtversammlung statt, wo alle Prominenten der Luftfahrt und diejenigen, die es sein wollen, anzutreffen sind. Vielleicht beordern Sie einen tüchtigen Zeitungsverkäufer dorthin, der wird sicher einige hundert Exemplare los, da der Artikel gerade auf dieser Versammlung wie eine Dusche wirken dürfte. Dies wird zugleich der beste Weg sein, daß ein weiteres Echo dieser Publikation in der Tagespresse erfolgt.*
> *Auch auf den Reichstag kann es nur günstig wirken. Die SPD-Fraktion hat Herrn Binder und mich aufgefordert, Streichungsanträge für den Luftfahrtetat auszuarbeiten. Wir haben daraufhin Vorschläge unterbreitet, wie von den 55 Millionen Luftgelder 13 Millionen gestrichen werden können. Die Sache wird in der nächsten Woche zur Beratung stehen, und die geplante Veröffentlichung ist vielleicht dafür noch besser geeignet, als die trockenen Zahlen, die wir eingereicht haben. (Auch beim Wehretat hat die SPD-Fraktion — der Not gehorchend, nicht dem eigenen Triebe — Streichungsanträge von 50-70 Millionen vorbereitet).*
> *Der Artikel ist so korrigiert worden, daß er gleich in Satz gegeben werden kann, so daß weitere (so im Text) Änderungen zweckmäßigerweise erst am Bürstenabzug vorgenommen werden.*
> *Mit bestem Gruß Ihr*
> *(gz.) W. Kreiser«*

Walter Ludwig Friedrich Kreiser wurde am 10. Februar 1898 in Heilbronn/Neckar geboren. Sein Vater war Metzgermeister und verstarb 1903. Seine Mutter, Marie geb. Hauth, starb 1923. Kreiser besuchte die Oberrealschule in Heilbronn. Dezember 1914 meldete er sich beim Fußartillerie-Reg. 10 in Straßburg/Elsaß als Kriegsfreiwilliger. Während des Krieges war er verschiedentlich als Artilleriebeobachter zu Feldfliegerabteilungen abkommandiert. 1919 als Vizewachtmeister aus dem Heeresdienst entlassen, arbeitete Kreiser mehrere Jahre lang als Monteur bei den Ölfeuerungswerken Schmidt, Neckarulm, bei den Neckarulmer Fahrradwerken und bei den Daimlermotorenwerken.

Von 1923 ab studierte er an der Technischen Hochschule Stuttgart Flugtechnik und betätigte sich gleichzeitig praktisch in der Fliegerei. Aus materiellen Gründen mußte er Ostern 1924 das Studium aufgeben. Er versuchte sich in der Journalistik und schrieb zunächst für das »Stuttgarter Tageblatt«. Juli 1925 siedelte er von Ludwigsburg nach Berlin über. Hier arbeitete er als Sportberichterstatter für verschiedene Tageszeitungen. Im Herbst 1926 fand er Anschluß an den »Deutschen Verkehrsbund« und arbeitete organisatorisch in der diesem angeschlossenen Luftfahrtabteilung, die er im Jahre 1928 allein leitete, da zu dieser Zeit der ordentliche Leiter Binder erkrankt war. 1927-1929 beschäftigte er sich nebenbei mit dem praktischen Ausbau einer flugtechnischen Erfindung (Autogiro). Zusammen mit dem erwähnten Binder gründete er mit Unterstützung des »Deutschen Verkehrsbundes« Frühjahr 1929 den »Sturmvogel, Flugverband der Werktätigen e.V.«, der die Aufgabe haben sollte, »das Interesse der breiten Masse für die Luftfahrt zu gewinnen«. In diesem Verein übernahm Kreiser die technische Leitung.

> *»Nebenher« — so endet seine Einlassung zur Person in seiner Vernehmung am 3. September 1929 — schreibe ich noch Artikel über Luftfahrtfragen, so daß ich im ganzen etwa ein monatliches Einkommen von 400,-- RM habe«.*

1926 war bereits schon einmal gegen Kreiser ein Verfahren wegen Landesverrats vom ORA wegen Mitwirkung an der Druckschrift »Die deutsche Militärpolitik seit 1918« unter dem Pseudonym »Konrad Widerhold« eingeleitet worden.[14] Dieses Verfahren wurde aber durch Beschluß des RG. vom 9.8.28 auf Grund der Amnestie vom 14. Juli 1928 eingestellt.

In der Zwischenzeit wurde am 27. August 1929 Karl von Ossietzky vom Untersuchungsrichter vernommen. Zu der gegen ihn erhobenen Beschuldigung behielt er sich bezüglich des Abschnitts »Industrie-Subventionen« unter Bestreiten, daß es sich dabei um Landesverrat oder Verrat militärischer Geheimnisse handele, sondern lediglich um eine Kritik an dem Finanzgebaren einer Reichsbehörde, eine Stellungnahme vor. Den gleichen Vorbehalt machte er bzgl. des Abschnitts »Seemannslos«.

Zum Abschnitt »Abteilung M« äußerte sich Ossietzky wie folgt:

> *»Dieser Abschnitt ist für das nicht orientierte Publikum im ganzen unverständlich und sollte es auch sein... Der Hinweis auf die Tätigkeit der Abteilung M hatte den Zweck, die verantwortlichen Stellen des Reichswehrministeriums rechtzeitig zu warnen, ehe durch eine offene Diskussion der Angelegenheit von anderer Seite daraus etwa ein öffentlicher Skandal würde.«*

Im übrigen erklärte er, daß der gesamte Artikel von ihm »nicht als militärisch politischer Artikel aufgefaßt« worden sei.

Der Untersuchungsrichter fragte Ossietzky, ob ihm bekannt sei, daß die in den drei fraglichen Abschnitten mitgeteilten Tatsachen, wenn sie der Wahrheit entsprächen, unter Umständen gegen Artikel 198 des Versailler Friedensvertrages verstoßen könnten. Ossietzky beantwortete diese Frage nicht, behielt sich vielmehr für die Antwort eine »genaue schriftliche Formulierung« vor. Über die Person des Autors lehnte er jede Auskunft ab und erklärte seine eigene volle Verantwortlichkeit für diesen Artikel.

Das Protokoll endet mit dem Vermerk, »der Angeschuldigte wurde nunmehr noch ausdrücklich auf die Strafbestimmung des § 11 des Reichsgesetzes gegen den Verrat militärischer Geheimnisse vom 3. Juni 1914 (Geheimhaltung der Vernehmung etc.) hingewiesen«.

Am 3. September 1929 wurde Kreiser vom Untersuchungsrichter vernommen. Er bekannte sich dazu, Autor des fraglichen Artikels zu sein. Zur Sache erklärte er:

> »Ich war mir bei Abfassung des Artikels darüber klar, daß in demselben keinerlei militärische Geheimnisse veröffentlicht wurden. Die Veröffentlichungen der in diesem Artikel geschilderten Tatsachen verstoßen ebenfalls nicht gegen das Wohl des Deutschen Reichs, denn sie bezweckten einen Appell an die Öffentlichkeit und an die politischen Kreise zum schärferen Eingreifen in den Luftfahrtetat, da nach meiner Ansicht die in dem Artikel erwähnten Mißstände mit daran schuld sind, wenn sich die Deutsche Luftfahrt in den letzten Jahren auf einer wenig gesunden Basis entwickelt hat.«

Der Untersuchungsrichter stellte Kreiser die Frage, warum in dem Abschnitt »Industrie-Subventionen« Angaben über Subventionierungen durch die Marineleitung enthalten seien. Kreiser antwortete:

> »Es handelt sich auch hier um eine Kritik am Luftfahrtetat. An die Aufdeckung angeblicher Verstöße gegen den Versailler Vertrag oder gegen das Pariser Luftabkommen habe ich bei der Abfassung des Artikels überhaupt nicht gedacht, weil nach meiner Auffassung alles, was in dem Artikel enthalten ist, nicht gegen die Bestimmungen verstößt.«

Im übrigen wies Kreiser darauf hin, daß

> »Bereits bei der Debatte des Reichstages über den Luftfahrtetat 1928 die Fragen der Subventionierung von Flugzeugfabriken eingehend... erörtert worden sind. Diese Erörterungen sind in dem betreffenden Protokoll der betreffenden Sitzungen in aller Ausführlichkeit enthalten und diese Protokolle kann jedermann vom Reichstag käuflich erwerben...«

Kreiser behielt sich vor, hierüber noch nähere Angaben zu machen und bemerkte zum Schluß, daß auch über die Angelegenheit »Severa« und »Abteilung M« vor dem Artikel in der »Weltbühne« Veröffentlichungen in anderen Medien erschienen seien.

Am 15. Oktober 1929 übergab Kreiser einen 5 Seiten langen Schriftsatz, in dem er durch Angabe von Protokollen des Reichstages und Übermittlung von 11 Anlagen verschiedener Medien, darunter »Der Abend« vom 16.3.27, »Vossische Zeitung« vom 29.6.29, »Magdeburger Tageszeitung« vom 5.9.27, W.T.B. Meldung vom 18.10.27 und verschiedener Nummern der Fachzeitschrift »Luft und Kraftfahrt« etc. nachwies, daß die in dem fraglichen Artikel enthaltenen Nachrichten bereits publiziert und demnach nicht mehr als »geheim« im Sinne des Gesetzes anzusehen seien.

Am gleichen Tage erklärte Ossietzky auf Befragen dem Untersuchungsrichter, daß er seine in Aussicht gestellte Erklärung nicht vor Ablauf von 4 Wochen abgeben könne.

Erst am 9. Mai 1930 lag das vom Reichswehrministerium geforderte Gutachten vor. Wie nicht anders zu erwarten war, bejahte es, daß die Veröffentlichung der in dem Artikel enthaltenen Nachrichten den Tatbestand des Landesverrats und des Verrats militärischer Geheimnisse im Sinne der Gesetze erfülle.

Der Untersuchunsrichter schloß darauf die Voruntersuchung und sandte die Akten an den ORA zurück.

Inzwischen hatte Rechtsanwalt Rosenfeld (Berlin) die Verteidigung Ossietzkys übernommen. Obwohl das Auswärtige Amt auf Anfrage in einem Schreiben an den Reichsjustizminister vom 30. Juni 1929 erklärt hatte, es habe keine Veranlassung, der Auffassung des Reichswehrministers, der mit seiner Anzeige das Verfahren in Gang gebracht hatte, entgegen zu treten, vertrat Rechtsanwalt Rosenfeld den Standpunkt, daß das Gericht unmöglich ein Gutachten des Anzeigenden allein zur Grundlage seiner Entscheidung machen dürfe. Er verlangte ein eingehendes Gutachten des Auswärtigen Amtes, inwieweit die Veröffentlichung der in dem fraglichen Artikel enthaltenen Nachrichten »dem Wohl des Reichs abträglich« seien. Er behauptete, daß die inkriminierten Stellen des fraglichen Artikels keine Mitteilungen enthielten, deren Veröffentlichung für das Deutsche Reich von Nachteil sind und daß vor allem alle in Frage stehenden Mitteilungen bereits der Öffentlichkeit so bekannt waren, daß mit dem Artikel niemandem etwas Neues gesagt worden sei.

Das Auswärtige Amt wollte die Verteidigung deswegen in dem Verfahren ins Spiel bringen, um der gutachtlichen Stellungnahme des Reichswehrministeriums eine andere amtliche Meinung entgegenzusetzen, zumal bekannt war, daß der 4. Strafsenat des RG nahezu hörig seine Entscheidung der Ansicht des Reichswehrministeriums anzupassen pflegte.

Auf Grund des Antrages von Rechtsanwalt Rosenfeld ersuchte der ORA kurzerhand formlos das Auswärtige Amt um Auskunft, ob diese Angaben der Verteidigung dem Auswärtigen Amt Anlaß zu einer Änderung der früheren Stellungnahme böten. Als die Verteidigung die formlose Erledigung Ihres Anliegens rügte, sah sich der ORA genötigt, am 10. November 1930 den Antrag zu stellen, die Voruntersuchung gegen die beiden Angeschuldigten zum Zwecke der Einholung des Gutachtens des Auswärtigen Amts wiederzueröffnen. Dem Antrag gab der Untersuchungsrichter am 11. November statt und bat am 12. November das Auswärtige Amt um Erstattung des fraglichen Gutachtens. Nachdem das Gutachten des Auswärtigen Amtes vorlag, das erneut bestätigte, die im Abschnitt »Abteilung M« veröffentlichen Tatsachen, die wahr seien, hätten »den Entente-Mächten und den anderen ausländischen Regierungen höchstens teilweise bekannt sein können und müßten geheim bleiben«, erhob der ORA am 30. März 1931 Anklage gegen Karl von Ossietzky und Walter Kreiser wegen versuchten Landesverrats und versuchten Verrats militärischer Geheimnisse.

Der Tatbestand des Geheimnisverrats, so legte die Anklageschrift dar, werde durch den Abschnitt »Abteilung M« erfüllt. Der Artikel begnüge sich nicht damit zu behaupten — wie es die Angeklagten glauben machen wollten —, daß nachgeordnete Dienststellen der Reichsbehörden Etatmittel sinnlos verschwendeten und ohne Wissen der obersten Reichsleitung deutsche Flugzeuge zu innen- und außenpolitisch gefährlichen Zwecken mißbrauchten. Sie erhöben ganz im Gegenteil gerade gegen die führenden Persönlichkeiten der obersten Reichsbehörde den Vorwurf, über diese Umstände völlig auf dem laufenden zu sein, und sie klagten sie besonderer Geschicklichkeit an, diese Situation zu verschleiern. Die im Abschnitt »Abteilung M« dargestellten Tatsachen hätten nach Ansicht des Reichswehrministeriums und des Auswärtigen Amtes den Ententemächten und den anderen ausländischen Regierungen höchstens teilweise bekannt sein können. Vergeblich versuchten die Angeklagten, diese Tatsache mit Hilfe verschiedenster Presseveröffentlichungen zu bestreiten. Diese wiesen zwar auf Beziehungen zwischen nationalen Luftfahrtunternehmungen und der Marine oder dem Reichswehrministerium hin und deuteten mitunter auch an, daß ein Teil des Etats für uneingestandene militärische Zwecke verwendet würde, sie blieben jedoch hinsichtlich der Tätigkeit der Heeresleitung weit hinter den Enthüllungen der Angeklagten zurück und stellten insbesondere die Abteilung M nicht zur Diskussion. Auch auf die Erklärungen des Reichstagsabgeordneten Krüger in der Sitzung des Haushaltsausschusses vom 3. Februar 1928 könnten sich die Angeklagten nicht zu ihrer Verteidigung berufen, da sich der Abschnitt »Abteilung M« nicht auf deren Wiedergabe beschränke. Die Bekanntgabe der geheimzuhaltenden Tatsachen habe die politische und juristische Lage des Reichs nur ungünstig beeinflussen und die ausländischen Regierungen, vor allem die alliierten Mächte, dazu anregen können, Maßnahmen gegen das Deutsche Reich zu ergreifen. Diese Möglichkeit sei umso mehr zu befürchten gewesen, als der Artikel den Leitern des Deutschen Reiches unverhüllt vorgeworfen habe, erstens entgegen dem Artikel 198 des Versailler Vertrages die Unterhaltung von Luftstreitkräften zu militärischen Zwecken geduldet zu haben und zweitens trotz der Vorwürfe gewisser Abgeordneter nicht bereit zu sein, die sich aus dem Versailler Vertrag ergebenden Verpflichtungen ernsthaft zu erfüllen.

Termin zur Hauptverhandlung war am 8. Mai 1931 vor dem 4. Strafsenat des Reichsgerichts unter dem Vorsitz des Reichsgerichtsrats Baumgarten anberaumt worden. Beisitzer waren die Reichsgerichtsräte Driver, Dr. Sonntag, Drechsler sowie LGR Dr. Heising; die Anklage vertrag Amtsger. Rat Dr. Bauer. Da die Verteidigung beider Angeklagten, die nunmehr außer Dr. Rosenfeld in den Händen der Rechtsansälte Dr. Apfel, Dr. Alsberg und Olden lag, dagegen protestierte, daß der 4. Strafsenat zu diesem Termin nicht einen Sachverständigen des Auswärtigen Amtes geladen hatte, mußte der Termin vertagt werden.

Am 17. November 1931 — zwei Jahre und 7 Monate nach Veröffentlichung des fraglichen Artikels begann endlich vor dem 4. Strafsenat des RG die Hauptverhandlung. Vorsitzender war — wie bereits erwähnt — Reichsgerichtsrat Baumgarten. Die Anklage vertrag Reichsanwalt Nagel. Als Sachverständige waren geladen:

> *Major Himer vom Reichswehrministerium und Ministerialrat Dr. Wegerdt von der Luftfahrtabteilung des Reichsverkehrsministeriums.*

Trotz der Forderung der Verteidigung war ein Sachverständiger des Auswärtigen Amtes nicht erschienen! Das Gericht ging darüber hinweg und verlas später kurzerhand das papierene Gutachten des Auswärtigen Amtes, das sich dem des Reichswehrministeriums anschloß.

Zu Beginn der Verhandlung schloß das Gericht unter Protest der 4 Verteidiger wegen Gefährdung der Staatssicherheit die Öffentlichkeit aus.[15]

Die Angeklagten beharrten darauf, daß sie keine bislang unbekannt gebliebene Tatsache »verraten« hätten, also objektiv keinen Landesverrat bzw. Verrat militärischer Geheimnisse begangen hätten, daß sie aber auch subjektiv nie Landesverrat hätten begehen wollen, da Sinn der Veröffentlichung lediglich der Protest gegen Vergeudung von Steuergeldern gewesen sei.

Zum Beweise dafür, daß die in dem Artikel im Abschnitt »M« mitgeteilten Artikel zur Zeit des Erscheinens des Artikels, am 12. März 1929, im In- und Ausland unter Luftfahrtinteressenten allgemein bekannt waren, bevor der Artikel erschien, hatte die Verteidigung beantragt, folgende Zeugen zu hören:

> *»1. Merkel, früherer Direktor der Luft-Hansa, Berlin*
> *2. Meyer, Willi, Hauptmann a.D., Berlin*
> *3. Dr. Heinkel, Warnemünde*
> *4. Diploming. Rohrbach, Berlin*
> *5. Alexander v. Bentheim, Dessau*
> *6. Neill, Direktor Junkerswerke Dessau*
> *7. Sachsenberg, Direktor Junkerswerke Dessau*
> *8. Böhm, Leiter des Patentbüros, Dessau*
> *9. Joel, Redakteur des »Berliner Tageblatts«*
> *10. Grey, Herausgeber des »Aeroplanes«, London*
> *11. Reboul, Oberstleutnant a.D., Paris*
> *12. Laurent Enach, Deputierter, Paris*
> *13. Houard, Herausgeber von »Les Allies«, Paris*
> *14. Blondel, Herausgeber von »L'Aerophile«, Paris*
> *15. Messerschmidt, Vertreter der Weserwerft, Madrid*
> *16. Kindela, General a.D., Madrid*
> *17. Sago Contino, Admiral a.D., Lissabon*
> *18. Liottu, Herausgeber der »Revista Aeronautica«, Rom*
> *19. Witkowski, Herausgeber des »Lot Polski«, Warschau.«*

Der 5. Strafsenat lehnte diesen für die Entscheidung der Frage, ob die fraglichen Nachrichten als »geheim« im Sinne des Gesetzes anzusehen seien, bedeutungsvollen Beweisantrag mit folgender kümmerlicher Begründung ab:

> *...entbehrt der Begriff der »Luftfahrtinteressenten« der erforderlichen Bestimmtheit. Gilt dies schon von diesem Begriff allgemein, so ist die Unbestimmtheit vorliegend besonders um dessentwillen geeignet, dem Beweismittel jede Eignung der Beweiskraft zu nehmen, weil nach der Ständigen Rechtsprechung des Reichsgerichts der Begriff des ›Geheimseins‹ ein relativer ist. Es kann also sehr wohl die als geheim anzusehende Tatsache in einem bestimmten, beschränktem Kreise bekannt gewesen sein, ohne dadurch ihre Geheimeigenschaft im Sinne des § 1 Abs. 2 Spionagegesetzes verlustig zu gehen. Es kommt im vorliegenden Falle entscheidend nur darauf an, ob die in Rede stehenden Nachrichten einer ausländischen Regierung oder einer in deren Interessen tätigen Person bereits bekannt gewesen sind, nicht aber darauf, ob Kreise des Luftfahrtwesens die Nachrichten gekannt haben. Die unter Beweis gestellten Tatsachen sind daher für die Entscheidung der Schuldfrage ohne Bedeutung.«*

Das Gegenteil war ganz offensichtlich der Fall. Die unter Beweis gestellten Tatsachen waren für die Frage, ob Ossietzky und Kreiser sich des Verrats militärischer Geheimnisse schuldig gemacht hatten, von größter Bedeutung. Denn wenn die Luftfahrt-Fachleute in Paris, London, Warschau, Madrid und Lissabon, wie durch den Antrag unter Beweis gestellt war, die fraglichen Nachrichten bereits vor Erscheinen des fraglichen Artikels in der »Weltbühne« kannten, dann kannten auch die Regierungen in Paris, London, Warschau, Madrid und Lissabon bereits diese Nachrichten, bevor der Artikel am 12. März 1929 erschien. Die Ablehnung dieses Beweisantrages verhinderte also die Wahrheitserforschung zu Ungunsten der Angeklagten und stellte insofern eine glatte Rechtsbeugung dar!

Major Himer bestätigte die Richtigkeit der Angaben Kreisers und gab einen umfassenden Überblick über die Rüstungsmaßnahmen und die Subventionspraxis des Reichswehrministeriums auf dem Gebiet der Luftfahrt. Aus dem Umstand, daß die beteiligten Minister bei den Etatberatungen auf die Anfrage des Abgeordneten Krüger eine Antwort verweigert hätten, so erklärte er, hätten die Angeklagten folgern müssen, daß diese Fragen im Interesse des Reichs und der nationalen Verteidigung nicht öffentlich behandelt werden durften, und sie hätten aus diesem Grunde Schweigen bewahren müssen. Hinzu komme, daß die Erklärungen des Abgeordneten Krüger nur in den Berichten der Reichstagssitzungen (gemeint ist das Protokoll der 312. Sitzung des Ausschusses für den Reichshaushalt vom 3. Februar 1928) stünden und weder in der Presse des In- noch des Auslandes erwähnt worden seien; man könne also annehmen, daß diese Erklärungen nicht allgemein bekannt waren. Es sei vielmehr der Artikel Kreisers gewesen, der zum erstenmal davon gesprochen habe.

Ministerialrat Dr. Wegert vom Verkehrsministerium schloß sich diesen Ausführungen an und ergänzte sie durch Details seines Fachbereichs.

Auf Grund der Erklärungen der beiden Sachverständigen änderte der

Reichsanwalt die von ihm vertretene Anklage. Er forderte nunmehr eine Bestrafung wegen *vollendeten* Landesverrats und Verrats militärischer Geheimnisse und verlangte für jeden der Angeklagten eine Strafe von 18 Monaten Gefängnis. Die vier Verteidiger setzten dem gegenüber das volle Maß ihres Könnens für einen Freispruch der beiden Angeklagten ein.

Rechtsanwalt Prof. Dr. Max Alsberg war der bei weitem prominenteste bürgerliche Verteidiger der Zeit 1919-1932. Den gleichen Ruf konnte Rechtsanwalt Dr. Apfel für sich als Mitglied der Kommunistischen Partei Deutschlands in Anspruch nehmen.

Rudolf Olden hatte sich bereits, bevor er Rechtsanwalt wurde, journalistisches Ansehen als Redakteur des bürgerlich-liberalen »Berliner Tageblatts« erworben und Rechtsanwalt Rosenfeld war als alter Sozialdemokrat der erste Justizminister der deutschen Republik gewesen.

Apfel verbreitete sich über die jedem Rechtsgefühl ins Gesicht schlagende Annahme, die Veröffentlichung eines Zustandes, der einem Reichsgesetz — und der Versailler Vertrag war ein Reichsgesetz![16] — widerspricht, könne als Delikt strafrechtlich verfolgt werden!

»Diese Auffassung kulminiert in der Forderung, daß die Duldung gesetzwidriger Zustände durch die Reichsregierung als Staatsgeheimnis zu behandeln ist und demnach nicht bekanntgegeben werden darf!«

Alsberg ließ sich unter Hinweis auf Rechtsprechung und Lehre darüber aus, daß der Landesverrat zwar nicht formelles, aber jedoch materielles Absichtsdelikt sei; diese materielle Absicht habe beiden Angeklagten bei der Veröffentlichung der fraglichen Nachrichten gefehlt.

Warnend erklärte Olden, »man wird im Ausland glauben, es gebe dunkle Geheimnisse in der deutschen Luftfahrt und die ›Weltbühne‹ habe an sie gerührt. Oder man wird glauben, der Oberreichsanwalt wolle jede Etatskritik, die ans Militärische streift, unterdrücken.

Das Verfahren und insbesondere eine Verurteilung der Angeklagten kann nur dazu dienen, das Vertrauen zu Deutschlands Ehrlichkeit zu untergraben.«

Auch Rosenfeld warnte das Gericht, das Bekenntnis zu Recht und Wahrheit zum Verbrechen zu stempeln!

Das Gericht ließ sich — nachdem die Angeklagten im »letzten Wort« ihre Unschuld beteuert hatten — , drei Tage Zeit, bis es am 23. November 1931 das Urteil verkündete:

Beide Angeklagten wurden wegen vollendeten Vergehens gegen § 1 Abs. 2 des Gesetzes gegen Verrat militärischer Geheimnisse vom 3. Juni 1914 zu je einem Jahr und 6 Monaten Gefängnis verurteilt. In den Urteilsgründen, für deren mündlichen Vortrag durch den Vorsitzenden die Öffentlichkeit wieder ausgeschlossen wurde, hieß es:

> *»Der Senat hat sich dem überzeugenden und schlüssigen Gutachten der beiden Sachverständigen im wesentlichen angeschlossen. Die genannten Nachrichten waren vor der Veröffentlichung den auswärtigen Regierungen gar nicht bekannt. Die Nachrichten entsprechen den Tatsachen. Die Heeresleitung hat, trotz des Versailler Vertrages und des Pariser Luftfahrtabkommens, aus dem Gesichtspunkt des übergesetzlichen Notstandes heraus, im Interesse der Landesverteidigung sich für verpflichtet gehalten, eine Umorganisation vorzunehmen.*
>
> *Jede Armee, das liegt in ihrer Wesenart und in ihrer Zielrichtung, muß sich für einen künftigen Krieg vorbereiten. Das gilt auch für unsere kleine Reichswehr. Bei solcher Vorbereitung kann die Heeresleitung nicht immer mit offenen Karten spielen, daher mußte eine solche Umorganisation dem Ausland gegenüber als geheim betrachtet werden.*
>
> *Es liegen also geheime Nachrichten im Sinne des Verratsgesetzes vor.«*

Den grundsätzlichen Einwand der Angeklagten, daß die veröffentlichten Tatsachen — geheim oder nicht geheim — völkerrechtswidrig sind, so daß ihre Bekanntmachung zum Zwecke der Beseitigung des durch sie offenbarten rechtswidrigen Zustandes niemals strafbar sein könne, wischt der Strafsenat mit einer Handbewegung beiseite:

> *»Wie beim Landesverrat, ist auch beim Verrat militärischer Geheimnisse der Täter der Strafbarkeit seiner Handlung nicht dadurch enthoben, daß er sich darauf beruft, er habe völkerrechtswidriges Verhalten rügen wollen und er habe geglaubt, deshalb ein Recht zur öffentlichen Rüge zu haben. (Urteil des RG. vom 14. März 1928 7 J 63/35).*[17]
>
> *Dem eigenen Lande hat jeder Staatsbürger die Treue zu halten; auf Durchführung der Gesetze kann er nur durch Inanspruchnahme der hierzu berufenen innerstaatlichen Organe hinwirken, niemals aber durch Mitteilungen an ausländische Regierungen oder deren Organe (RG. Urteil vom 28. August 1923 in 7 J 69/23....)«*

Zur Strafzumessung hatte der Senat beiden Angeklagten »mildernde Umstände« zugebilligt, so daß »nur« auf Gefängnis und nicht auf Zuchthaus zu erkennen war. Obwohl das Gericht in diesem Zusammenhang zugeben mußte, daß weder Kreiser noch Ossietzky bei der Veröffentlichung des fraglichen Artikels die Absicht einer Schädigung der Landesverteidigung und der deutschen Reichssicherheit gehabt hatten, versagte es Ihnen doch die Anerkennung als »Überzeugungstäter«[18] und beschränkte sich nicht auf die Mindeststrafe von 1 Jahr Gefängnis, denn

> *»der Schaden, der durch derartige schwere Indiskretionen dem deutschen Reich und dessen leitenden Regierungsstellen leicht zugefügt werden kann, kann bedeutend, ja unabsehbar nicht nur für die Heeresverwaltung, sondern für die Lebensinteressen des deutschen Volkes werden, zumal bei der großen Bedeutung, die bei einem etwaigen zukünftigen Krieg die Luftfahrt hat... Die Straftat der Angeklagten, die ihre Treuepflicht als Staatsbürger verletzt haben, ist als eine staatsschädliche anzusprechen: Unbekümmert um die Interessen ihres Vaterlandes in schwerer Zeit und unter deren bewußter Nichtachtung haben sie aus Sensationsbedürfnis das Maß einer sachlichen Kritik weit überschritten...«*

Daher erschien dem Senat das von dem Anklagevertreter geforderte Strafmaß von einem Jahr und sechs Monaten Gefängnis »angemessen und ausreichend«!

Erneut wurde allen Verfahrensbeteiligten »im Interesse der Staatssicherheit« eine Verschwiegenheitspflicht über alle Vorgänge des Verfahrens auferlegt. Das Urteil, von dessen Verfahrensentstehung und Begründung die Öffentlichkeit nichts erfahren durfte, verursachte angesichts des Ansehens, das Ossietzky in der Öffentlichkeit anständiger Menschen in Deutschland und im Ausland genoß, ungeheure Empörung.

Die bürgerlich-liberale »Berliner Volkszeitung« veröffentlichte die Nachricht der Verurteilung unter der Balkenüberschrift »Schreckensurteil des Reichsgerichts!«

Das Boulevard Blatt »8 Uhr Abendblatt« schrieb »Empörendes Urteil im Weltbühnenprozeß«. Das Zentralorgan der SPD »Vorwärts« sprach von dem »Geheimurteil von Leipzig«.

Das »Berliner Tageblatt« berichtete von einem »Urteil ungeheurer Härte«. Die »Rote Fahne«, das Zentralorgan der KPD, sprach von einer »Schande«. Die großbürgerliche »Vossische Zeitung« gab sich bewußt zurückhaltend und wählte für die Nachricht von der Verurteilung die Überschrift »Gefängnisurteil in Leipzig«. Die »Deutsche Zeitung« machte in »nationaler Würde« und begrüßte das Urteil »gegen die Schreiber der bolschewistisch-jüdischen Weltbühne«. Unverzüglich setzten die Anstrengungen fortschrittlicher Kreise ein, die Vollstreckung des Urteils zu verhindern, da das Urteil ja mit seiner Verkündung rechtskräftig war.

Im Januar/Februar 1932 reichte Rechtsanwalt Dr. Apfel dem Reichsjustizminister Gesuche von 51 im öffentlichen Leben stehender Persönlichkeiten ein, darunter von

Alfred Döblin, Lion Feuchtwanger, Thomas Mann, Heinrich Mann, Arnold Zweig, Professor Quidde, Alfred Kerr, Albert Einstein,

die sich für die Begnadigung Karl von Ossietzkys in individuell unterschiedlichen Schreiben einsetzten, und das am 30. Dezember 1932 von Rechtsanwalt Apfel an den Reichspräsidenten Hindenburg für Karl von Ossietzky gerichtete Gnadengesuch unterstützten.

Inzwischen war Kreiser nach Paris geflüchtet und hatte dort der Redaktion der Zeitung »L'Echo de Paris« die Anklageschrift, die »gutachtlichen« Erklärungen des Staatssekretärs im Auswärtigen Amt, von Bülow, die von dem Verteidiger Dr. Apfel mitstenografierte mündliche Urteilsbegründung und andere Unterlagen des Verfahrens zur Veröffentlichung übergeben. Auf Grund dieses Materials veröffentlichte »L'Echo de Paris« im Februar 1932 in mehreren Fortsetzungen einen Bericht über das ganze Landesverratsverfahren.[19]

Rechtsanwalt Apfel, der sofort die Gefahr sah, die durch diese Veröffentlichung dem Erfolg der Bemühungen um eine Begnadigung Ossietzkys drohte, beeilte sich, dem ORA schriftlich zu versichern, daß Karl von Ossietzky mit dieser Veröffentlichung nichts zu tun habe.

Karl von Ossietzky bestätigte diese Versicherung in einem unter dem 25. Februar direkt an den Reichsminister der Justiz gerichteten Brief, in dem es heißt:

> »... möchte ich Ihnen, Herr Minister, meine Entrüstung ausdrücken über das, was in Paris geschehen ist und über die Personen, die diese Veröffentlichung in die Wege geleitet haben... Ich möchte Ihnen, Herr Minister, mein Ehrenwort versichern, daß ich von dieser Publikation keine Ahnung hatte, daß ich sie nicht nur mißbillige, sondern von ganzem Herzen verabscheue und als ein Bubenstück betrachte... Seit Jahren befinde ich mich in einem schweren politischen Kampf, als dessen Teilstück ich auch meine Verurteilung in Leipzig empfinde und hinnehmen muß. Aber niemals bin ich mir bewußt gewesen, diesen Kampf mit unsauberen Waffen zu führen...«

Am 2. März 1932 forderte Rechtsanwalt Apfel seinen ehemaligen Mandanten Walter Kreiser, der mittlerweile nach Genf übersiedelt war, auf, Stellung zu den Veröffentlichungen im »L'Echo de Paris« zu nehmen, da »diese Publikationen sehr unliebsames Aufsehen erregt (haben und dadurch) die Verhandlungen über das schwebende Gnadengesuch (für Karl von Ossietzky) aufs schwerste gefährdet wurden.«

Kreiser antwortete auf diesen Brief nicht. Gegen ihn und Karl von Ossietzky wurde erneut wegen der Veröffentlichungen im »L'Echo de Paris« ein Verfahren eingeleitet,[20] in dem Ossietzky auf Veranlassung des ORA am 7. Mai 1932 vom Amtsgericht Berlin-Schöneberg vernommen wurde.

In dieser Vernehmung versicherte er:

> »Mit ist nicht bekannt, wer das geheime Material aus dem »Weltbühnenprozeß« an die Redaktion des »L'Echo de Paris« weitergegeben hat...
> In der Nummer des »L'Echo de Paris« vom 9. April 1932, die ich überreiche, ist ein mit Walter Kreiser unterzeichneter Artikel erschienen, in dem Kreiser selbst zugibt, das Material aus dem Leipziger Prozeß an Pironneau[21] gegeben zu haben...«

Kreiser blieb jedenfalls in Genf für die deutsche Justiz unerreichbar. Umso mehr hielt sie sich an Karl von Ossietzky: Hindenburg lehnte es ab, Ossietzky zu begnadigen, nachdem vorher bereits ein von der deutschen Gruppe des PEN-Klubs und von der deutschen Liga für Menschenrechte am 10. März gemeinsam eingereichtes Gesuch, die gegen Ossietzky erkannte Freiheitsstrafe in Festungshaft umzuwandeln, zurückgewiesen worden war.

Am 10. Mai 1932 trat Karl von Ossietzky, der kategorisch die ihm von Freunden angeratene Flucht abgelehnt hatte, die gegen ihn erkannte Gefängnisstrafe an. Auf Grund der sogenannten »Schleicher-Amnestie« konnte er am 22. 12. 1932 das Gefängnis verlassen. Er blieb nicht lange in Freiheit. Am Morgen des Reichstagsbrandes am 28. Februar 1933 wurde er von SA-Hilfspolizei verhaftet.

Er verblieb einige Wochen im Berliner Polizeipräsidium und kam dann in das zum Konzentrationslager umgewandelte ehemalige Zuchthaus Sonnenburg in der Mark. Im Februar 1934 wurde er in das KZ Esterwegen (Emsland) verlegt, wo er, einer Strafkompanie zugeteilt, zu schwerster Moor- und Erdbewegungsarbeit gezwungen wurde.

Unter dem Druck des Auslandes wurde Karl von Ossietzky auf »persönliche Anordnung des Herrn Preußischen Ministerpräsidenten Generalobersten Göring«, wie der stellvertretende Chef der Preußischen Geheimen Staatspolizei mit Schreiben vom 27. Mai 1936 dem Direktor des Staatskrankenhauses z.H. des Oberstabsarztes Dr. Schum mitteilte — am 28. Mai 1936 aus dem Konzentrationslager Esterwegen in das Staatskrankenhaus Berlin überführt.

Nach eingehender Schilderung der »Gefährlichkeit« Ossietzkys und den dadurch bedingten Sicherungen, denen er während seines Aufenthalts im Staatskrankenhaus unterworfen werden müsse, heißt es bzgl. seines Gesundheitszustandes knapp: »Gegenwärtig leidet er an einer leichten Mandelentzündung.«

3 Tage später, am 30. Mai, unterrichtete der dirigierende Arzt der inneren Abteilung des Staatskrankenhauses, Pol. Med. Rat i.R. Dr. Wenzel seinen Chef, daß Ossietzky an »schwerer offener Tuberkulose mit massenhaften Tuberkelbazillen im Auswurf, sehr stark beschleunigter Senkung der Erythrocyten etc.« leide.

» Unter Berücksichtigung des ganzen Zustandes halte ich den Patienten nicht für haftfähig, da sich die Tuberkulose mit hoher Wahrscheinlichkeit während der Haft dauernd verschlimmert«,

endet die Meldung.

Am 23. November 1936 verlieh das Nobel-Komitee des Norwegischen Storting Karl von Ossietzky — trotz aller Bemühungen der Nazis, dies zu verhindern — den Friedenspreis für 1935.

Am 4. Mai 1938 starb Ossietzky — von Göring in »Freiheit« gesetzt — im Nordend-Krankenhaus an der in der KZ-Haft zugezogenen Tuberkulose.

Anmerkungen

[1] ZAP ORA 30.01., Aktz. ORA 7 J 35/29 Bl. 14
[2] entfällt
[3] Stresemann, Gründer und Leiter der »Deutschen Volkspartei«, war von 1924-1929 Reichsaußenminister
[4] Karl Dietrich Bracker — Wolfgang Sauer, Gerhard Schulz »Die nationalsozialistische Machtergreifung« S. 773 Anm. VII 329
[5] »Freies Volk« vom 5.7.1913 IV/27
[6] Akzt. des AG Mitte: 1 J 1019/26
[7] Aktz. des AG Charlbg. 23 C 488/27
[8] Aktz. des AG Charlbg. 23 C 450/28

[9] Aktz. des Landgerichts III Berlin E 1 J 280/27
[10] Aktz. des RG 7 J 35/29, wo es auf Grund der Verlesung zitiert ist. XII L 5/31.
[11] Artikel 198 des Versailler Friedensvertrages
[12] »Weltbühne« Nr. 11 Jahr 1927
[13] Einer der Direktoren der »Lufthansa« war Milch, der spätere General der Flieger, der nach dem Weltkrieg 2 als Kriegsverbrecher von einem amerikanischen Militärtribunal verurteilt wurde. Er war nach nazistischen Begriffen »Halbjude«, wurde aber trotzdem von Göring wegen seiner Verdienste um die Aufrüstungsvorbereitungen in der vornazistischen Zeit gehalten.
[14] ORA 7 J 159/26
[15] § 173 Abs. 2 Gerichtsverfassungsgesetz
[16] Reichsgesetzblatt 1919 S. 687
[17] Das Urteil des RG vom 13. März 1928, auf das sich der 5. Strafsenat des RG. hier bezieht, ist in der Entscheidungssammlung des RG. Bd. 62, Seite 65 ff. abgedruckt. Es erging gegen den verantwortlichen Redakteur der pazifistischen Zeitschrift »Das andere Deutschland« und den Journalisten Berthold Jacob Salomon wegen eines Artikels, in dem nachgewiesen wurde, daß die Reichswehr, im Gegensatz zu von der Reichsregierung im Reichstag abgegebenen Versicherungen, noch 1925 sogenannte »Zeitfreiwillige« eingestellt und damit die Bestimmungen des Versailler Friedensvertrages (Reichsgesetz vom 16. Juli 1919 — als deutsches Gesetz verkündet) verletzt habe. Beide Angeklagten wurden wegen Landesverrats deswegen verurteilt. Zur Begründung erklärte das RG. die von den Verteidigern vertretene Rechtsansicht, die Bestimmungen des Versailler Vertrages seien zu einem Bestandteil der deutschen Rechtsordnung geworden, so daß der Hinweis der Angeklagten auf die regierungsseitig erfolgte Verletzung dieses Bestandteils der deutschen Rechtsordnung niemals als Landesverrat bestraft werden könne, für »verfehlt«. Es führt dazu folgendes aus (a.a.O. Seite 67):
»Dem eigenen Staat hat jeder Staatsbürger die Treue zu halten. Das Wohl des eigenen Staates wahrzunehmen, ist für ihn höchstes Gebot. Interessen eines fremden Landes kommen für ihn demgegenüber nicht in Betracht. Auf die Beobachtung und Durchführung der bestehenden Gesetze hinzuwirken, kann nur durch Inanspruchnahme der hierzu berufenen staatlichen Organe geschehen, niemals aber durch Anzeige bei ausländischen Regierungen. Die uneingeschränkte Anerkennung des Gedankens, daß die Aufdeckung und Bekanntgabe gesetzwidriger Zustände dem Reichswohl niemals abträglich, nur förderlich sein könne, weil das Wohl des Staates in seiner Rechtsordnung festgelegt sei und sich in deren Durchsetzung verwirkliche, ist abzulehnen, insbesondere im Hinblick auf außenpolitische Verhältnisse. Ist das Staatswohl oberstes Gesetz und Richtschnur, dann muß gewissenhaft und ohne parteipolitische Voreingenommenheit geprüft werden, welche Interessen im Einzelfall schutzbedürftiger und schutzwürdiger sind... Der Grundsatz ›Internationale Verträge müssen nach Treu und Glauben gehalten werden‹, verpflichtet nur die Staaten, welche den jeweils in Rede stehenden Vertrag abgeschlossen haben, nicht aber die einzelnen Staatsbürger«.
Vorsorglich beteuert das RG. am Ende dieser Entscheidungsgründe, die schlechtweg die Existenz einer internationalen Rechtsmoral leugnen, daß es »in diesem Strafverfahren nicht über die Berechtigung des Pazifismus zu entscheiden hatte«!
[18] Wäre diese Zubilligung erfolgt, dann hätte nach § 52 der Grundsätze für den Vollzug von Freiheitsstrafen vom 7. Juni 1923 RGBl. II S. 263) auf »Festungshaft« (einer leichteren Form des Vollzugs der Freiheitsstrafe) erkannt werden müssen.
[19] »L'Echo de Paris«, 48. Jahrgang Nr. 19 119 vom 21.2.32; Nr. 19 120 vom 22.2.32; Nr. 19 121 vom 23.2.32; Nr. 19 123 vom 25.2.32 und Nr. 19 129 vom 2.3.32
[20] ZAP 30.01 ORA 7 J 52/32
[21] Chefredaktuer der »L'Echo de Paris«

F. W. Bernstein

Staatsbesuch

Es war einmal ein Rechtsanwalt
der allgemein als tüchtig galt;
zu dem kam kurz vor fünf
noch wer

Es kam ein ungeheurer Gast
der stolperte und stürzte fast
und blickt sich um und schnauft

"Sie sind allein? Kein Risiko?
Ich bin nämlich incognito!
Gestatten Sie: v. Staat!"
(da ham wir den Salat)

"Sie fragen jetzt, aus welchem Grund
ich grad von Ihnen komme und
Sie haben etwas Angst.
Stimmt's?"

"Ihr großer Mut ist mir bekannt,
doch hält er meinem Anblick stand,
vor dem mir selber graut?"
(O nein —!)

Einst galt ich als ein Ideal,
wie seh' ich aus? Katastrophal!
So schau'n Sie mich doch an!

Als die Verkörperung der Macht
bin ich so häßlich wie die Nacht,
s'ist niemand, der mich liebt –
          (oder doch?)

Ein Ungeheuer, wüst und ralf,
ein Untier, Drache, Mißgestalt,
ein Riesenhaufen Staatsgewalt,
ein Machtsack, Popanz, Butzmann – Halt!
Ich bin der Gott, der sterblich ist,
Allmächtiger, der Menschen frißt
und LEVIATHAN heißt

Der Rechtsanwalt war auf der Hut.
Er kannte Herrn v. Staat ganz gut.
Er wartete
und schwieg.

v. Staat fuhr fort: „als Wappentier"
(er seufzt) „wär ich am liebsten Ihr
KANINCHEN PUSCHELSCHWANZ"
  (HASE!)

"Verzeihung! HASE PUSCHELSCHWANZ!
Wie meinen Sie? Der paßt nicht ganz?
O je! O ja! O weh!
(er räuspert sich):

Sie haben Freunde. Ich die Macht!
Ich gratuliere! Gute Nacht!"
  (v. Staat ab)

Lieber Heinrich,
Massel tow!
   Dein F.W. Bernstein

Okt. 1985

Ingo Müller
Politische Justiz in der Kontinuität

Heinrich und Elisabeth Hannovers Gemeinschaftswerk über »Politische Justiz 1918-1933«, vor zwanzig Jahren erstmals erschienen, gilt inzwischen als der Klassiker der politischen Justiz jener Epoche. Wie die Justiz der ersten Republik die Unrechts-Justiz des Dritten Reichs vorbereitet hat — Karl-Dietrich Bracher sieht im Vorwort zur Erstauflage des Hannoverschen Werkes die Weimarer Justiz sogar »zu einem guten Teil als Voraussetzung und Quellgrund« der faschistischen Herrschaft schlechthin — so haben die Hannovers mit ihrem Buch die Studien über die Justiz 1933-1945 ganz wesentlich gefördert.

1. Die Vorgeschichte

Als Carl Schmitt, den man getrost den Staatsdenker des Dritten Reichs nennen kann, 1932 seine Schrift »Der Begriff des Politischen« veröffentlichte, traf er den Zeitgeist wie kein anderer. Für ihn war »die spezifisch politische Entscheidung, auf welche sich die politischen Handlungen und Motive zurückführen lassen..., die Unterscheidung von Freund und Feind«. Diese Unterscheidung hatte den Sinn, »den äußersten Intensitätsgrad einer Verbindung oder Trennung, einer Assoziation oder Dissoziation zu bezeichnen«. Der politische Feind ist eben »der Andere, der Fremde, und es genügt seinem Wesen, daß er in einem besonders intensiven Sinne existentiell etwas anderes und fremdes ist, so daß im extremen Fall Konflikte mit ihm möglich sind, die weder durch eine im voraus getroffene generelle Normierung noch durch den Spruch eines unbeteiligten und daher unparteiischen Dritten entschieden werden können«. Schmitt hat diesen Begriff nicht geprägt, schon Hegel hatte 1803 die Suprematie des politischen über alles gesetzte und überkommene Recht gefordert und »das Politische« in der Feindschaft gegenüber anderen Staaten gesehen. Eine Radikalisierung dieses Begriffs vollzog sich jedoch nach dem ersten Weltkrieg; Otto Kirchheimer beschreibt den Vorgang in seinem Standardwerk über politische Justiz: »Die revolutionären Explosionen, für die der Zündstoff im Schützengrabenschlamm des ersten Weltkrieges zusammengetragen worden war, zerstörten, was von der Scheidung von Opposition und Verrat, der großen Leistung der politischen Justiz der vorhergehenden Periode, noch übrig geblieben war«.

Die mangelnde Bereitschaft »nationaler« Kreise, die Niederlage des Weltkrieges einzugestehen, führte zur »Dolchstoßlegende«, dem Mythos des im Felde ungeschlagenen Heeres, das durch die Sabotage der Heimat unterlegen war. Hitler verstieg sich gar zu der Behauptung, daß »niemals ... wir in unserer Geschichte durch die Kraft unserer Feinde besiegt worden (seien), sondern immer nur durch die Feinde in unserem eigenen Lager«. Nachdem bereits 1912 in der Deutschen Richterzeitung, dem Organ des Deutschen Richterbundes, zu lesen war: »Was die Wehrmacht nach draußen ist, das muß die Rechtsprechung nach innen sein«, hatte die Justiz spätestens nach dem ersten Weltkrieg gelernt, zwischen Freund und Feind zu unterscheiden.

Das Wohlwollen der Justiz gegenüber der nationalsozialistischen Bewegung zeigte sich schon in dem Prozeß gegen Hitler und Genossen nach dem Münchner Putschversuch vom 9. November 1923. Hitler wurde im Februar 1924 zu milden fünf Jahren Festungshaft verurteilt, wobei ihm schon im Urteil viereinhalb Jahre zur Bewährung ausgesetzt wurden; er hatte lediglich einige Monate auf der Feste Landsberg abzusitzen. Zusätzlich hat das Gericht in dem Urteil auch von der in § 9 Abs. 2 des Republikschutzgesetzes zwingend vorgeschriebenen Abschiebung des Hochverräters als unerwünschten Ausländer abgesehen, denn »auf einen Mann, der so deutsch denkt und fühlt wie Hitler, kann nach Auffassung des Gerichts diese Vorschrift ihrem Sinn und ihrer Zweckbestimmung nach keine Anwendung finden«.

Der sogenannte »Kapp-Putsch«, ein großangelegtes hochverräterisches Unternehmen zur Abschaffung der Demokratie in Deutschland im März 1935, hatte nur eine einzige Verurteilung zur Folge. Eine Amnestie aller Mitläufer bewirkte, daß die Gerichte sogar als Minister vorgesehene Hochverräter als »Mitläufer« einstuften. Dagegen wurden Erschießungen, die die Putschisten vorgenommen hatten, von der Justiz im nachhinein als »rechtmäßig« qualifiziert. Der Witwe eines Arbeiters, der dem Aufruf der demokratischen Reichsregierung zum Kampf gegen die meuternden Militärs gefolgt und dabei gefallen war, sprach das Reichsversorgungsgericht die Rente mit der Begründung ab, die Aufrechterhaltung der öffentlichen Ordnung sei Sache von Polizei und Militär. Die beiden Hauptakteure des Staatsstreichs, der ins Ausland geflüchtete General Lüttwitz, und der einzige Verurteilte, der Regierungspräsident von Jagow, erstritten dagegen vor dem Reichsgericht ihre Pensionen. Sie wurden ihnen, entgegen dem Gesetzeswortlaut, sogar für die Zeit des Putsches zugesprochen.

Die Bevorzugung rechtsradikaler Straftäter und die wütende Verfolgung von Republikanern, Pazifisten und Kommunisten reichte von der Bestrafung der Journalisten Felix Fechenbach, Fritz Küster, Berthold Jacob, der beiden deutschen Friedens-Nobelpreisträger Ludwig Quidde und Carl von

Ossietzky wegen Landesverrats, weil sie rechtswidrige Rüstungen und rechtsradikale verfassungsfeindliche Bestrebungen öffentlich angeprangert hatten, über die Milde gegenüber Hochverrätern und die offene Begünstigung der Mörder Rosa Luxemburgs, Karl Liebknechts, Karl Gareis', Hugo Haases, Mathias Erzbergers und Hans Paasches bis zum Freispruch für sogenannte »Fememörder«. Derselbe Gerichtsvorsitzende, der Ossietzky im Weltbühnen-Prozeß niedere Motive unterstellt hatte, schwärmte im Gerichtsverfahren gegen nationalsozialistische Hochverräter in der Reichswehr von deren »guten Absichten«, »tadelloser Vergangenheit« und »edlen Motiven«.

Daß dies keine Einzelfälle waren, sondern daß sie symptomatisch für die Einstellung der Justiz bis in ihre höchsten Spitzen waren, mag man daran erkennen, daß nach der »Machtergreifung« am 30. Januar 1933 keiner der Spitzenfunktionäre der Justiz ausgewechselt wurden. Sowohl der Reichsjustizminister Gürtner (im Amt seit 1932) als auch der Staatssekretär im Justizministerium Schlegelberger (seit 1931), der Reichsgerichtspräsident Bumke (seit 1929) und der höchste Ankläger der Republik, der Oberreichsanwalt Werner (seit 1926) hatten ihre höchsten Ämter schon in der Weimarer Republik erreicht und blieben bis zur Pensionierung oder bis zum Tode, teilweise bis 1945, im Amte.

2. Justiz im NS-Staat

Der verbrecherische Charakter der nationalsozialistischen Bewegung seit dem Potempa-Mord und Hitlers Glückwunschtelegramm für die Mörder, seit dem Reichstagsbrand und der nachfolgenden Verfolgung politischer Gegner durch die Regierung Hitlers und vor allem seit im März 1933 die Nationalsozialisten nacheinander in allen Ländern mit Hilfe von SA, SS und »Stahlhelm« die Regierungen absetzten und im ganzen Reich einen nie dagewesenen Terror gegen politische Gegner entfesselten, schmälerte die Sympathie der Justiz für die »nationale Regierung Hitler« keineswegs. Am 19. März 1933 erklärte das Präsidium des Deutschen Richterbundes, die deutsche Richterschaft bringe »der neuen Regierung volles Vertrauen entgegen«, und bereits am 21. Mai 1933 erklärte der Deutsche Richterbund »für sich und die ihm angeschlossenen Landesvereine seinen korporativen Eintritt in den Nationalsozialistischen Juristenbund und unterstellt(e) sich der Führung des Herrn Reichskanzlers Adolf Hitler«.

Das Dritte Reich schaffte als eine der ersten gesetzgeberischen Maßnahmen die »Gleichheit vor dem Gesetz« ab. Die Verbrechen von Nationalsozialisten wurden großzügig amnestiert. Straffreiheit gab es ebenso für Straftaten, »die im Kampfe für die nationale Erhebung des deutschen Volkes, für ihre Vorbereitung oder im Kampfe für die deutsche Scholle« begangen worden waren, sowie nach den Mordaktionen vom 30. Juni bis 2. Juli 1934 (sogenannter Röhm-Putsch) für alle Straftaten, also auch für Plünderungen, Vergewaltigungen, Raub und Mord, sofern der Täter nur im »Übereifer im Kampf für die nationalsozialistische Bewegung« gehandelt hatte. Dagegen wurden für Gegner des Dritten Reiches die Strafgesetze drastisch verschärft. Nach der »Verordnung des Reichspräsidenten zur Abwehr heimtückischer Angriffe gegen die Regierung der nationalen Erhebung« vom 21. März 1933 wurde mit Gefängnis bestraft, wer »eine unwahre oder gröblich entstellte Behauptung tatsächlicher Art aufstellt oder verbreitet, die geeignet ist, das Wohl des Reiches ... oder das Ansehen der Regierung ... oder der NSDAP oder der SA oder SS schwer zu schädigen«. Hauptanwendungsgebiet dieser Verordnung war die lebhafte Auseinandersetzung darüber, wer den deutschen Reichstag angezündet hatte. Das »Gesetz zur Abwehr politischer Straftaten« vom 4. April 1933 drohte die Todesstrafe für verschiedene Sabotageakte an, und das Gesetz zur Gewährleistung des Rechtsfriedens sah die Todesstrafe sogar für die Herstellung und Verbreitung hochverräterischer Schriften vor, auch wenn die Tat im Ausland begangen worden war. Nach dem »Heimtückegesetz« wurde bestraft, »wer öffentlich gehässige, hetzerische oder von niedriger Gesinnung zeugende Äußerungen über leitende Persönlichkeiten des Staates und der NSDAP« machte. Damit war jede kritische Äußerung über die »nationale Regierung« und über Parteifunktionäre der NSDAP kriminalisiert. Zur Aburteilung von Verstößen gegen diese Gesetze wurden bereits am 21. März 1933 Sondergerichte installiert, deren Prozeßordnung die Rechte der Beschuldigten drastisch einschränkte. 1934 kam als oberstes Sondergericht der später berüchtigte Volksgerichtshof hinzu, der ab 1936 als »ordentliches Gericht« galt. Diese Gerichte waren nach damals gängiger Meinung in erster Linie dazu da, »die Gegner des Dritten Reiches, hauptsächlich Kommunisten und Sozialdemokraten, vollständig auszurotten«.

Die Reichstagsbrandverordnung, die die Grundrechte der Weimarer Reichsverfassung außer Kraft setzte, sah die Todesstrafe auch für einige gemeingefährliche Delikte, u. a. für Brandstiftung vor. Das Gesetz über Verhängung und Vollzug der Todesstrafe weitete die Strafverschärfung auf Taten aus, »die in der Zeit zwischen dem 31. Januar und dem 28. Februar 1933 begangen sind«. Nach diesen beiden Gesetzen wurde Marinus van der Lubbe zum Tode verurteilt und gehenkt. »Nur mit Hilfe solcher mörderischen Konstruktionen«, schrieb 1936 treffend Otto Kirchheimer, »waren die Hinrichtungen politischer Gegner möglich«. Seine Prognose, daß für diese Verbrechen »Juristen des Dritten Reiches — Theoretiker und Praktiker — sich einmal verantworten müssen«, hat sich allerdings, wie wir heute wissen, als Irrtum erwiesen.

Die Unterscheidung von Freund und Feind, das sogenannte »Politische«, war bestimmend auch für die Strafrechtswissenschaft, denn das

Strafrecht sollte — wie Kohlrausch, ein altkonservativer Strafrechtsprofessor — forderte, »eine alte geschichtliche Wahrheit bewähren, dem absoluten Primat der Politik vor dem Strafrecht«. Schon im Juni 1933 hatte der Landgerichtspräsident Dietrich seine Kollegen ermuntert: »Die restlose Ausrottung des inneren Feindes gehört unzweifelhaft zur Wiederherstellung der deutschen Ehre. An ihr kann der deutsche Strafrichter durch großzügige Auslegung des StrGB teilnehmen«. Diese großzügige Gesetzesauslegung wurde durchweg von der Strafrechtswissenschaft propagiert. Der Richter sollte »sich darüber klar sein, daß die Rede von der alleinigen Bindung des Richters an das Gesetz heute etwas anderes besagt als früher«, nämlich »gesinnungsmäßige Übereinstimmung des Fühlens und Wollens aller Volksgenossen«. Der Richter sollte mit einem »gesunden Vorurteil« an die Gesetze herangehen und den Fall nicht »rationalistisch zergliedern«, sondern in »emotional-wertfühlend(er) ganzheitliche(r) und wesenhafte(r) Betrachungsweise« erfassen und sich mutig jener schöpferischen Rechtswendung zuwenden, »die vom Nationalsozialismus in Anlehnung an germanische, unverbildete naive und doch intuitiv geniale Richtertätigkeit neu belebt ... werden soll«. Im »Kampf zwischen Vernunft und Glaube« sollte der Glaube siegen.

Wie konnte ein so scharfsinniger Analytiker wie Otto Kirchheimer angesichts solcher »Rechtswissenschaft« von der »technischen Rationalität« des Strafrechts im Dritten Reich sprechen? Der scheinbare Widerspruch löst sich auf, wenn man liest, daß Wahrheit und Gerechtigkeit »wohl dort am ehesten zu finden sind, wo der Idee des Führers wortlos, aber getreulich nachgelebt wird«. Die »Bindung an die leitenden Grundsätze des Führerstaates« hatte zur Konsequenz, daß »der Richter der unmittelbare Gehilfe des Staates wird«.

Der Unberechenbarkeit der Rechtsordnung für den einzelnen entspricht die Rationalität für die Herrschenden, in diesem Sinne ist das von Ernst Fraenkel beobachtete »Nebeneinander von Rationalität und Irrationalität« zu sehen, »der rationale Kern im irrationalen Gehäuse«.

Die letzte Konsequenz aus den Stellungnahmen der Wissenschaft wäre — wie tatsächlich verschiedentlich vorgeschlagen — gewesen, »ganz von der Aufstellung von Einzeltatbeständen abzusehen und in wenigen allgemeinen Grundsätzen dem Richter nur Richtlinien zeigen, nach denen er einen Tatbestand zu erfassen hat«. Wenn man sich auch zu dieser letzten Konsequenz nicht hat durchringen können, so hatte doch die Zulassung der Analogie im Strafrecht, (d. h. daß jemand bestraft werden konnte, der nach den Buchstaben des Gesetzes nicht strafbar war, sofern seine Tat nach dem gesunden Volksempfinden strafwürdig erschien) und eine unbegrenzte Auslegung durch die Gerichte eine ähnliche Wirkung.

> Das Reichsgericht verurteilte im Jahre 1941 einen Mann, der behauptet hatte, in Berlin sei ein Attentat »auf eine bekannte Persönlichkeit der NSDAP« verübt worden, wegen Verbreitung von Behauptungen, »die geeignet sind, das Ansehen der NSDAP schwer zu schädigen«.
> Das Sondergericht Breslau verurteilte jemanden nach § 1 der Gewaltverbrecherverordnung zum Tode, der einen anderen mit einem Fausthieb niedergestreckt hatte. Die Verordnung sah die Todesstrafe für einen Angriff »mit Waffengewalt« vor, das Gericht begründete wortreich, warum die bloße Hand als »Waffe« im Sinne des Gesetzes anzusehen sei.
> Das Reichsgericht stellte im Juni 1940 fest, daß ein Angeklagter, der einen Kriegsgefangenen während eines Arbeitseinsatzes aus seiner Bierflasche hatte trinken lassen, »mit einem Kriegsgefangenen Umgang in einer Weise« gepflogen habe, »die das gesunde Volksempfinden gröblich verletzt«.
> Nach § 5 Abs. 1 der Kriegssonderstrafrechtsverordnung, nach dem mit dem Tode bestraft wurde, wer »öffentlich den Willen des deutschen ... Volkes zur wehrhaften Selbstbehauptung zu lähmen oder zu zersetzen sucht«, verurteilten Reichsgericht, Reichskriegsgericht und Volksgerichtshof regelmäßig Personen, die im engen Familienkreis oder auch nur gegenüber einer einzigen Person Zweifel am siegreichen Ausgang des Krieges äußerten.
> Das »Gesetz zum Schutz des deutschen Blutes und der deutschen Ehre«, das Eheschließungen und »außerehelichen Verkehr zwischen Juden und staatsangehörigen Deutschen oder artverwandten Blutes« bei Gefängnis oder Zuchthausstrafe verbot, wurde von der ordentlichen Gerichtsbarkeit bis hinauf zum Reichsgericht ausgedehnt und erweiternd ausgelegt, bis schließlich das Reichsgericht feststellte, Geschlechtsverkehr »im Sinne des Blutschutzgesetzes« könne »auch begangen werden, ohne daß es zu einer körperlichen Berührung zwischen den Beteiligten kommt«.

In einem Grundsatzurteil erklärte dann der Große Senat des Reichsgerichts zur Strafbarkeit der Rassenschande ausdrücklich: »Der Aufgabe, die das Dritte Reich der Rechtsprechung stellt, kann diese aber nur gerecht werden, wenn sie bei der Auslegung der Gesetze nicht an den Wortlaut haftet, sondern in ihr Innerstes eindringt und zu ihrem Teile mitzuhelfen versucht, daß die Ziele des Gesetzgebers verwirklicht werden«. Sondergerichte haben dann häufig noch das Blutschutzgesetz, das »nur« Gefängnis oder Zuchthaus androhte, mit anderen Gesetzen kombiniert, z. B. mit der Volksschädlingsverordnung, deren § 4 die Todesstrafe für den Fall vorsah, daß jemand kriegswichtige Verdunkelungsmaßnahmen zur Begehung einer Straftat mißbrauchte. Da geschlechtliche Handlungen regelmäßig nicht in aller Öffentlichkeit, sondern eher abends und bei Dunkelheit begangen werden, hatte man den Vorwand, die Täter vor das Sondergericht zu bringen und auch die Todesstrafe zu verhängen, die das Gesetz selbst nicht vorsah.

Die Verfolgung der Gegner des Dritten Reichs durch die Justiz bestimmte die Gesetzesauslegung der Gerichte auf allen Rechtsgebieten, nicht etwa nur dort, wo die nationalsozialistische Gesetzgebung Ungleichbehandlungen ausdrücklich anordnete.

> Bereits im Februar 1933 war die Deutsche Filmgesellschaft Ufa von einem Vertrag mit dem Regisseur Eric Charell zurückgetreten, weil Charell »Nichtarier«

war. Der Vertrag, der mit Filmrechten an einem Roman gekoppelt war, enthielt die Klausel, daß der Auftrag hinfällig werde, wenn Charell »wegen Krankheit, Tod oder ähnlichen Gründen« ausfalle. Als das Reichsgericht über den Fall zu entscheiden hatte, gab es der Ufa Recht und führte aus, es sei »unbedenklich, eine aus ... anerkannten rassenpolitischen Gesichtspunkten« eingetretene Änderung »in der rechtlichen Geltung der Persönlichkeit« dem Tode »gleichzuachten«.

Das Reichsarbeitsgericht sah es als ausreichenden Kündigungsgrund eines Arbeitsvertrages an, daß der Kreisleiter der NSDAP ein negatives Urteil über den Arbeitnehmer abgegeben hatte, selbst wenn dieses Urteil nachweislich falsch war, und nannte es »gesicherte« Rechtsprechung, »daß auch unberechtigte Vorwürfe, selbst ein unberechtigter Verdacht seitens maßgebender Stellen von so großem Gewicht sein können, daß dadurch allein ein gewichtiger Grund zur Entlassung gegeben sein kann«.

Das Landgericht Hamburg entzog Mitgliedern der christlichen Sekte Zeugen Jehovas das Sorgerecht für ihre Kinder, daß diese den Eltern fortgenommen und in ein Heim eingewiesen wurden, weil durch deren religiöse Erziehung »das geistige Wohl der Kinder auf das schwerste gefährdet« werde. Das Amtsgericht Berlin-Lichterfelde befand, die »Gefährdung des Kindes durch kommunistische oder atheistische Erziehung ist Grund für die Entziehung des Sorgerechts«, und das Amtsgericht Wilster überwies Kinder, deren Vater sie nicht zur Hitlerjugend geschickt hatte, in die Fürsorgeerziehung, denn »wer seine Kinder von der Hitlerjugend fernhält, mißbraucht... sein Sorgerecht«.

Die Reihe ließe sich beliebig fortsetzen. Es waren keineswegs nur die Strafgerichte, die ihr nationalsozialistisches Übersoll erfüllten: Ob das Preußische Oberverwaltungsgericht jemandem, dessen Distanz zum Nationalsozialismus bekannt war, den Führerschein verweigerte, ob der Reichsdisziplinarhof feststellte, daß die Unterlassung einer freiwilligen Spende für das Winterhilfswerk für Beamte ein Dienstvergehen sei, das die Entlassung aus dem Dienst rechtfertige, oder der Ehrengerichtshof es als Standesverfehlung eines Rechtsanwalts ansah, daß er mit »Guten Tag« grüßte und nicht mit dem »Deutschen Gruß«, oder ob der Kaufvertrag zwischen einem Landwirt und einem jüdischen Viehhändler als sittenwidrig und daher nichtig angesehen wurde, stets waren es weniger die Gesetze, die solche »Rechts«-Konstruktionen vorschrieben, als vielmehr die uferlose Gesetzesauslegung durch die Gerichte.

Trotz all dieser eindeutigen Gesetzesbrüche waren die Gerichte auf rechtsstaatliche Reputierlichkeit bedacht und reagierten ausgesprochen allergisch auf die bloße Erwähnung der alltäglich vorkommenden Rechtswidrigkeiten. Als ein Pfarrer nach der Predigt ein Gemeindemitglied ins Gebet mit eingeschlossen hatte, das »seit dem 2. Februar 1937 in Schutzhaft ist, obwohl das gerichtliche Verfahren eingestellt worden ist«, verurteilte ihn das Reichsgericht wegen »Verletzung des öffentlichen Friedens« nach § 130a StGB, da »durch die Art der Verbindung der beiden Halbsätze die Kritik, daß die L. (das Gemeindemitglied) hätte freigelassen werden müssen, trotzdem aber unberechtigterweise noch in Schutzhaft genommen worden sei«, bei anderen den Eindruck hätte erwecken können, »der Staat handle nicht nach Recht und Gesetz, sondern nach Willkür«.

Sicher, es gab auch sehr vereinzelt Richter, die sich dem System verweigerten. Der bekannteste Fall ist der des Vormundschaftsrichters Dr. Lothar Kreyssig, der sich geweigert hatte, seine Mündel der sogenannten T 4-Aktion (Euthanasie) auszuliefern und Mordanzeige gegen den für die Ermordung der Geisteskranken Verantwortlichen erstattete. Irgendwelche disziplinarischen, strafrechtlichen oder sonstigen Sanktionen sind gegen ihn nicht ergriffen worden. Schorn berichtet von einigen geringeren Widerstandshandlungen. Kein Fall ist jedoch bekannt geworden, in dem ein Richter wegen seiner richterlichen Tätigkeit größeren Repressalien ausgesetzt war als der Versetzung an ein anderes Gericht. Die Furcht vor Verfolgung konnte es also nicht gewesen sein, die die Justiz dermaßen zum Rechtsbeugungsinstrument herunterkommen ließ.

3. Das Nachspiel

Nach dem 8. Mai 1945 ging die Justiz sehr schnell zur Tagesordnung über. Zwar hatten die Alliierten zunächst alle Gerichte stillgelegt und im zweiten Schritt alle NS-belasteten Richter entlassen. Da aber die Justiz überdurchschnittlich in der NSDAP engagiert war, ließ sich eine funktionierende Rechtspflege mit dem kleinen Häufchen unbelasteter Richter nicht aufrecht erhalten. In Westfalen waren z. B. 93% des Justizpersonals in der NSDAP oder einer ihrer Nebenorganisationen engagiert gewesen, in Bremen konnten lediglich zwei Richter als nichtbelastet gelten. Daraufhin verfiel man in der britischen Besatzungszone zunächst auf das sogenannte »Huckepack-Verfahren«: Für jeden nichtbelasteten Richter durfte ein nazibelasteter wieder in die Justiz aufgenommen werden. Aber auch dieses Verfahren führte nicht weiter, selbst nicht, nachdem man die Quoten beträchtlich erhöht hatte. Als 1948 die Einstellung der Entnazifizierungsverfahren absehbar war, waren annähernd alle NS-Richter wieder in der Justiz untergebracht, und das Gesetz zur Ausführung des Art. 131 GG vom 11. Mai 1951, das annähernd allen NS-belasteten Beamten, Hochschullehrern und Richtern einen Rechtsanspruch auf Wiedereinstellung in den Staatsdienst gewährte, wirkte sich letztlich als Verlängerung des Gesetzes »zur Wiederherstellung des Berufsbeamtentums« vom 7. April 1933 aus. Da die Planstellen begrenzt waren und in die Bundesrepublik alle Beamten aus den verlorenen Ostgebieten, aus den besetzten Gebieten, aus Elsaß-Lothringen, und eine Vielzahl aus der sowjetisch-besetzten Zone auf ihren Rechtsanspruch pochten, hatte man Anfang der fünfziger Jahre zu entscheiden, ob vorrangig wieder diejenigen in den Staatsdienst aufgenommen werden sollte, die die Nazis 1933 entlassen hatten, oder diejenigen, die von den Alliierten nach dem 8. Mai 1945 aus dem öffentlichen Dienst entfernt worden waren. Man entschied sich für die Nazis.

Die für die Rechtsprechung so einflußreichen Praktiker-Kommentare erschienen Anfang der fünfziger Jahre lediglich in Neuauflage, bearbeitet von denselben Autoren, die wenige Jahre zuvor die »nationalsozialistische Rechtsordnung« mitgestaltet hatten. Die Spitze der nationalsozialistischen Rechtswissenschaft stellte — egal auf welchem Rechtsgebiet — wieder die juristische Elite: Forsthoff, Henkel, Hueck, Heinrich Lange, Larenz, Maurach, Maunz, Nipperdey, Schaffstein, Scheuner, Schwarz und Welzel prägten die herrschende Meinung ebenso in den fünfziger Jahren wie schon in den Dreißigern und Vierzigern.

Kaum verwunderlich ist, daß denn auch viele Richter weiterhin so Recht sprachen, wie sie es schon vor dem 8. Mai 1945 getan hatten. Das Landgericht Lübeck verurteilte 1947 einen politischen Häftling, der aus Gestapo-Haft geflohen war und anläßlich seiner Flucht einen Beamten niedergeschlagen hatte, wegen Widerstands gegen die Staatsgewalt. Das OLG Kiel bestätigte als Revisionsinstanz das Urteil mit den Worten »Die Amtstätigkeit eines Vollzugsbeamten ist bei pflichtgemäßer Vollstreckung immer rechtmäßig«. Das Landgericht Offenburg begründete den Freispruch des Erzberger-Mörders Tillessen mit der von Hitler am »Tag von Potsdam« verkündeten Amnestie, die nach Auffassung des Gerichts »gültiges Recht« darstellte.

Ausfluß der von westdeutschen Juristen verbreiteten Ideologie, daß die Justiz im Dritten Reich gesetzestreu, rechtsstaatlich und ohne nennenswerte Konzessionen an die Machthaber geurteilt habe, ist die Regelung, daß eine Entschädigung vor Unrechtsakten, die auf Gerichtsurteilen basierten, nur gezahlt wird, wenn ein Wiederaufnahmeverfahren durchgeführt worden ist. Da das deutsche Recht ausgesprochen wiederaufnahmefeindlich ist, konnten auch gröbste Fehlurteile kaum aufgehoben werden. Allzugern übernahmen die Gerichte die Terminologie von damals, in der Widerständler kurzerhand zu »Terroristen« erklärt wurden. Weder ist es bis heute gelungen, den Hamburger Kommunistenführer Fiete Schulze zu rehabilitieren noch die Kölner Gruppe »Edelweiß-Piraten«, die nach wie vor als eine Vereinigung »ganz gewöhnlicher Krimineller« gilt. Der Antrag der Angehörigen der 13 als Terroristen öffentlich Gehenkten wurden 1963 mit der Begründung zurückgewiesen: »Die Kriminalpolizei in Köln ist davon überzeugt, daß von den festgenommenen Terroristen am 10.11.1944 13 Personen ohne Gerichtsverhandlung und ohne Gerichtsurteil öffentlich gehenkt wurden, um die Bevölkerung vor weiteren Terrorakten abzuhalten. Die Exekution ohne gerichtliches Urteil bedeutet zwar einen Rechtsbruch, der nur durch die damaligen Verhältnisse zu erklären ist, ... sie erfolgte jedoch wegen deliktischer Vergehen«, denn der Entschädigungsbehörde war, nachdem etliche der damals beteiligten Gestapo-Leute als Zeugen gehört worden waren, »bekannt, daß es sich bei den Edelweiß-Piraten um eine Terror-

bande handelte, die die Bevölkerung in Angst und Schrecken versetzte«.
Auch mit den Entschädigungen für die in Konzentrationslagern und Vernichtungslagern erduldete Haft tat man sich schwer. Für diese Haft gab es ohnehin nur DM 5,- Entschädigung pro Tag (für unschuldig erlittene Strafhaft gibt es DM 10,-). Wer von den Opfern Entschädigung für schwere psychische und physische Leiden begehrte, mußte nachweisen, daß gerade der Lageraufenthalt ursächlich dafür war, ein Nachweis, der nur selten gelingt, zumal wenn über den Anspruch die Richter des Dritten Reiches zu entscheiden haben.

Der § 6 Abs. 2 des Entschädigungsgesetzes besagt darüber hinaus, daß von Entschädigungsleistungen ausgeschlossen ist, wer nach dem 23. Mai 1949 die freiheitliche demokratische Grundordnung im Sinne des Grundgesetzes bekämpft hat. Vorbild für diese Regelung hatte eine Änderung der Reichsversicherungsordnung von 1936 abgegeben: »Die Rente ruht, wenn der Berechtigte sich nach dem 30. Januar 1933 im staatsfeindlichen Sinne betätigt hat«. Wo ein Ausschlußgrund im Sinne des § 6 vorlag, konnten früher gezahlte Leistungen zurückgefordert werden. Diese Klausel wurde von den Gerichten im Zuge der Kommunistenverfolgung reichlich angewandt. Von dem damaligen KPD-Bundestagsabgeordneten Renner verlangte man nach dem Kriege gezahlte Leistungen in Höhe von DM 27.000,- zurück, obwohl Renner nie von einem Gericht der Bundesrepublik verurteilt worden war. Aufsehen erregten die Fälle der Schriftsteller Ernst Niekisch und Alfred Kantorowicz, denen man, weil sie bei der Teilung Deutschlands in die sowjetischbesetzte Zone gegangen waren und dort öffentliche Ämter bekleidet hatten, nachdem sie sich mit dem dortigen Regime überworfen hatten, hier in der Bundesrepublik ihre Renten verweigerte. Allerdings sind dies nur zwei herausragende Fälle, gegen tausende namenloser Kommunisten wurde § 6 als Keule im politischen Kampf verwendet.

Überhaupt hatten sich bei der Kommunistenverfolgung der fünfziger Jahre von Anfang an die Methoden des Dritten Reiches wieder eingeschlichen. Die Grundzüge des nationalsozialistischen Staatsschutzrechts, das die Alliierten 1945 als erstes außer Kraft gesetzt hatten, wurden mit dem Ersten Strafrechtsänderungsgesetz vom 30. August 1951 erneut verabschiedet. An exponierter Stelle nahm der Verfassungsschutzpräsident Schrübbers, der im Dritten Reich Staatsanwalt in politischen Strafsachen war, der Lüneburger Staatsanwalt Ottersbach, bekannt durch seine extremen Strafanträge, früher Ankläger bei dem Sondergericht Kattowitz, Generalbundesanwalt Wolfgang Immerwahr Fränkel, früher Mitarbeiter der Reichsanwaltschaft beim Volksgerichtshof, der Präsident des 3. Strafsenats beim BGH Kanter (oberster Kriegsrichter in Dänemark) und sein Kollege Jagusch, der schließlich über falsche Angaben zu seiner NSDAP-Mitgliedschaft stolperte, teil. Auch sachlich knüpfte man an die Traditionen der justiziellen Verfolgung an. Die Lüneburger Staatsanwaltschaft wertete es z. B. als straferschwerend, wenn ein Angeklagter bereits wegen politischer Delikte vorbestraft war und bezog sich damit auf Verurteilungen aus den Jahren 1933 und 1940; strafmildernd wertete man in Lüneburg Frontbewährung, da »der soldatische Einsatz in Gesinnung und Opferbereitschaft seinen Wert in sich trägt, und der deshalb ohne Rücksicht darauf gewertet werden muß, welche Ziele die politische Führung mit diesem Einsatz erstrebt«.

So rüde die Nachkriegsjustiz mit den Opfern des Dritten Reiches umging, so schwer machte sie es sich mit ihren Tätern. Obwohl nach Einstellung der Entnazifizierung und einem großzügigen Amnestiegesetz nur noch die Verfolgung tatsächlich schwerster NS-Verbrechen übrig blieben, verhielt sich die Justiz bei der Verfolgung von NS-Tätern wie der Hund, den man zur Jagd tragen muß. Die Denkwürdigkeiten der NS-Prozesse aufzuzählen, wäre buchfüllend. Ich will hier nur kurz darstellen, wie die Justiz ihre eigene nationalsozialistische Vergangenheit bewältigt hat.

Zwar hatten in der Nachkriegszeit höchste westdeutsche Gerichte bereits verschiedentlich vernichtende Urteile über »Terrorrechtsprechung« und »Unrecht-Rechtsprechung« des Dritten Reiches gefällt. Der Bundesgerichtshof hatte gar von »bewußter Benutzung der Formen des Gerichtsverfahrens zur Erreichung von Zwecken, die mit Recht und Gerechtigkeit nichts zu tun haben«, gesprochen, und das Verfassungsgericht hatte festgestellt, »daß die Richter es für ihre Pflicht hielten, jeweils anzuwendende Bestimmungen ganz im Sinne der allgemeinen Zielsetzungen des Nationalsozialismus — und das hieß: über das vom Wortlaut zwingend Geforderte hinaus — auszulegen und anzuwenden«. Wenn es aber darum ging, die Richter des Terrors zu verfolgen, war von »ungewöhnlichen tatsächlichen und restlichen Schwierigkeiten« die Rede und von »dem Recht eines jeden Staates, in Zeiten gefährlicher Bedrängnis von außen seinen Bestand im innern durch harte Kriegsgesetze zu sichern«. Der Präsident des Bundesgerichtshofs Weinkauff führte in einem Rechtsgutachten aus, jeder Staat habe »um der von ihm vollbrachten Ordnungsfunktion willen grundsätzlich das Recht, sich durch Strafdrohungen gegen gewaltsame Angriffe auf seinen inneren und äußeren Bestand zu schützen«.

Die einzige Verurteilung eines Volksgerichtshofs-Richters wegen seiner Tätigkeit im Dritten Reich hat der Bundesgerichtshof aufgehoben. 1967 war der ehemalige Richter am VGH und Beisitzer im Senat des Präsidenten Freisler, Rehse, dessen Unterschrift nachweislich 231 Todesurteile trugen, wegen Rechtsbeugung und Beihilfe zum Mord zu einer Freiheitsstrafe verurteilt worden. Auf seine Revision hin hob der Bundesgerichtshof die Verurteilung auf mit folgender, nicht ganz einfacher, Begründung:

1. Da der Volksgerichtshof ein ordentliches Gericht im Sinne des Ge-

richtsverfassungsgesetzes und der Angeklagte »als Mitglied eines Kollegialgerichts bei der Abstimmung nach dem auch damals geltenden Recht unabhängig, gleichberechtigt, nur dem Gesetz unterworfen und seinem Gewissen verantwortlich« war, sei er nicht als Beihelfer zu den Morden Freislers, sondern auch als selbständiger Täter anzusehen, dem auch selbst in jedem Fall niedere Motive nachgewiesen werden müssen.

2. Als solcher könne er aber nur wegen Mordes oder Totschlags verurteilt werden, wenn ihm eine vorsätzliche Rechtsbeugung nachgewiesen werde.

3. Er kann wegen Rechtsbeugung nur verurteilt werden, wenn er die Entscheidung wider besseres Wissen getroffen habe und wenn ihm der Wille zur Rechtsbeugung nachgewiesen werden kann. Dieser Wille ist jedoch ausgeschlossen, wenn der Täter nationalsozialistisch »verblendet« war.

Rehse, der sich in der ersten Instanz eingelassen hatte, er habe beim Volksgerichtshof gelitten unter dem Unrecht, das dort täglich geschah, er habe stets nur versucht, das Schlimmste zu verhindern, berief sich nach diesem Urteil darauf, daß er nicht wider besseres Wissen an den Verhandlungen teilgenommen, sondern keinen Moment daran gezweifelt habe, daß alles rechtens gewesen sei. Unter Anwendung der Grundsätze des Bundesgerichtshofs mußte er nun prompt freigesprochen werden, und bevor es zu einer erneuten Revisionsverhandlung kam, starb er.

Einige Jahre zuvor hatte der Bundesgerichtshof anläßlich der Bestätigung einer Verurteilung wegen Rechtsbeugung ausgeführt: »Der Angeklagte ist Volljurist, von dem erwartet werden kann, daß er ein Gefühl dafür hat, ob eine Strafe in unerträglichem Verhältnis zur Schwere der Tat und zur Schuld des Täters steht«. Es handelte sich allerdings dabei nicht um einen Nazi-Richter, sondern um einen, der aus der DDR geflohen war und dort Zeugen Jehovas zu mehrjährigen Freiheitsstrafen verurteilt hatte.

Zwar ermitteln am Landgericht Berlin seit nunmehr fünf Jahren zwei Staatsanwälte erneut gegen 52 ehemalige Richter und Staatsanwälte am Volksgerichtshof; in den fünf Jahren, die das Ermittlungsverfahren inzwischen dauert, sind bisher zwei Beschuldigte angehört worden. Abzusehen ist, daß im Laufe der Jahre die Prozesse sich von selbst erledigt haben. Erst vor wenigen Wochen hat der Bundestag die Urteile des Volksgerichtshofs für nichtig erklärt, zu der von der Opposition vorgeschlagenen gleichzeitigen Aufhebung der Sondergerichtsurteile hat er sich jedoch nicht durchringen können. Diese behalten — wie auch alle anderen Unrechtsurteile des 3. Reichs — ihre Rechtsgültigkeit. Die Urteile des Luxemburger Sondergerichts sind in Westdeutschland nach wie vor geltendes Recht. Die NS-Justiz bleibt ein unbewältigtes Kapitel. Die Nachkriegsjustiz konnte sie schon gar nicht verurteilen, denn wer den Volksgerichtshof verurteilte, hätte kaum die Vielzahl der Sonderrichter, die Masse der Kriegsrichter und die vielen anderen, die am jenem »über das ganze Land verbreiteten System der Grausamkeit und Ungerechtigkeit ... begangen im Namen des Rechts und unter der Autorität des Justizministeriums und mit Hilfe der Gerichte« (Nürnberger Juristen-Urteil) teilgenommen haben, freisprechen können. Die einmal losgetretene Lawine hätte die Mehrzahl der Richter, auch der höheren und höchsten Richter der Bundesrepublik erfaßt.

Die Strafverfolgung der Nazi-Richter ist inzwischen auch sinnlos geworden, der letzte von ihnen ist längst pensioniert, die meisten leben nicht mehr. An ihrem verderblichen Erbe trägt man in der Bundesrepublik allerdings noch schwer, dem Verlust der Rechtskultur in Deutschland, der nicht nur in jenen 12 Jahren eingetreten ist, sondern auch in der Zeit vorher und in den 40 seither vergangenen Jahren. In der heutigen rechtswissenschaftlichen Fachliteratur gelten alle konservativen, autoritären und die meisten nationalsozialistischen Autoren als »zitierfähig«, nicht dagegen die wenigen demokratischen und republikanischen Juristen der deutschen Rechtsgeschichte.

Rechtskultur zeigt sich jedoch nicht nur in Theorie und Wissenschaft, sondern vor allem in der täglichen Anwendung des Rechts. Wenn man heute wegen des Anmalens eines Hakenkreuzes an eine Mauer zu DM 100,- Geldstrafe verurteilt wird, für einen Stern, das Symbol der RAF, dagegen zur vier Jahren Freiheitsstrafe, mag man sich fragen, wieviel sich in 60 Jahren geändert hat, als es für das öffentliche Absingen der Liedpassage »Wenn das Judenblut vom Messer spritzt, dann geht's nochmal so gut« DM 15,- Geldstrafe gab und für den Ruf »Den nationalsozialistischen Hund schlagen wir tot« sechs Monate Gefängnis.

Heike Mundzeck
»...ich würde lieber Kinderbuchautor sein...«
Heinrich Hannover im Gespräch

Als ich Heinrich Hannover vor fünfeinhalb Jahren für die Hörfunkreihe »Das Gespräch« zum erstenmal persönlich traf, war ich sehr neugierig auf diesen Mann, der das Spielzimmer meines Sohnes über viele Jahre hinweg mit den liebenswertesten und skurrilsten Phantasie-Figuren seiner Kindheit bevölkert hatte. Auch ich mochte diese immer etwas widerspenstigen, verschmitzt-naiven Geschöpfe einer wundersam kindlichen Einbildungskraft von Anfang an. Tauchte mit ihnen doch auch für mich ein Stück von Krieg und Nachkriegselend verschütteter, sehr ferner Kindheit wieder auf.

Über den anderen Heinrich Hannover, den Verteidiger in politischen Strafprozessen, den Autor historisch-kritischer Analysen von Recht und Politik in Staat und Gesellschaft, wußte ich damals noch nicht viel mehr, als die Medien — je nach politischer Couleur — berichteten. Doch auch diese Seite des einfallsreichen Fabulierers interessierte mich. So eignete sich »Das Gespräch«, eine noch heute laufende Sendereihe von NDR/WDR I, in der Personen unserer Zeit aus Kultur, Wissenschaft, Politik und Gesellschaft nach ihrem Leben befragt, über ihre Entwicklung, ihre Gedanken, Gefühle, Wertvorstellungen und Zukunftserwartungen um Auskunft gebeten werden, besonders gut zum Kennenlernen und brachte mich auch dem Menschen Heinrich Hannover näher.

Wir wurden Freunde, gaben eine Zeitlang (zusammen mit Dieter Richter und F. W. Bernstein) eine Kinderbuchreihe im VSA-Verlag heraus, und ich entdeckte in Heinrich einen Menschen von seltener Zivilcourage und sozialer Treue insbesondere gegenüber jenen, für die er sich beruflich als Strafverteidiger einsetzt und die auf ihn angewiesen sind. Dabei ist es für mich immer wieder eindrucksvoll, mir Heinrich Hannovers Werdegang in Erinnerung zu rufen, denn er zeigt mir, wie sich einer, der ideologisch falsch erzogen und völlig unpolitisch aufgewachsen ist, selber sensibilisiert hat für Unrecht und Machtmißbrauch, die es nicht nur in Diktaturen, sondern auch im »freiheitlich-demokratischen Rechtsstaat« täglich gibt. Und der entschieden hat, dazu nie angepaßt zu schweigen.

Deshalb soll »Das Gespräch«, das am 17.6.1980 gesendet wurde und nichts von seiner Aussagekraft verloren hat, nur geringfügig überarbeitet,

hier noch einmal veröffentlicht werden: Als Zeugnis eines Menschen, der so kostbare Eigenschaften in sich vereint wie unbeirrbare Humanität und spielerische Kreativität.
   Herzlichen Glückwunsch, lieber Heinrich, zum 60. Geburtstag!

Wer den Namen Heinrich Hannover hört, mag an den »Linksanwalt« oder den »Terroristenverteidiger« denken, beides Bezeichnungen, die Sie selbst, Herr Hannover, in Anführungszeichen setzen, wenn Sie sie benutzen. Oder aber ihnen fällt bei Ihrem Namen eine Reihe von Kinderbüchern ein, zum Beispiel »Das Pferd Huppdiwupp« oder »Die Birnendiebe vom Bodensee«. Was ist Ihnen denn lieber, wer mögen Sie selber eher sein: Anwalt politischer Straftäter oder Erfinder und Autor von Kindergeschichten?
Ach, wenn ich die Wahl hätte zwischen beidem, ich würde lieber Kinderbuchautor sein.

Sie haben selber sechs Kinder großgezogen, hat Sie das motiviert, Geschichten zu schreiben? Wie hat das eigentlich angefangen?
Ja, ich habe das Gefühl gehabt, daß es damals, in den 50er Jahren, in den Buchläden nicht die Bücher gab, die ich meinen Kindern gerne vorgelesen hätte, und da hab' ich halt angefangen, mir selber Geschichten auszudenken und sie abends beim Schlafengehen den Kindern zu erzählen. Und weil die Kinder nun wie die Orgelpfeifen kamen, hab' ich mir gedacht, ich kann mir die Arbeit ersparen, mir immer wieder neue auszudenken, wenn ich mal ab und zu eine aufschreibe. Und eines Tages kriegten wir im Urlaub im Schwarzwald Besuch von einer Literaturagentin, Ruth Liepmann, die das mitbekam, daß ich den Kindern Geschichten erzählte, und die sagte: Mensch, die können wir drucken. Und es dauerte nicht lange, da hatte sie auch einen Verlag. So ist dann das erste Kinderbuch entstanden.

Welches war das erste?
Das erste war »Das Pferd Huppdiwupp«.

Welche der Geschichten daraus ist Ihnen eigentlich die liebste?
Ja, das ist jetzt schwer zu sagen, vielleicht »Herr Nein«. Das ist eine Geschichte, die entstand mit einem meiner Kinder, das behindert ist und sich deshalb abweichend verhielt. In diesem Mann, der immer »nein« sagt und nur »nein« sagen kann, habe ich so ein bißchen diesen behinderten Jungen dargestellt, und er hat sich wohl auch in diesem »Herrn Nein« wiedererkannt. Auch in einer späteren Geschichte, »Schreivogel« aus dem Buch vom »Vergeßlichen Cowboy«, wird dieser Junge, der Heiner, dargestellt, in seinem Nicht-Angepaßtsein.

Ihre Geschichten sind Mitmachgeschichten, Geschichten, die — Sie haben es selbst mal gesagt — Happening-Charakter haben. Was wollen Sie damit bei den Kindern erreichen?
Ich verstehe meine Geschichten eigentlich nicht als den Versuch, Literatur zu machen, sondern mir geht es darum, daß die Kinder Spaß daran haben, zu spielen und die Geschichte weiterzuspinnen und auch selber Phantasie zu entwickeln dabei. So sind diese Geschichten eigentlich ein Gemeinschaftswerk von Kindern und Erwachsenen...

...erzählt zum Beispiel vom Vater auf langen Spaziergängen, — ja. Wenn die Kinder nicht mehr so recht mitgehen wollten.
Ja, richtig, so ist es gewesen, ja.

Ihre Geschichten entstehen eigentlich nie am Schreibtisch, sondern immer im Zusammensein mit Kindern, also die Kinder beeinflussen die Geschichten selber auch?
Ja.

Tun etwas hinzu...
Ja, ja, und die Geschichten sind ja auch so abgefaßt, daß sie so, wie sie jetzt gedruckt vorliegen, nicht bleiben sollen, sondern ich stell' mir vor, daß Eltern, Lehrer oder Kindergärtnerinnen mit diesen Geschichten arbeiten können und daß sie mit den Kindern diese Geschichten weiterspinnen und sich neue Geschichten ausdenken und daß überhaupt Eltern den Mut kriegen, sich selber Geschichten auszudenken. Ich glaube, in jeder Mutter und jedem Vater steckt ein potentieller Geschichtenerzähler. Man muß nur einmal das nötige Zutrauen zu sich selber haben und vor allem auf die Mitarbeit und die Phantasie der Kinder vertrauen...

Das heißt ja wohl auch, Kindern sehr gut zuhören zu können?
Richtig, und zu akzeptieren, daß Kinder auch mal ganz skurrile Einfälle entwickeln, und dann nicht etwa mit dem Einwand zu kommen, das kann ja in der Realität gar nicht so gehen, sondern gerade den kindlichen Spaß an der die Realität überschreitenden Phantasie aufzunehmen und mit einfließen zu lassen. Man wird selbst irgendwie wieder ein bißchen Kind dabei, wenn man solche Geschichten mit den Kindern zusammen macht.

Hat das auch ein bißchen mit der Kindheit des Heinrich Hannover zu tun? Hatten Sie eine glückliche Kindheit?
Ja, das kann ich schon sagen. Vor allem hab' ich eine sehr weit zurückreichende und sehr lebendige Erinnerung an meine Kindheit. Ich mache immer wieder die Erfahrung, daß andere Menschen sich nicht so weit zurück-

erinnern können. Die allerfrühesten Kindheitserinnerungen sind für mich Erinnerungen an eine Umwelt, in der sehr viel Phantastisches sich zugetragen hat. Darum ist es für mich auch ganz einfach gewesen, mich in diese phantastische Dimension kindlichen Denkens hineinzuversetzen. So daß ich mir zum Beispiel eine Geschichte mit den Kindern zusammen ausdenke, in der ein Vogel immer wieder eine andere Form annimmt: Mal ist er auf einem Kirchturm, mal ist er auf einer Flöte, mal fliegt er wirklich in der Luft herum. Was ein Erwachsener oder auch ein älteres Kind gar nicht nachvollziehen können, das gehört zu dieser phantastischen Art ganz kleiner Kinder zu denken. Und daran kann ich mich aus meiner eigenen Kindheit noch sehr gut erinnern.

Sie sind in Pommern geboren, in dem Städchen Anklam, im Jahre 1925. Das ist ja keine sehr große Stadt, wohl auch mit viel Natur drumherum, hat das auch mit ihren Phantasien zu tun?
Bestimmt...ach, das ist jetzt schwer für mich, zu erzählen, was ich mir da als Kind so ausgedacht hab'... Zu meinen Kinderträumen gehörte beispielsweise, daß man nur einen Wunschzettel ins Fenster zu legen brauchte und am nächsten Morgen wachte man zum Beispiel als Zwerg auf, der überall unter die Möbel schlupfen kann und plötzlich nicht mehr wiedergefunden wird von den Erwachsenen...

Hat das vielleicht auch damit zu tun, daß Sie Einzelkind waren? Und als Einzelkind, durch das Fehlen der Geschwister, sehr viel auf sich selber angewiesen?
Ich hatte natürlich auch Freunde, mit denen ich gespielt habe. Aber ich habe das Einzelkinddasein eigentlich als Mangelsituation empfunden. Von daher kam vielleicht auch später das Bedürfnis, eine möglichst große Familie zu gründen.

Ihre Jugend fällt ja nun in den Nationalsozialismus. Was hat das eigentlich für Ihre Entwicklung bedeutet?
Ich bin eigentlich froh, daß der Nationalsozialismus zu Ende ging, als ich in einem Alter war, in dem ich noch umlernen konnte. Ich war ja 19, als der Krieg aus war, und habe mich echt emanzipiert von dem, was uns damals infiltriert worden ist.

Sie waren noch als Fahnenjunker im Krieg und hatten sich sogar freiwillig gemeldet.
Ja, ja, ich bin mit 17 Soldat geworden. Hatte also damals noch die Ideologie drauf, daß man fürs Vaterland kämpfen müsse, was auch immer darunter zu verstehen war. Ich selber habe als junger Mensch nie eine sehr positive

Einstellung zum Faschismus gehabt, aber ich rechne mir das eigentlich nicht als Verdienst zu. Es war eher schon damals ein starkes Bedürfnis, ein Stück Privatleben zu haben, was mich davor bewahrt hat, in irgendwelche Aktivitäten in der HJ hineinzukommen. Ich habe zum Beispiel nie einen Dienstgrad innerhalb der HJ erreicht, also, da war ich kein besonders eifriger Mann. Aber wenn der Faschismus nicht zusammengebrochen wäre, wer weiß, ob man sich lebenslänglich hätte davon emanzipieren können.

Würden Sie sagen, daß Sie als junger Mensch eher unpolitisch waren?
Das glaub' ich schon, und das hängt wohl auch damit zusammen, daß ich eigentlich den ganzen Nationalsozialismus als Entpolitisierung des Menschen verstehe.

Sie waren dann 1945 plötzlich ganz auf sich gestellt. Sie kamen aus dem Krieg zurück, und Ihre Eltern hatten den Zusammenbruch des 3. Reiches nicht überlebt.
Ja.

Was haben Sie dann gemacht?
Ich war damals ja Soldat und erfuhr erst einige Monate nach Kriegsende, daß meine Eltern nicht mehr lebten. Ich war in amerikanische Gefangenschaft geraten und wurde von dort in die damaligen Westzonen entlassen und wohnte dann bei Verwandten in Kassel, bei einem Bruder meines Vaters. Dort habe ich zunächst mein Abitur nachgemacht. Ich war als 17jähriger aus der Obersekunda abgegangen und habe dann in einem Abiturkursus von 6 Monaten in Kassel mein Abitur nachgemacht. Und dann habe ich mich bemüht, in die Forstlaufbahn in Hessen übernommen zu werden. Ich war in Pommern zum höheren Forstdienst zugelassen, Pommerland war abgebrannt, also, es mußte ein Versuch gemacht werden, es hier fortzusetzen. Das ging nicht, weil es genügend hessische Bewerber gab, und so mußte ich mir einen anderen Beruf suchen.

Sie wollten aber gerne Förster werden.
Ja.

Das war wohl auch ein Berufswunsch Ihres Vaters?
Ja. Das war mal sein Berufstraum gewesen, und den hatte er irgendwie in mich hineingepflanzt, so daß ich auch glaubte, das wäre ein möglicher, ein schöner Beruf für mich. Wenngleich ich wahrscheinlich ein schlechter Förster geworden wäre.

Warum?

Tja, ich habe dann nach dem Kriege noch den Jagdschein gemacht, aber bei der ersten Rehbockjagd doch gemerkt, daß mein pazifistisches Herz es nicht zuläßt, so ein Tier umzubringen und dann auszuweiden. Also, dieser erste Rehbock war auch zugleich der letzte. Es bot sich dann der Juristenberuf an.

Ihr Vater war ja Chefarzt. Sie wollten aber nicht Arzt werden?
Nein. Das hängt auch damit zusammen, daß ich mir schwer vorstellen konnte, am menschlichen Körper herumzuoperieren. Und, so schön dieser Beruf auch ist, wenn man ihn ganz ausfüllen kann — und mein Vater füllte ihn ganz aus — so ist er doch ein Beruf, der einen zeitlich unheimlich fordert und seelisch auch. Ich hab' das an meinem Vater erlebt, und ich glaube, es kommt oft vor, daß jemand nicht das werden will, was der Vater ist, weil er sieht, wie der sich kaputtarbeitet. Heute erlebe ich das auch, daß meine Töchter sagen, sie wollen nicht den Beruf ihres Vaters haben, weil die wiederum sehen, wie ich mich kaputtarbeite. Ich wollte also aus verschiedenen Gründen ganz gewiß nicht Arzt werden. Die Entscheidung für das Jurastudium hing wohl auch damit zusammen, daß ich in der damaligen Ostzone Erfahrungen machte, die mir das Gefühl gaben, hier hätten mir Rechtskenntnisse gutgetan. Es wurden damals im östlichen Teil Deutschlands konsequenter, als das hier geschehen ist, ehemalige Nazis enteignet. Mein Vater war Nazi gewesen, und mein Elternhaus wurde deswegen enteignet, und da gab es dann Versuche, das rückgängig zu machen mit der Begründung, daß der Stichtag für die Enteignung der 8. Mai 1945 gewesen sei. An diesem 8. Mai war ich bereits als Erbe Eigentümer des Hauses und hätte als Unbelasteter eigentlich gar nicht mehr enteignet werden dürfen. Die Enteignung traf also mich, der ich unbelastet war, obwohl sie eigentlich meinen Vater meinte. Das war also das Rechtsproblem, das sich danach für mich ergab, und das hat vielleicht ein bißchen dazu beigetragen, daß ich mir sagte, es ist ganz gut, die Gesetze zu kennen, um sich und anderen helfen zu können.

Also auch eine gewisse Hartnäckigkeit in der Vorstellung, ich bin jetzt alleine, ich muß mein Leben nun selbst gestalten, muß etwas lernen, womit ich mich durchbringen kann?
Ja, sicher; es war damals für mich ein Zwang, allerdings auch ein Bedürfnis, mir eine fundierte Berufsausbildung zuzulegen. Ich habe nie so intensiv gearbeitet wie bei diesem Abiturkursus in Kassel, diese 6 Monate, das war geradezu wahnsinnig, wie ich da rund um die Uhr alles Wissen in mich hineinstopfte, das ich fürs Abitur brauchte. Das war bei mir nach diesen Kriegsjahren ein unheimliches Bedürfnis, zu lernen und etwas aufzunehmen, um dann auch so schnell wie möglich das Studium hinter mich zu kriegen. Das

hab' ich auch in der denkbar kürzesten Zeit geschafft, obwohl die Bedingungen gar nicht so einfach waren damals.

Sie haben in Göttingen studiert. Wer hat denn Ihr Studium finanziert?
Ja, also, bis zur Währungsreform, also bis 1948, hatte ich noch Geld. Aber dann wurde es schwierig, dann mußte ich dazuverdienen, beziehungsweise mußte alles selbst finanzieren, bin dann rumgelaufen nach Jobs, die vom Akademischen Hilfswerk vermittelt wurden. Ich habe damals unter anderem unzerbrechliche Kämme verkauft und Rasierklingen — so von Haus zu Haus — und habe für einen Kohlenhändler Kunden geworben, da gab's dann für jeden Kunden 50 Pfennig, und dergleichen Sachen mehr.

Das war alles schon in Göttingen?
Das war alles in Göttingen. Und das hat mich natürlich viel Zeit gekostet, die eigentlich fürs Studium besser angewendet gewesen wäre.

Und zusätzlich Zeit hat Sie gekostet, daß Sie in eine Burschenschaft eingetreten sind.
Das ist so nicht ganz richtig. Ich bin eingetreten in eine Studentengruppe, die sich »Die Gleichen« nannte und die weit entfernt von irgendwelchen burschenschaftlichen Idealen war. Diese Gruppe entpuppte sich dann aber, nach einigen Jahren, als ein Verband, in dem viele Altherrensöhne der Burschenschaft »Alemannia« waren, die offenbar nur auf den Zeitpunkt gewartet hatten, in dem Burschenschaften offiziell wieder zugelassen wurden. Für mich kam es ziemlich überraschend, mich am Ende meines Studiums in einer Burschenschaft wiederzufinden. Eine schlagende Verbindung war es zu der Zeit, in der ich studierte, nie, ist es dann später aber wohl wieder geworden. Es kam dann auch bald zum Bruch zwischen mir und dieser Verbindung. Als bekannt wurde, daß ich als Rechtsanwalt Kriegsdienstverweigerer vertrat, wurde, nachdem der »Spiegel« einmal darüber berichtet hatte, eine Versammlung einberufen, die darüber diskutierte, ob ein Burschenschaftler als Rechtsanwalt Kriegsdienstverweigerer verteidigen dürfe. Das wurde mehrheitlich verneint, da bin dann nicht nur ich ausgetreten, sondern mit mir sind zu meiner Freude über 20 Bundesbrüder ausgetreten — aus Protest gegen diese reaktionäre Haltung der Burschenschaft.

Wie kam nun überhaupt der Sohn aus konservativem oder nationalsozialistischem Elternhaus dazu, Kriegsdienstverweigerer zu verteidigen?
Ich war selbst Kriegsteilnehmer und vertrat die Auffassung, die damals unter den Kriegsteilnehmern herrschte: »Nie wieder Krieg«. Im Unterschied zu vielen anderen habe ich an dieser Auffassung festgehalten. Ich bin dann ganz bewußt Antimilitarist und Kriegsgegner geworden und habe mich

auch an Kriegsdienstverweigererverbänden beteiligt, an den Ostermärschen, an der Kampagne für Abrüstung und habe viel politische Aktivität investiert, um gegen den Krieg, gegen Atomrüstung beispielsweise, zu kämpfen, und es paßte für mich absolut in die politische Landschaft, Kriegsdienstverweigerer zu vertreten, als mir die Mandate angetragen wurden.

Und das war schon sehr bald, nachdem Sie Anwalt geworden waren?
Ja. Das ging 1956/57 mit der Installierung der Wehrpflicht los. Da gab's dann ja auch die ersten Kriegsdienstverweigererverfahren. Ich habe da von Anfang an mitgemacht, ich mache diesen Job jetzt über 25 Jahre, immer wieder dieselben Fragen vor den Ausschüssen, die mir allmählich zum Halse heraushängen. Ich wäre eigentlich ganz froh gewesen, wenn die gesetzgeberische Regelung durchgekommen wäre, dieses Verfahren abzuschaffen, aber das Bundesverfassungsgericht war ja klüger. Das Anerkennungsverfahren für Kriegsdienstverweigerer sollte vom Gesetzgeber abgeschafft werden, aber auf Verfassungsbeschwerde ist dieses Gesetz dann ja für ungültig erklärt worden, so daß diese Verfahren nun wieder durchgeführt werden, an denen Anwälte Geld verdienen und junge Leute ihre Nerven und ihr Selbstbewußtsein verlieren können.

Das haben Sie mehrfach erlebt?
Oh, ja! Mehrfach erlebt! Wer will denn schon jemandem ins Gewissen hineinschauen? Da gibt's ganz tragische Fälle, wo eben Jungs, die ich für absolut glaubwürdig halte, es nicht geschafft haben, mit Worten ihr Gewissen so überzeugend vorzutragen, daß man ihnen geglaubt hat, daß sie den Kriegsdienst aus Gewissensgründen verweigern. Da gibt es sehr tragische Fälle.

Nun waren ja die Kriegsdienstverweigerer nicht Ihre erste politische Sensibilisierung, denn schon 1954 hatten Sie als Pflichtverteidiger Demonstranten zu vertreten, die als Kommunisten galten.
Ja. Nicht nur galten, sondern auch waren. Damals war ja die Kommunistische Partei noch zugelassen, und mir wurde als eine meiner ersten Pflichtverteidigungen das Mandat eines jungen Kommunisten zugewiesen, der sich bei einer Demonstration irgendeines Deliktes schuldig gemacht haben sollte. Mitangeklagt war noch eine Reihe weiterer Demonstrationsteilnehmer, alle Mitglieder der damals legalen Kommunistischen Partei, die mir dann am zweiten Verhandlungstag das Wahlverteidigermandat übertrugen. Sie wurden dann alle freigesprochen. Sie wären vielleicht auch ohne mein Zutun freigesprochen worden, aber das war natürlich ein ganz guter Anfang für mich als Anwalt, und es kamen dann weitere Mandate aus derselben politischen Richtung, einer politischen Richtung, der ich damals in

keiner Weise zuneigte; ich habe ja vorhin schon andeutungsweise erzählt, daß ich in der früheren Ostzone Erfahrungen sammeln mußte, die mich nicht gerade zum Kommunistenfreund gemacht hatten. Diese innere politische Distanzierung gegenüber kommunistischen Mandanten hat eigentlich recht lange gedauert, bis ich nach und nach kapierte, daß ich es da mit Menschen zu tun habe, die nicht nur persönlich sehr ehrenwert sind, sondern die auch eine sehr beachtenswerte politische Haltung einnahmen in dem restaurativen Umfeld, in dem sich damals die politische Entwicklung bewegte. Und so wurde ich nach und nach zum Kommunistenverteidiger, wie man mich nannte. Sie haben mich vorhin als »Terroristenverteidiger« apostrophiert, das ist eine Kennzeichnung — ja, ich würde sagen, eine diffamierende Kennzeichnung der jüngsten Zeit. Die diffamierende Anknüpfung erfolgte in den 50er, auch noch Anfang der 60er Jahre über die Tätigkeit als Kommunistenverteidiger. Auch als SED-Anwalt bin ich beschimpft worden. Übrigens zusammen mit Dieter Posser, der es inzwischen ja immerhin zum Minister in Nordrhein-Westfalen gebracht hat. Also, darüber haben wir natürlich damals gelacht. Bei Kennzeichnungen wie »Terroristenverteidiger« dagegen kann man ja nicht mehr lachen, nach allem, was inzwischen so passiert ist.

Sie haben mal gesagt in Ihrer Zwischenbilanz eines Strafverteidigers: »Die Reflexion meiner eigenen Kriegserfahrung hatte mich zum Pazifisten gemacht, zum Sozialisten wurde ich erst durch die Reflexion von Erfahrungen, die ich mit der Justiz machte.« Wie kam es dazu?
Ich fand es empörend, wie die Justiz mit meinen vorwiegend kommunistischen Mandanten umging. Aber auch mit Mandanten, die nicht Kommunisten waren, zum Beispiel mit Gewerkschaftern. Einer meiner ersten Prozesse betraf die Verteidigung von jungen Gewerkschaftern, die 1955 auf dem »Stahlhelmer-Treffen« in Goslar demonstriert hatten und dort von der Polizei zusammengeschlagen und abgeführt worden waren und die dann Verfahren wegen Widerstands gegen die Staatsgewalt bekamen und auch verurteilt wurden. Da hatte ich das Gefühl, da wird die falsche Seite geschützt von der Staatsmacht. Und auch in Kommunistenprozessen habe ich Erfahrungen gemacht, die mich zutiefst empört und in meinem Rechtsgefühl verletzt haben, und daraus ergab sich eigentlich ganz zwangsläufig mehr und mehr eine politische Parteinahme und Stellungnahme gegen die Herrschenden, gegen Richter, die, wie ich dann aus späteren Veröffentlichungen erfuhr, zum Teil sogar eine Nazivergangenheit hatten und nun über Kommunisten zu Gericht saßen, von denen einige sogar im Widerstand zum Nationalsozialismus gestanden hatten. Das sind alles Dinge, die natürlich mein politisches Bewußtsein verändert haben.

Und das hat in den Jahren von etwa 1954 bis 1957 stattgefunden? Diese Veränderungen?
So schnell ging das eigentlich nicht. Ich würde sagen, das hat sehr viel länger gedauert, dieser Veränderungsprozeß meines Bewußtseins. Ich bin eigentlich erst so Mitte der 60er Jahre soweit gewesen, daß ich mich selber als Sozialist bezeichnen konnte. Dazu gehören dann natürlich auch Gespräche mit Freunden — politischen Mitkämpfern ist vielleicht ein bißchen pathetisch —, aber diese Leute, die die Ostermärsche machten und sich gegen Remilitarisierung und Atomrüstung wehrten, das waren ja in einem gewissen Sinne doch Kämpfer, und da gab es eben auch sehr viele politische Gespräche, in denen man sich allmählich eine Theorie aneignete, die letztlich halt auf Marx zurückgeht.

Sind Sie denn mal in eine Partei eingetreten?
Nein!

Sie haben dann einige Jahre später zusammen mit Ihrer Frau, einer Historikerin, ein Buch über politische Justiz geschrieben?
Ja, 1966 ist als Fischer-Taschenbuch »Politische Justiz 1918-1933« erschienen. Da haben wir einige Jahre dran gearbeitet, in Bibliotheken gesessen und alte Urteile, alte Zeitschriften gelesen. Es war eine unheimlich spannende und aufregende Lektüre, es gab damals noch keine Veröffentlichung über die Weimarer Republik und deren Justiz, man glaubte bis dahin eigentlich immer, das Böse habe erst 1933 begonnen. Daß wir schon vorher eine Entwicklung hatten, die demokratiefeindlich war und die gerade auch im Bereich der Justiz zwangsläufig zum Faschismus hinführte, das ist uns bei dieser Arbeit erst klargeworden. Und vielen, die das Buch gelesen haben, sicher auch.

Es war aber nicht Ihr erstes Buch, Sie haben davor schon ein Buch geschrieben: »Politische Diffamierung der Opposition im freiheitlich-demokratischen Rechtsstaat«.
Ja. Das war 1962, dazu hat Gustav Heinemann noch ein Vorwort geschrieben. Da habe ich, ausgehend von den amerikanischen Untersuchungen, mit denen Kommunisten als Verfassungsfeinde herausgefiltert werden sollten, die Methoden untersucht, mit denen man diese Menschen als Kommunisten oder Kommunistenfreunde oder Sympathisanten — würde man heute sagen — abstempelte. Das war das Thema dieses Buches. Eigentlich ist das jetzt wieder sehr aktuell geworden.

Dieses Buch hat Ihnen ja — wie auch spätere Veröffentlichungen auf diesem Gebiet — einigen Ruhm eingebracht ...

Auch einigen Haß.

Worin äußerte sich der?
Nun, ich habe einen dicken Aktenordner mit Drohbriefen und anonymen Beschimpfungen übelster Art. Es hat auch Zeiten gegeben, in denen ich, in denen meine Familie regelrecht unter Terror gestanden hat. Insbesondere, als ich das Mandat von Ulrike Meinhof übernommen hatte, da ging Tag und Nacht das Telefon mit Beschimpfungen, die ich insbesondere dann nicht leicht nehmen konnte, wenn diese Anrufe von meinen Kindern entgegengenommen wurden und denen am Telefon gesagte wurde: Heute Nacht bringen wir Deinen Vater um und dergleichen mehr. Man kann sich wohl vorstellen, was für ein Terror, was für eine Angst sich da in einer Familie ausbreitet.

Wie ernst haben Sie solche Drohungen tatsächlich genommen?
Also, ich persönlich habe diese Drohungen nicht ernst genommen, weil ich die Erfahrung gemacht habe: Leute, die anonym drohen, sind feige, aber das wissen Kinder nicht, und Kinder haben Angst.

Wie lange ist das gegangen?
Diese Drohungen kamen eigentlich ziemlich regelmäßig, wenn in Springer-Zeitungen, also insbesondere in »Bild am Sonntag« oder »Welt am Sonntag«, ein Artikel erschienen war, in dem die sogenannten »Terroristenanwälte« beschimpft wurden. Dann konnte ich sicher sein — insbesondere, wenn mein Name erwähnt wurde —, daß noch am selben Tag oder am Tage darauf derartige Drohungen kamen, da war ein offensichtlicher Zusammenhang. Ich habe damals auch Strafanzeige erstattet gegen Springer wegen Volksverhetzung, aber diese Strafanzeige hat das übliche Schicksal aller Strafanzeigen gegen Rechte gehabt, nämlich Einstellung.

Wann haben Sie denn Ulrike Meinhof kennengelernt?
Ich kenne Ulrike Meinhof noch aus der Zeit, als sie Kolumnistin bei »Konkret« war, also wo noch kein Mensch daran denken konnte, daß sie einmal unter der Marke »Terroristin« firmieren würde. Wir waren sozusagen alte Bekannte, als dann die Periode ihres Untergrunddaseins begann. Eine politische Entscheidung, zu der ich nie ein Verhältnis gefunden habe. Das war auch aus meiner Sicht eine sehr, sehr tragische Entscheidung, weil ich Ulrike für einen der klügsten Köpfe halte, die die deutsche Linke hervorgebracht hat, und diese Entscheidung, in den Untergrund zu gehen, war ein ganz tragischer politischer Fehler.

Hatte sie Sie um die Verteidigung gebeten?

Ja. Es ging ja zunächst darum, daß sich jemand um die Kinder kümmern mußte. Sie hat Zwillinge, die nun plötzlich nicht mehr von ihr betreut werden konnten. Und das war also das erste Mandat, das ich übernahm, daraus folgte dann zwangsläufig das Mandat in der Strafsache, das aber schon während der Untersuchungshaftzeit wieder endete.

Wodurch?
Ich glaube, das sollte ich auch nach dem Tod meiner Mandantin noch unter anwaltliche Schweigepflicht nehmen.

Sie haben auch noch andere sogenannte Anarchisten oder Terroristen verteidigt. Ist das wie ein Schneeballsystem gewesen? Das heißt, einer sagte es dem anderen. Oder wie ist das gekommen?
Das waren eigentlich gar nicht so viele. Wobei ich immer auch gleich den Vorbehalt machen muß, daß es leichtfertig wäre, diese Mandanten als Terroristen zu bezeichnen. Man kann nur sagen, sie sind von der Staatsanwaltschaft so bezeichnet worden, wie Werner Hoppe in Hamburg 1972, ja sogar Karl-Heinz Roth ist von der Staatsanwaltschaft als Terrorist diffamiert worden, obwohl nicht der Funken eines Beweises dafür erbracht werden konnte. Das war eigentlich der Prozeß, der mich am meisten gefordert hat, der Kölner Prozeß gegen Karl-Heinz Roth und Roland Otto, wo es um Lebenslänglich ging. Der Staatsanwalt hatte zweimal lebenslänglich für Karl-Heinz Roth gefordert, und es kam ein Freispruch heraus. Das war natürlich vom Erfolg her sehr schön und erfreulich und hat sicher vielen Menschen Mut gemacht und auch Vertrauen in die Justiz erzeugt, das ich im Hinblick auf andere Fälle immer mit einem großen Fragezeichen versehen würde. Aber wie dieser Freispruch erkämpft worden ist, darüber müßte man eigentlich eine Stunde allein sprechen, das hat sehr viel Nerven gekostet, diese Demütigungen und entwürdigenden Behandlungen der Verteidiger und der Angeklagten, das war sehr schlimm, bis es uns dann gegen Ende des Prozesses gelang, den Vorsitzenden mit Erfolg abzulehnen und von heute auf morgen ein besseres Prozeßklima herzustellen. In der Sache Astrid Proll, in der ich ja auch Verteidiger war, haben wir demgegenüber, ja, ich würde sagen, zum erstenmal, einen politischen Prozeß erlebt, der in einem entspannten Klima geführt worden ist, das hängt natürlich mit der Entspannung im politischen Umfeld zusammen. Der Prozeß sollte ja eine Art Signalcharakter haben, und das hat er auch gehabt, insofern, als wir Verteidiger nicht so behandelt worden sind, wie wir das leider in den letzten Jahren gewöhnt waren: daß uns also mit Mißtrauen begegnet wurde, daß man uns wie potentielle Verbrecher behandelte, uns auf Waffen durchsuchte, unsere Anträge mit prozeßordnungswidriger Begründung abschmetterte usw., sondern in Sachen Proll ist klassische Justiz ausgeübt worden.

Wie ist eigentlich Ihr persönliches Verhältnis zu diesen Mandanten gewesen?
Es ist sehr schwierig für mich, diese Frage zu beantworten, weil es auch da Grenzen der anwaltlichen Schweigepflicht gibt. Ich habe zu den alten, ja wenn ich so sagen darf: dogmatischen Kommunisten ein sehr gutes und enges menschliches Verhältnis gewonnen, da hatte ich das Gefühl, das sind Menschen, die in einer politischen Tradition stehen, die mir Achtung abnötigt. Das sind Leute gewesen, die haben im Widerstandskampf gegen Hitler gestanden, das sind Menschen, die sich unter Aufopferung ihrer persönlichen Bequemlichkeit und in einer hoffnungslosen Minderheitsposition immer wieder zu Wort gemeldet und in den Betrieben gekämpft haben. Jedenfalls, ich habe da sehr viele Leute kennengelernt, die mir sehr viel Hochachtung abgenötigt haben. Ja, es ist jetzt für mich schwierig, etwas über Mandanten zu sagen, die mit dem Begriff Terroristen bezeichnet werden, für mich ein Begriff, den ich einfach nicht akzeptieren kann. Ein so enges Verhältnis habe ich zu diesen Mandanten jedenfalls nie gehabt, da mich politisch von ihren Überzeugungen doch sehr viel getrennt hat. Ich persönlich war nie der Auffassung, daß man die Gesellschaft durch Mittel des individuellen Terrors verändern kann, das halte ich schlicht für konterrevolutionär, und darüber hat es auch erhebliche Meinungsverschiedenheiten und Diskussionen mit einigen meiner Mandanten gegeben.

Aber daß Sie nicht bereit waren, sich so voll auf ihre Seite zu schlagen, wie es ja manche Anwälte gemacht haben, hat Ihnen doch auch von seiten der Anarchisten Diffamierungen eingebracht?
Ja, ich bin auch von links, ich weiß nicht, ob man diesen Begriff da verwenden soll, angegriffen worden. Mir sind auch Prügel angedroht worden, ich bin beschimpft worden auch in einer anarchistischen Zeitschrift, ja das hat's auch gegeben.

Und damit muß man leben?
Damit muß man leben, ja.

Heinrich Hannover ist sowohl mit dem Fritz-Bauer-Preis ausgezeichnet worden, als er auch Ehrengerichtsverfahren gehabt hat, wofür beides?
Der Fritz-Bauer-Preis ist mir gewissermaßen stellvertretend für die Arbeit der politischen Strafverteidiger insgesamt verliehen worden.

Wir sollten vielleicht noch hinzufügen, daß Fritz Bauer hessischer Generalstaatsanwalt war und daß es ein Preis der Humanistischen Union ist, der für Bestrebungen zur Humanisierung des Strafrechts und Strafvollzugs vergeben wird.
Ja. Und man sollte dann vielleicht noch sagen, daß Fritz Bauer nicht irgend-

Charlotte Maack, damals Bundesvorsitzende der Humanistischen Union, überreicht Heinrich Hannover im Juli 1973 den Fritz-Bauer-Preis

ein Generalstaatsanwalt war, sondern einer, der sich von seinen Berufskollegen ganz erheblich dadurch unterschied — er ist ja leider tot —, daß er das herkömmliche Strafrecht abgelehnt und sein Leben lang für eine Erneuerung des Strafrechts oder eine Ablösung des Strafrechts durch sogenanntes Maßnahmerecht plädiert hat. Er hat auch ein sehr lesenswertes Buch geschrieben, 1957 erschienen, »Das Verbrechen und die Gesellschaft«, leider seit vielen Jahren vergriffen. Ich bemühe mich seit langem, es erneut herauszugeben, da gibt es aber verschiedene Widerstände und Schwierigkeiten. Also, er war ein Mann, der sich von seinen Berufskollegen ganz wesentlich unterscheidet, und ich habe mich sehr gefreut, daß ich mit diesem Preis ausgezeichnet worden bin.

Das war 1973?
Ja.

Worin lagen denn nun Ihre eigenen Bestrebungen, den Strafvollzug oder das Strafrecht zu humanisieren?
Also, ich schenke es den Richtern eigentlich selten, sich ein kleines Grundsatzreferat über die Abschaffung des Strafrechts anzuhören. Und ich muß mir dann natürlich manchmal entgegenhalten lassen, daß es wahrscheinlich

vor Abschluß des Verfahrens, in dem ich gerade plädiere, nicht mehr zur Abschaffung des Strafrechts kommen wird, so daß ich mich dann immer wieder auf die Realitäten des geltenden Rechts einlassen muß. Ich kann für die Abschaffung des Strafrechts deswegen immer nur politisch kämpfen, das ist ja auch die einzige Möglichkeit, in Veröffentlichungen und in Vorträgen, und das habe ich allerdings oft genug getan. Und ich hoffe, daß es einmal eine Zeit geben wird, in der man auf Gefängnisse mit Schaudern zurückblicken wird, so wie man heute auf die Folterkeller und Verliese des Mittelalters zurückblickt.

Und was soll an die Stelle treten? Gibt es einen Strafanspruch der Gesellschaft oder würden Sie den ablehnen?
Den lehne ich ab. Es gibt nur ein Recht der Gesellschaft, sich vor Kriminalität zu schützen, und es gibt die Verpflichtung der Gesellschaft, würde ich sagen, Kriminalität zu bekämpfen, das heißt, Ursachen der Kriminalität zu bekämpfen, beispielsweise, für eine Verbesserung des Kindergartensystems einzutreten, für bessere Arbeitsbedingungen alleinstehender Mütter zu sorgen, sich Gedanken über die Jugendarbeitslosigkeit zu machen und über die Zusammenhänge zwischen Jugendarbeitslosigkeit und Drogenkonsum und dergleichen mehr; das kann auch heißen, kritisch darüber nachzudenken, ob es sinnvoll ist, Haschischkonsum unter Strafe zu stellen und damit Jugendliche, die vielleicht ohnehin schon gefährdet sind, in den Umkreis von Dealern zu bringen. Wenn Haschisch wie Zigaretten im Laden zu kaufen wäre, würde es wahrscheinlich eine wesentlich geringere Drogenkriminalität geben. All solche Dinge gehören zur Abschaffung der Kriminalität oder zur Bekämpfung der Kriminalität dazu, und wir müssen endlich mal von diesem Denken wegkommen, daß man gegen Kriminalität nur mit dem rauhen Besen oder dem Hammer vorgehen kann, indem man die Leute ins Gefängnis sperrt. Das ist eine Fortsetzung der brutalen Erziehungsmethoden der Voreltergeneration, das ist die Fortsetzung der Prügelpädagogik mit anderen Mitteln.

Nun hat es ja mal vorhin schon erwähnte Ehrengerichtsverfahren gegeben. Hatte das auch mit Ihrer Einstellung zum Strafrecht zu tun? Oder zum Strafvollzug?
Ja, im Ehrengerichtsverfahren sind mehrere Meinungsäußerungen von mir Gegenstand der Untersuchung gewesen. Nur Meinungsäußerungen, denn silberne Löffel hab' ich nicht geklaut. Es ging immer nur um Meinungsäußerungen, und das heißt nicht nur Dinge, die ich gesagt, sondern auch Dinge, die ich getan habe, etwa die Türen zu laut zugeschmissen. Das ist ja auch eine Meinungsäußerung, etwa über ein Urteil. Oder es ging um bestimmte Sätze in einem Plädoyer. So habe ich in einem Verfahren, in dem meines

Erachtens erhebliche Verfahrensfehler begangen worden waren, im Plädoyer ausgeführt: Klassenjustiz stolpert nicht über die juristischen Zwirnsfäden der Strafprozeßordnung. Oder im Roth-Prozeß bin ich demonstrativ sitzengeblieben, um damit gegen die unwürdige Untersuchung der Verteidiger am Saaleingang zu protestieren, und auf Befragen des Gerichts, warum ich nicht aufstehe, wenn das Gericht eintritt, hab' ich gesagt: Vor einem Gericht, das Verteidiger wie potentielle Verbrecher behandelt, stehe ich nicht auf. Das gab auch ein Ehrengerichtsverfahren.

Sind Sie mal verurteilt worden?
Ja, die ganzen Ehrengerichtsverfahren sind dann geahndet worden mit einer Geldbuße, etliche wurden eingestellt, zum Schluß blieben dann nur noch drei Fälle übrig, die man für besonders gravierend hielt. Das hat mich oder soll mich 3.000 DM kosten, bezahlt hab' ich bis jetzt noch nichts, und ich hab' der Anwaltskammer auch geschrieben, wenn sie sich nicht schämt, dieses Urteil zu vollstrecken, mag sie's tun, freiwillig werde ich keinen Pfennig zahlen...

Und darauf ist nichts mehr erfolgt?
Darauf ist bisher nichts erfolgt, aber ich rechne eigentlich noch damit, daß sie kommen mit dem Gerichtsvollzieher. Ich gehöre nun einmal zu denen, die sich für, naja für Proletarier, für Arbeiter, für Randständige, für diejenigen eben zuständig fühlen, die in dieser Gesellschaft zu kurz gekommen sind. Und dazu gehören natürlich auch die echten Kriminellen, wenn ich mal so sagen darf. Kriminalität ist ja ein gesellschaftliches Phänomen, das seine Gründe hat, und Kriminelle sind die Leute, denen ich helfen will.

Heinrich Hannover, der immer sehr kämpferisch gewesen ist, hat aber auch geschrieben: »Wie lange wird man noch die Rolle des Verteidigers in politischen Strafprozessen übernehmen können, ohne sich des Betrugs an denen schuldig zu machen, die noch an den Rechtsstaat glauben?«
Genau.

Heißt das Resignation?
Ich kann nicht leugnen, daß es für mich absolut resignative Phasen gegeben hat und gibt und daß ich mir manchmal wirklich gewünscht habe, ich könnte mich aus allem zurückziehen, diesen ganzen Laden zumachen und mich auf irgendeine einsame Insel zurückziehen und da nach meinen eigenen Interessen leben. Bloß dann hat man immer wieder das Gefühl, daß es eigentlich verantwortungslos wäre, sich aus allem zurückzuziehen. Ich darf da vielleicht auch noch etwas nachholen. Sie haben mich ja vorhin gekennzeichnet als einen, der vielen Leuten als »Terroristenanwalt« bekannt ist,

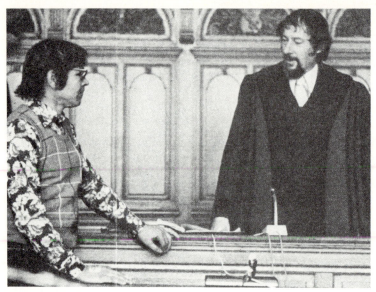
Otto Becker und Heinrich Hannover vor Gericht

das stimmt so ja eigentlich gar nicht, denn das Gros meiner Praxis sind Strafverteidigungen ganz anderer Art. Und zu den Verfahren, die ich selber für sehr viel wichtiger halte, gehörte beispielsweise der Prozeß gegen den Bauarbeiter Otto Becker in Bremen, einen Mann, der zu Unrecht, wie sich später herausstellte, beschuldigt wurde, ein 17jähriges Mädchen ermordet zu haben. Das war ein Prozeß, der mich bis zum letzten gefordert hat. Becker wurde im ersten Durchgang verurteilt, und nur durch den glücklichen Zufall, daß das Gericht falsch besetzt war und deswegen die Revision durchging, und durch den weiteren Zufall, daß eine Spurenakte auftauchte, die ich dann im zweiten Durchgang verwerten und mit der ich beweisen konnte, daß es noch einen weiteren Tatverdächtigen gab, ist es dann gelungen, den Becker freizusprechen. Das ist eigentlich der wichtigste Prozeß meiner ganzen Anwaltspraxis gewesen.

Das heißt, hier hatten Sie wirklich einmal das Gefühl, jemandem zu seinem Recht zu verhelfen?
Ja. Ja. Zu seinem Recht verhelfen heißt natürlich nicht, daß ich diesem Menschen letztlich aus seinem sozialen Elend habe helfen können. Das bleibt ja immer als tragischer Rest übrig, daß man dann als Anwalt nicht die sozialen Verpflichtungen erfüllen kann, die man eigentlich verspürt, wenn man mit so einem Mann zu tun hat. Homosexuell und alkoholabhängig und

... jedenfalls ein Mann, der ganz auf der Schattenseite des Lebens steht, man hilft ihm zwar, sich von diesem falschen Verdacht, einen Menschen ermordet zu haben, zu befreien, aber aus diesem sozialen Umfeld kann man ihn als einzelner nicht erlösen. Da kommt man ganz schnell an die Grenzen, die einem als Anwalt gesetzt sind, da möchte man auf irgendwelche gesellschaftlichen Institutionen zurückgreifen können, die es einfach nicht gibt in diesem Staat.

Und wie wären die vorstellbar?
Es gäbe so viel Möglichkeiten, Sozialarbeiter, die arbeitslos herumsitzen, sinnvoll einzusetzen, statt ihnen Arbeitslosengelder zu zahlen, statt dessen versucht man sich als einzelner Anwalt, und nicht nur als Anwalt, ich kenne auch Sozialarbeiter, die gegen ein Meer anzuschwimmen versuchen, um zu helfen. Das alles könnte man doch mit den Mitteln, die zur Verfügung stehen, institutionalisieren und würde damit ganz sicher mehr zur Verbesserung der Gesellschaft tun als durch die Einrichtung von Gefängnissen.

Und Ihr Refugium? Ihre Kraftquelle?
Vielleicht überschätzt man als Außenstehender die Kraft eines einzelnen Anwalts, der sich selbst natürlich irgendwie als Kämpfer versteht. Es gibt eben doch auch Stunden, in denen man sich absolut überfordert fühlt, wo man in schlaflosen Nächten darüber nachdenkt, wie man das alles bewältigen soll.

Was gibt Ihnen dieses neuerliche Zusammenleben mit kleinen Kindern? Dem Malte, der da Mitgestalter des neuen Buches ist, »Der vergeßliche Cowboy« und anderen Mitmachgeschichten? Und der Anne?
Ja — immer dann, wenn ich mir als Kinderbuchautor begegne, habe ich das Gefühl, es gibt auch noch eine sonnigere Seite des Lebens, als dieses Dasein in Gerichtssälen und Gefängnissen.

Würden Sie denn am liebsten nur noch Kinderbücher schreiben?
Ja. Wenn man davon leben könnte und wenn man das Gefühl ertragen könnte, sich aus Verantwortlichkeiten zu lösen und andere zu enttäuschen. Wenn ich so leben könnte, wie ich gerne möchte, dann würde ich nur noch Kinderbücher schreiben.

Und was würde noch dazugehören? Musik?
Ja, Musik ist ganz wichtig, Mozart vor allem.

Sie sagten vorhin: eine eigene Insel — aussteigen ... Ist das nicht eine zu idyllische Vorstellung? Schließt sich da der Kreis: Das Bürgerkind wünscht sich

in die bürgerliche Idylle zurück?
Naja, es braucht nicht gerade eine eigene Insel zu sein. Aber ... nee, ich glaube, das hat gar nichts mit meiner bürgerlichen Herkunft zu tun, sondern ich fühle mich gerade unter Leuten wohl, die ganz bewußt ein alternatives Leben führen. Und das ist so ein heimlicher Wunsch von mir, auch noch einmal ein alternatives Leben zu führen. Nicht so ein Riesenbüro am Bein zu haben, das einem jeden Monat über 30.000 DM Unkosten macht, die man erst mal reinverdienen muß, sondern auch mal wieder ganz einfach leben können. Ja, vielleicht auf irgendeiner griechischen Insel als ... ja, vielleicht mal als Kellner 'n paar Mark zu verdienen, um dann wieder die nächsten Wochen zu überstehen, ach, das würde mir schon Spaß machen.

Ist das vorstellbar, oder bleibt das im Bereich der Phantasie?
Ach, wissen Sie, wenn die Justiz und die Anwaltskammer mir weiterhin das Leben so schwer machen, dann könnte ich mir vorstellen, daß ich eines Tages den ganzen Laden doch hinschmeiße und ein alternatives Leben anfange.

Freunde sagen von Ihnen, Sie seien im Privatleben jemand, der eine gemütliche und warmherzige Umgebung braucht, der viel Humor hat, gern und laut lacht, auch über sich selbst, der aber, was seine privaten Dinge anbelangt, wenig risikofreudig, fast pedantisch sei und sich nicht sehr gut auf andere Menschen einstellen könne. Was meinen Sie dazu?
Ja, das kommt jetzt für mich ganz überraschend, das ist für mich interessant, daß ich so eingeschätzt werde, mag vieles richtig dran sein. Ich versuche jedenfalls immer, ein bißchen ironische Distanz zu mir selbst zu haben, und das stimmt, ich kann über mich selbst lachen und kann's auch gut vertragen, wenn andere mich so ein bißchen auf den Arm nehmen ...

Und Sie haben sich wohl auch das bewahrt, was in ihren Kinderbüchern deutlich wird, das ein wenig naive Betrachten der Welt, die Phantasie?
Das kann sein, ja. Man muß ja auch eine ganze Portion Phantasie haben, wenn man die Welt verändern, verbessern will, man muß sich ja vorstellen können, wie eine Welt eigentlich beschaffen sein müßte, damit man die Dinge nicht einfach so hinnimmt, sich anpaßt, sondern sie immer wieder in Frage stellt. Ich glaube, das ist der Punkt, auf den ich auch mit meinen Kinderbüchern unbewußt hinziele. Ich möchte dabei helfen, Menschen zu erziehen, die mehr Phantasie aufbringen, als die jetzt lebende Generation sie hat.

Ulrich K. Preuß
Die Entdeckung eines plebejischen Grundrechts — eine Collage

Wenn man in verstaubten Zeitschriften blättert, stößt man zuweilen auf Artikel, die trotz des sie umgebenden Hauchs einer längst vergangenen Zeit doch Gedanken enthalten, die heute erst mühsam wieder entdeckt werden. Es kommt sicherlich auf das Temperament des Autors an, ob er melancholisch oder mit einem gewissen Stolz zur Kenntnis nehmen muß, daß heute als neueste Entdeckung gefeiert wird, was er schon in relativ jugendlichen Jahren zu Papier gebracht hat.

In erster Linie wird es aber Heinrich Hannover vermutlich überraschen zu hören, daß sein 1968 in der Kritischen Justiz veröffentlichter Aufsatz über »Demonstrationsfreiheit als demokratisches Grundrecht« in vielen seiner Grundgedanken einen zwar späten, aber immerhin doch deutlichen Nachhall in der ersten Entscheidung des Bundesverfassungsgerichts zu Art. 8 GG (vom 14. Mai 1985) gefunden hat. Nicht, daß er zitiert würde — dafür ist der Aufsatz wohl insbesondere wegen seines Schlußsatzes doch zu anstößig, der da lautet: »Sie (scil. die Exponenten des Staates) hätten ihren demokratischen Anspruch verspielt, wenn sie sich dem in breiter Solidarität der Bevölkerung mit den jungen Demonstranten manifestierten Mehrheitswillen widersetzt hätten, und damit möglicherweise eine Situation heraufbeschworen, in der die Demonstrationsfreiheit in ein Recht auf Revolution umschlägt!« (sic!). Aber jenseits dieses sicherlich auch von Heinrich Hannover heute als nicht ganz unproblematisch empfundenen Satzes enthält der Aufsatz insgesamt verschiedene Elemente, die auch in der erwähnten Entscheidung des Bundesverfassungsgerichts wiederkehren.

1. Programmatisch in der Überschrift des Aufsatzes von Heinrich Hannover findet sich bereits das Verständnis des Art. 8 nicht als ein liberales, sondern als *demokratisches* Grundrecht. Es beschränkt sich nicht auf die kommunikativen Formen der rein geistig-argumentativen Beeinflussung der staatlichen Organe im Rahmen eines grundsätzlich repräsentativ organisierten Staates; es ist vielmehr ein Element unmittelbarer Demokratie, d. h., unmittelbarer Teilhabe des Volkes an den Prozessen politischer Willens- und Entscheidungsbildung; das impliziert auch die »nötigende« Entwick-

lung auf die Inhaber von gesellschaftlichen Machtpositionen infolge der Wirkungssteigerung einer Botschaft durch die physische Präsenz einer Menschenmenge.

Dieser Grundgedanke findet sich beim Bundesverfassungsgericht wieder: Es stellt fest, der Schutz des Art. 8 GG sei »nicht auf Veranstaltungen beschränkt, auf denen argumentiert und gestritten wird, sondern umfaßt vielfältige Formen gemeinsamen Verhaltens bis hin zu nicht verbalen Ausdrucksformen... Indem der Demonstrant seine Meinung in physischer Präsenz, in voller Öffentlichkeit und ohne Zwischenschaltung von Medien kundgibt, entfaltet ... er seine Persönlichkeit in unmittelbarer Weise. In ihrer idealtypischen Ausformung sind Demonstrationen die gemeinsame körperliche Sichtbarmachung von Überzeugungen...«. Und weiter: »Namentlich in Demokratien mit parlamentarischem Repräsentativsystem und geringen plebiszitären Mitwirkungsrechten hat die Versammlungsfreiheit die Bedeutung eines grundlegenden und unentbehrlichen Funktionselementes«.

2. Selbst in der Analyse der spezifisch politischen Stoßrichtung des Grundrechts aus Art. 8 gibt es bemerkenswerte Übereinstimmungen. Bei Heinrich Hannover heißt es: »Die Verfügungsberechtigung über Kapital sichert ... eine Überrepräsentation im Konzert der Meinungen, was zu einer Verzerrung demokratischer Willensbildung führt. Die einzige Macht der lohnabhängigen Massen besteht in ihrer großen Zahl, die jedoch erst durch politische Bewußtmachung zu einer Potenz im staatlichen Willensbildungsprozeß wird. Während sich der Einfluß wirtschaftlicher Interessengruppen auf den Willensbildungsprozeß auf ›seriösem‹ Felde geltend machen kann — das von der Entlassung politisch mißliebiger Arbeitnehmer, über Pressekampagnen bis zur Pression auf spendenabhängige Parteien reicht — ist die Masse derjenigen, deren wirtschaftliche Macht sich in der Verfügung über die eigene Arbeitskraft erschöpft, auf die unter dem Begriff der Demonstrationsfreiheit zusammengefaßten Formen politischer Aktivität angewiesen«.

Beim Bundesverfassungsgericht lesen wir Folgendes: »An diesem Prozeß (scil. der politischen Meinungs- und Willensbildung) sind die Bürger in unterschiedlichem Maße beteiligt. Große Verbände, finanzstarke Geldgeber oder Massenmedien können beträchtliche Einflüsse ausüben, während sich der Staatsbürger eher als ohnmächtig erlebt. In einer Gesellschaft, in welcher der direkte Zugang zu den Medien und die Chance, sich durch sie zu äußern, auf wenige beschränkt ist, verbleibt dem einzelnen neben seiner organisierten Mitwirkung in Parteien und Verbänden im allgemeinen nur eine kollektive Einflußnahme durch Inanspruchnahme der Versammlungsfreiheit für Demonstrationen«.

3. Ein besonderes Problem stellt bei Art. 8 GG der Gesetzesvorbehalt

dar, denn Versammlungen unter freiem Himmel können jedenfalls dem Wortlaut des Art. 8 Abs. 2 nach durch jede einfachgesetzliche Norm eingeschränkt werden. Davon ist bekanntlich reichlich Gebrauch gemacht worden: am beliebtesten ist die polizeiliche Generalklausel, nicht minder bedeutsam und zumal für einen passionierten Strafverteidiger stets ein besonderes Ärgernis waren, sind und werden in verstärktem Maße wieder die Strafvorschriften der §§ 125 und 240 StGB. Stellt man sich die Frage, warum überhaupt erst fast auf den Tag genau 36 Jahre nach Verabschiedung des Grundgesetzes erstmals eine bundesverfassungsgerichtliche Entscheidung zur Demonstrationsfreiheit ergangen ist, so muß man, vor allem, wenn man dagegen die Zahl der Entscheidungen zu Art. 5 hält, den Grund wohl darin finden, daß die Demonstrationsfreiheit ein wahrhaft plebejisches Grundrecht ist: die Menge in einer Demonstration erzeugt durch ihr massenhaftes physisches Dasein und die dadurch ausgelöste psychische Verbindung Ausdruck und Eindruck für ihre »Botschaft«, das »Volk« ist sinnlich-körperlich da und macht sich politisch geltend. Kein Wunder, daß bisher auch die vor allem von den Strafgerichten vorgenommenen Interpretationen der Beziehung des Grundrechts zu den einfachen Gesetzen wenig Zuneigung zu diesem Grundrecht zeigten, ja geradezu grundrechtsfeindlich waren. Im Ergebnis konnte jedes in einem einfachen Gesetz geschützte Rechtsgut das Grundrecht leerlaufen lassen, ja Heinrich Hannover bringt in seinem Aufsatz anschauliche Beispiele dafür, wie sich der bürgerliche Soupcon gegen das plebejische Grundrecht geradezu in den Strafschärfungsgrund der Demonstrationsteilnahme verwandelte.

Zutreffend hat Heinrich Hannover auf der Grundlage der damals bereits vorliegenden Rechtsprechung des Bundesverfassungsgerichts zu Art. 5 deutlich gemacht, daß die die Demonstrationsfreiheit einschränkenden Gesetze ihrerseits wieder durch die für die Demokratie »schlechthin konstituierende Bedeutung« dieses Grundrechts eingeschränkt werden müssen, damit die Demonstrationsfreiheit überhaupt noch die Lebensluft haben konnte, die durch den Mief eines rein polizeirechtlichen Ordnungsdenkens jahrelang weggedrängt worden war.

Auch hierin findet er eine späte Bestätigung durch das Bundesverfassungsgericht. Es stellt fest, daß »die Geltungskraft dieser Grundrechtsverbürgung (nicht) auf den Bereich beschränkt bleibt, den der Gesetzgeber ihr unter Respektierung ihres Wesensgehalts beläßt«. Es gelte vielmehr »das gleiche wie bei der Meinungsfreiheit, die nach dem Verfassungswortlaut zwar ihre Schranken in den Grenzen der allgemeinen Gesetze findet, deren Reichweite aber nicht beliebig durch einfache Gesete relativiert werden darf... Bei allen begrenzenden Regelungen hat der Gesetzgeber die erörterte, in Art. 8 verkörperte verfassungsrechtliche Grundentscheidung zu beachten; er darf die Ausübung der Versammlungsfreiheit nur zum Schutz gleichgewichtiger anderer Rechtsgüter unter strikter Wahrung des Grundsatzes der Verhältnismäßigkeit begrenzen«.

4. Schließlich die damals wie heute zentrale Frage, ob die Polizei eine Versammlung präventiv verbieten oder eine begonnene Demonstration auflösen kann, wenn aus ihr heraus Gewalttätigkeiten begangen werden. Unter strafrechtlichem Gesichtspunkt hatte das 3. StrafrechtsreformG v. 1970 insofern eine Liberalisierung gebracht, als entgegen der bis dahin geltenden Rechtslage nicht mehr jeder Teilnehmer einer Demonstration, aus der heraus Gewalttätigkeiten begangen wurden, aufgrund seiner bloßen Teilnahme und unabhängig davon, ob er selbst Gewalttätigkeiten begangen hatte, wegen Landfriedensbruch bestraft werden konnte. Die Ende Juni dieses Jahres in aller Eile von der Regierungskoalition verabschiedete Änderung des § 125 StGB führt wieder sehr nahe an diese alte Rechtslage heran, insofern er die Strafbarkeit wegen Landfriedensbruch nunmehr davon abhängig macht, daß »ein Täter von Hoheitsbefugnissen« ohne Erfolg solche Demonstrationsteilnehmer aufgefordert hat, sich zu entfernen, die »Schutzwaffen oder Gegenstände, die als Schutzwaffen geeignet und dazu bestimmt sind, Vollstreckungsmaßnahmen eines Trägers von Hoheitsbefugnissen abzuwehren, mit sich (führen) oder (die) sich in einer Aufmachung, die geeignet und den Umständen nach darauf gerichtet ist, die Feststellung seiner Identität zu verhindern«, auf der Demonstration aufhalten.

In der Entscheidung des Bundesverfassungsgerichts ging es (noch?) nicht um diese strafrechtliche Novellierung, sondern um die verwaltungsrechtliche Seite des Problems. Darf die Polizei eine Demonstration präventiv verbieten oder eine begonnene Demonstration auflösen, wenn einzelne Teilnehmer Gewalttätigkeiten begehen oder gar bereits dann, wenn nach ihrer Lagebeurteilung derartige Gewalttätigkeiten zu erwarten sind? Bei Heinrich Hannover lesen wir, man müsse anerkennen, »daß eine Demonstration nicht schon dadurch, daß einzelne Teilnehmer Steine werfen oder sonstige Gewaltakte begehen, zu einer unfriedlichen wird. In Bremen hat es Verfahren gegeben, in denen von den angeklagten Demonstranten, die weder selbst Steine geworfen noch Steinwürfe gesehen hatten, erwartet wurde, daß sie den ›unfriedlichen‹ Charakter der Demonstration aus den Presseberichten über die Demonstration des Vortages hätten entnehmen sollen. Eine solche Justizpraxis macht die Teilnahme an einer Demonstration und damit die Ausübung eines Grundrechts zu einem unüberschaubaren Risiko«.

In der Sache kommt das den Ausführungen des Bundesverfassungsgerichts sehr nahe. Das Gericht stellt zunächst fest, daß Verbote und Auflösungen von Demonstrationen »nur bei einer ›unmittelbaren Gefährdung‹ der öffentlichen Sicherheit oder Ordnung (?! — U.K.P.) statthaft sind. Durch das Erfordernis der Unmittelbarkeit werden die Eingriffsvoraussetzungen stärker als im allgemeinen Polizeirecht eingeengt... Demgemäß bestimmt das Gesetz, daß es (scil. das Wahrscheinlichkeitsurteil über das Eintreten der unmittelbaren Gefahr) auf ›erkennbaren Umständen‹ beruhen muß, also auf Tatsachen, Sachverhalten und sonstigen Einzelheiten; bloßer Verdacht oder Vermutungen können nicht ausreichen.« Und an anderer Stelle schreibt es zu der Konstellation, daß eine Versammlung nicht im Ganzen einen gewalttätigen Verlauf nimmt und die Veranstalter dies auch nicht anstreben, daß »für die friedlichen Teilnehmer der von der Verfassung jedem Staatsbürger garantierte Schutz der Versammlungsfreiheit auch dann erhalten bleiben (muß), wenn einzelne andere Demonstranten oder eine Minderheit Ausschreitungen begehen«; wollte man anders verfahren, so könnte dann praktisch »jede Großdemonstration verboten werden, da sich nahezu immer ›Erkenntnisse‹ über unfriedliche Absichten eines Teiles der Teilnehmer beibringen lassen«.

Es mag erstaunen, daß dieses Urteil nun seinerseits als so bemerkenswert empfunden und geradezu als Durchbruch zu einer demokratischen Konzeption der Demonstrationsfreiheit gefeiert worden ist. Bemerkenswert ist in der Tat, daß das höchste deutsche Gericht, deren Richter doch im Zweifel dem sozialen Milieu des bürgerlich geprägten Juristenstandes entstammen, so viel Verständnis für den plebejischen Charakter der Demonstrationsfreiheit aufbringen konnten. Wer sich wie Heinrich Hannover tagtäglich mit den Nöten des kleinen Mannes vor den Schranken der Strafjustiz auseinandersetzen muß, der ist sicherlich nicht »von Natur« her ein demokratischer Jurist. Aber wenn er völlig frei von Unsensibilität, Hartherzigkeit und auch dem sozialen Hochmut vieler unserer »furchtbaren Juristen« geblieben ist, dann deswegen, weil er nicht nur die Justiz, sondern den Rechtsstaat insgesamt »von unten« erlebt und häufig genug erleidet. Und dies vermittelt jene ungewöhnliche Mischung aus intellektueller Klarheit und sozialer Phantasie, die ihn sensibel für den spezifisch plebejischen Charakter des Grundrechts der Demonstrationsfreiheit macht und ihn Aufsätze in heute »verstaubten« Zeitschriften schreiben läßt, die alles andere als verstaubt sind.

Karl-Heinz Roth

Nazi-Juristen als Meinungsforscher
Ein Hinweis auf die Lageberichte der Generalstaatsanwälte und OLG-Präsidenten 1940-1945[1]

»Alle zwei Monate, erstmalig zum 1. Dezember 1935, soll ein ... politischer Wetterbericht eingereicht werden, der einen allgemeinen Gesamtüberblick bietet, ohne auf Einzelheiten näher einzugehen. Die Berichte ... müssen alles Wesentliche auf wenigen Seiten nur auf Grund eigener Beobachtungen der Generalstaatsanwälte bringen; büromäßige Erhebungen bei den nachgeordneten Behörden, Darstellung der persönlichen Verhältnisse und Übersichten über die Geschäftsbelastungen kommen ... nicht in Betracht. Die früher in einzelnen Ländern, z.B. Bayern, üblichen Jahresberichte sind nicht mehr zu erstatten.«[2]

Diese Passage aus dem Besprechungsprotokoll über ein Treffen des damaligen Reichsjustizministers Gürtner mit dem Oberreichsanwalt und den Generalstaatsanwälten vom 23. September 1935 wirkt nur auf den ersten Blick trocken und nichtssagend. Zunächst bringt sie tatsächlich nur zum Ausdruck, daß sich die gerade erfolgreich »verreichlichte« Justiz nun ebenfalls der unter den NS-Behörden grassierenden Mode hingab, aus eigenen Quellen der Bevölkerung aufs Maul zu schauen. Bestärkt wurde der Deutschnationale Gürtner — erst 1937 trat auch er in die NSDAP ein — in seinem Vorhaben wohl zusätzlich durch die Ambitionen der SS, über ihren Inlands-Sicherheitsdienst eine Art von demoskopischem Monopol einzurichten. Die Justizspitze wollte da sicher vorbauen. Sie wollte sich aus ihren eigenen Informationskanälen unterrichten und — im Verein mit einer reorganisierten Kriminalitätsstatistik — aus erster und eigener Hand mitbekommen, was es mit der politischen Wetterlage und den in sie eingebundenen Aktivitäten der Strafverfolgung und des Strafvollzugs auf sich hatte.[3]

Die erste Serie von Lageberichten durch die Generalstaatsanwälte vom Anfang Dezember 1935 scheint Gürtner ermutigt zu haben. Schon am 9. Dezember 1935 brachte er eine Rundverfügung heraus, die nun auch die Präsidenten der Oberlandesgerichte zu einer — von den Generalstaatsanwälten unabhängigen —zweimonatlichen Berichterstattung verpflichtete.

»Günstige« wie »ungünstige Beobachtungen« waren »rückhaltlos« zu verwerten, vertrauliche Behandlung wurde zugesichert.[4] Gürtners kommissarischer Nachfolger in den Jahren 1941/42, Staatssekretär Schlegelberger, behielt diese Regelung genauso bei wie der letzte Reichsjustizminister des »Dritten Reichs«, Thierack. Nicht einmal der eingefleischte Nazi Thierack, der mit dem SD-Inland auf bestem Fuß stand, mochte den recht farblosen und allzu durchgefilterten »Meldungen aus dem Reich« trauen.[5] Allerdings führte er per Erlaß vom 29. Oktober 1942 eine Modifikation insofern ein, als er die OLG-Präsidenten und Generalstaatsanwälte anwies, nunmehr im zweimonatigen Abstand nacheinander zu berichten. Die Zwillinge der regionalen Justizeliten verfaßten selbst in den härtesten Phasen der Verwaltungsrationalisierung zugunsten des »totalen Kriegs« pflichteifrig alle vier Monate ihre »Wetterberichte«.[6]

Wie sich gleich zeigen wird, verdanken wir diesen mit deutscher Pünktlichkeit erstatteten Lageanalysen Außerordentliches. Etwa die Hälfte davon — 34 nach den OLG-Bezirken von Bamberg bis Zweibrücken sortierte und etwa zehn weitere Streuakten — blieb erhalten und ist im Bundesarchiv Koblenz aufbewahrt.[7] Im großen und ganzen sind die Kriegsjahre 1940-1945 dokumentiert, während die meisten Berichte aus den Jahren davor als verschollen gelten müssen. Historiker haben diese Bestände kaum angerührt. So weit ich sehe, gibt es bis heute nur zwei Regionalstudien über die OLG-Bezirke Bamberg und Zweibrücken.[8] Die folgenden Schlaglichter sollen dazu beitragen, den Appetit auf die sozialgeschichtlich wohl brisanteste urkundliche Hinterlassenschaft der Nazi-Justiz zu wecken.

1. Die »allgemeine Lage« oder die fortdauernde Demoralisierung des Alltags

Der Qual, auf einer bis zwei Seiten über die allgemeine politische Stimmung im Lande schriftlich nachzudenken, unterzog sich eine deutliche Mehrheit der OLG-Präsidenten und Generalstaatsanwälte, wenn auch nicht in jedem Einzelbericht. In den wenigen erhalten gebliebenen Akten aus den Jahren 1936-1939 dominieren zunächst vorsichtig abwägende Gemeinplätze. In einem der ersten Rapports aus München lesen wir beispielsweise, »maßgebend« für die wachsende Loyalität der Bevölkerung gegenüber dem NS-Regime sei »die stetig fortschreitende Besserung der Wirtschaftslage und die Wiedereingliederung der vielen durch Arbeitslosigkeit und Entbehrung schon hoffnungslos gewordenen Volksgenossen in den Arbeitsprozeß«.[9] Vielleicht verhielt es sich wirklich so, aber gleich stolpern wir über eine Fülle von Tatsachen, die gegen diesen Trend sprechen. Beschränken wir uns auf den OLG-Bezirk München im Jahr 1936: Die Bevölkerung ist über kriminelle Kreisleiter der NSDAP und der DAF wütend, die in Zuhältereien, Verleitungen zum Meineid und fahrlässige Tötungen verstrickt sind. Aus Traunstein wird kolportiert, »daß Verfehlungen nach § 175 geradezu seuchenartig auftreten«, kein Ruhmesblatt für den heterosexuellen Fortpflanzungskult der Nazis. DAF-Funktionäre entführen mißliebige Konkurrenten und veranstalten Prügelorgien »aus politischen Motiven«. Im Bezirk Augsburg praktizieren die Bauern ihre Schwarzschlachtungen gleich serienweise, während der allgemeine Widerstand gegen die Einführung des »Reichserbhofgesetzes« noch keineswegs abgeebbt ist. Im gesamten OLG-Bezirk will die Kette der »Gehässigkeits- und Racheanzeigen« nicht abreißen, was ersichtlich mache, »daß zwischen der politischen Leitung... und der Bevölkerung« noch »Unstimmigkeiten« vorherrschen. Zwangsräumungen von Mietwohnungen lösen Krawalle von einer Gefährlichkeit aus, die die örtlichen politischen Leiter zu demagogischen Aktivitäten gegen die Instanzen der Zwangsvollstreckung veranlaßt. Selbst gegen das »Gesetz zur Verhütung erbkranken Nachwuchses«, eines der am intensivsten propagierten Gesetzeswerke der NS-Zeit, »macht sich im östlichen Grenzmarkgebiet« und anderswo wieder »ein verstärkter Widerstand bemerkbar«. Aber auch die Arbeiterklasse ist drohend präsent, im Gegensatz zu den ersten Jahren der Nazidiktatur vor allem die ungelernten Arbeiter: »Besondere Brutstätten solch staatsfeindlicher Tätigkeit sind die Reichsautobahnen.« Hier werde den »gewissenlosen Hetzern nicht immer sofort das Handwerk gelegt, so daß diese oft längere Zeit hindurch ihre Wühlarbeit fortsetzen können«[10]. Ohne Zweifel ist die politische Arbeiterbewegung geschlagen. Eine durchgreifende »soziale Befriedung« aber erscheint unerreichbar. Diffus breitet sich eine gesellschaftliche Insubordination über die Gesellschaftsklassen aus. Entgegen der offiziellen NS-Propaganda und manchen zeithistorischen Legenden von heute können es sich die NS-Eliten auch im Jahr 1936 noch nicht bequem machen.

Vier Jahre später konstatieren die Berichterstatter, daß die »glänzenden Waffenerfolge« an allen Blitzkriegsfronten die inzwischen an den Fundamenten des Regimes rüttelnde Welle der innenpolitischen Aufsässigkeit endlich überlistet haben. Im Gegensatz zum August 1914 war im Herbst 1939 von einer Kriegseuphorie nichts zu bemerken gewesen. Erst nach der Okkupation von Belgien, Holland und Frankreich habe sich so etwas wie »eine wirkliche Kriegsstimmung im Volke« ausgebreitet.[11] Aber selbst in jenen Sommermonaten, in denen der Nazismus tatsächlich über ganz Europa zu triumphieren schien, sind gegenläufige Tendenzen unverkennbar. Aus einem mainfränkischen Bezirk werde »gemeldet, daß Stimmung und Zuversicht immer mehr sinken. Wenn der Krieg so lange dauern wird, wie der Weltkrieg, glauben die Leute nicht, daß wir durchhalten können.« »Prophezeiungen« machten die Runde, der Krieg sei »zur Zeit der Kirschblüte« zu Ende, die gleichen »Seherinnen« orakelten aber auch über neue »Todesfälle«.[12] Gänzlich anderen Beobachtungen gab sich währenddessen der Generalstaatsanwalt des inzwischen dem Reich einverleibten »Reichsgaues Danzig-Westpreußen« hin: »Zur Niederhaltung etwaiger polnischer Angriffsabsichten und damit zur Beruhigung der Lage haben die erfolgten Evakuierungen und Internierungen, die Erschießung von Geiseln und die unvermuteten Durchsuchungen ganzer Häuserblocks ...wesentlich beigetragen.«[13] Die Konstellationen und Mentalitäten zwischen den OLG-Bezirken Bamberg und Danzig unterschieden sich zweifellos gewaltig.[14] Gemeinsam bemerkten die beiden Berichterstatter aber, daß selbst im euphorischen Sommer 1940 der Weg zur wirklichen »Beruhigung der Lage« unerreichbar weit war.

Das sozialimperialistische Blitzkriegsventil war indes den Lageberichten zufolge nur überraschend kurz wirksam. Schon im Winter 1940/41 finden wir die Bemerkung, daß sich die Bevölkerung nur schwer »an den Gedanken eines weiteren Kriegswinters gewöhnt habe. Schon dieser Winter erzwinge »eine gewisse Anspannung der Kraft zum Durchhalten«[15]. Hellsichtig registriert die Bevölkerung eine zunehmende Lebensmittelverknappung und unkontrollierte Preissteigerungen. Delikte gegen die Verbrauchsrestriktionen beginnen sich zu häufen, die ersten Schiebungen und Diebstähle von Lebensmittelkarten werden ruchbar. Die Ehescheidungen nehmen zu, untrügliche Zeichen für den beginnenden Vertrauensverlust der überwiegend jungen Partner gegenüber einer längeren gemeinsamen Lebensperspektive. Vor allem die Berichterstatter aus den großstädtischen Zentren schlagen erneut alarmierte Töne an. »Arbeitsverweigerung« und »Arbeitsvertragsbruch« hätten sich entwickelt, daß nichts anderes übrigbleibe, als sie »im beschleunigten Verfahren« abzuurteilen. Monate vor dem Überfall auf die Sowjetunion meldet der Generalstaatsanwalt beim Berliner Kammergericht, die »Zugänge an Strafsachen wegen Zersetzung der Wehrkraft, Wehrmittelbeschädigung, Sabotage« hätten »weiter angehalten«[16]. Dem notorischen Schwarzschlachten in den ländlichen Gebieten hat sich inzwischen das »gewerbsmäßige Wildern« hinzugesellt, »während in der Großstadt sich typische Schleichhandelserscheinungen herausgebildet haben, deren Aufklärung häufig zeitraubend und schwierig ist und in die meistens zahlreiche Personen verwickelt sind«[17].

So ist das Land innenpolitisch keineswegs »volksgemeinschaftlich« geeint, dessen Armee am 22. Juni 1941 über die Sowjetunion herfällt. Drei Tage später schreibt der Bamberger OLG-Präsident nach Berlin, ein »erheblicher Teil der Bevölkerung« sei »innerlich kriegsmüde«. Der »Krieg mit Rußland« lege »die Befürchtung nahe, daß der Kampf noch lange dauern wird«[18]. Zwei Monate später berichtet er, daß die »allgemeine Stimmung ernster und sorgenvoller geworden sei«. Begeisterung über die glänzenden Wehrmachtoffensiven werde »man aber kaum je antreffen, dafür oft einen recht labilen Gemütszustand, der nicht selten einem gewissen Pes-

149

simismus zuneigt«. Andere Justiz-Demoskopen gehen nicht so weit. Aber auch sie konstatieren, daß die Bevölkerung schon im Juli/August 1941 über die hohen Verluste der Wehrmacht in der Sowjetunion schockiert ist. Lakonisch dokumentieren sie eine zunehmende Verflechtung von politischer Dissidenz (Mißtrauen gegenüber der offiziellen Propaganda, verstärktes Abhören ausländischer Sender, »Arbeitsvertragsbrüche«) und sozialer Demoralisierung (Feldpostdiebstähle, Bahnraub, Lebensmittelschiebungen großen Stils). Die Ehescheidungsverfahren beherrschen in einzelnen OLG-Bezirken schon 75-80% aller Verfahren der Ziviljustiz.[19] Gemeldet werden jetzt auch schwerwiegende Sabotageaktionen in Rüstungsbetrieben, in die keineswegs nur Fremdarbeiter verwickelt sind. Ein typischer Fall aus Berlin: »Die Beschuldigten haben als Arbeiter der Fabrik Hohensaaten, die mehrere Pulverfabriken mit Nitrozellulose zu beliefern hat, Lappen in die Nitriertöpfe geworfen und dadurch Zentrifugenbrände verursacht ... zu dem Zweck, auf diese Weise Pausen in der Arbeitszeit hervorzurufen.«[20]

Das Scheitern der großen Sommeroffensive der Wehrmacht in der Sowjetunion 1942 beschert dem »Dritten Reich« schließlich seine letzte innenpolitische Dauerkrise; sie wird weit über die unausweichliche Niederlage hinaus anhalten. Die Generalstaatsanwälte und OLG-Präsidenten dokumentieren auch diese letzte Etappe in der Mehrzahl überraschend distanziert und nüchtern. Der überwiegende Tenor: die »Allgemeinstimmung der Bevölkerung« sei »nach wie vor ernst und gedrückt..., sogar den Großtaten unserer Wehrmacht bringt man nur noch vorübergehendes Interesse entgegen«. Eine allgemeine Friedenssehnsucht breite sich aus, sie verbinde sich immer häufiger mit der Furcht, bald bitter hungern zu müssen. »Offenbar spielen hierbei die Erinnerungen an die Folgen der Unterernährung im letzten Krieg eine wesentliche Rolle.«[21] Die Justizelite begreift, wie schwerwiegend sich der unwiderrufliche Verlust der sozialimperialistischen Faustpfänder auf die innere Lage auszuwirken beginnt.

Seit dem Sommer 1942 wird ausführlich über die sozialen Auswirkungen des Bombenkrieges berichtet, der zuerst Lübeck und die Großstädte an Rhein und Ruhr verwüstet. Die Lageanalysen zeichnen eine Entwicklung, die der gängigen These widerspricht, daß sich die »Volksgemeinschaft« unter den Tragödien des Luftkriegs nun tatsächlich zusammengeschlossen habe. Unmittelbar nach den Bombardements werden vor allem in Arbeitervierteln Funktionsträger der Partei angegriffen, ihnen werden Orden und Abzeichen abgerissen. Mehr und mehr verschwinden die Uniformen aus dem Straßenbild, werden die NSDAP-Abzeichen auf die Rückseite des Revers verbannt. Fronturlauber beginnen in den zerbombten Großstädten unterzutauchen. »Staatsfeindliche Bekundungen« zielen immer häufiger auf die oberste politische Führung.[22] Die Propaganda verliert nach der Vernichtung der sechsten Armee um Stalingrad ihren letzten Kredit. Selbst Goebbels-Reden ziehen nicht mehr. Über die berüchtigte Sportpalastrede von Goebbels »Wollt ihr den totalen Krieg?« heißt es im Lagebericht des Bamberger OLG-Präsidenten vom 29.3.1943 abschließend: »Insbesondere wurde der Schluß der Rede (Frage und Antwort) fast allgemein abgelehnt.«[23]

Die ständige Todesdrohung durch die Flächenbombardements hat aber auch den Effekt, daß die Menschen nur noch in den Tag hinein leben und daß sich die Tabuzonen des sozialen Kontakts allmählich auflösen. Die Achtung vor dem Privateigentum schwindet quer durch alle Schichten. Lebensmittelkartenschiebereien, Schwarzmarkttransaktionen und eine zunehmende Jagd nach Genußmitteln beherrschen den Alltag. Das Terror-Regiment der Sondergerichte erfaßt nun buchstäblich die gesamte Bevölkerung, die die Justiz als den rigidesten innenpolitischen Machtpfeiler des wankenden Regimes zu fürchten lernt. Es gibt aber auch anonyme Drohbriefe: »Den Richtern und Staatsanwälten werde angedroht, daß sie für harte Urteile zur Verantwortung gezogen werden würden.«[24]

Im sozialen Kontext des Bombenkrieges gerät die Justiz schließlich vollends zum Erfüllungsgehilfen eines verschleierten inneren Notstands. Es gibt viel anzuklagen und zu verurteilen, denn es wird üblich, nach den Bombenangriffen vor allem die reicheren betroffenen Wohngebiete professionell zu plündern. Am effektivsten agieren die Deutschen, die mit ihren vollgestopften Koffern am wenigsten auffallen. Vor die Sondergerichte geraten nur kleine Fische und unerfahrene Einzeltäter, während die Polizeieinheiten auf frischer Tat ertappte Fremdarbeiter an Ort und Stelle erschießen. Plünderungen werden zum Massenphänomen. Aus dem Lagebericht des Generalstaatsanwalts Celle vom 29. Januar 1944: »Im Anschluß auf (sic!) die Luftangriffe auf Hannover haben Plünderungen in größtem Ausmaß stattgefunden. Nach den Beobachtungen der Gauleitung kann davon ausgegangen werden, daß an jeder dritten... Schadensstelle geplündert worden ist. Demgegenüber ist bedauerlicherweise die Zahl der ermittelten Plünderer verschwindend gering geblieben. Das sofortige energische und harte Einschreiten des Sondergerichts hat ... keine starke abschreckende Wirkung erzielt, obwohl dafür Sorge getragen war, daß die erfolgten Todesurteile und Hinrichtungen sofort in gehöriger Weise der Öffentlichkeit bekannt gegeben wurden.«[25] Dieser ungeschminkte Bericht wurde umgehend zur Geheimsache erklärt. Er ist — wie überhaupt die Berichterstattung über die sozialen Aspekte des Bombenkriegs — bis heute unbekannt geblieben. Noch verzweiflungsvoller informieren die Generalstaatsanwälte und OLG-Präsidenten über den Ausverkauf des Kernstücks der Nazi-Ideologie — der Kernfamilie. Immer wieder taucht die Notiz auf, BDM-Führerinnen legten den Mädchen nahe, »außereheliche Kinder zu gebären«; sie begründeten dies damit, »nicht jedes Mädchen bekomme bei der Männerknappheit der Zukunft einen Mann.«[26] Währenddessen zerbrechen immer mehr Ehen. Für viele Fronturlauber gibt es nur noch ein beklemmendes Wiedersehen. Die meisten OLG-Bezirke melden seit dem Sommer 1942 eine »bedeutsame Zunahme von Strafsachen..., in denen es sich um Geschlechtsverkehr von Frauen mit Kriegsgefangenen handelt. Die Verfehlungen werden von Frauen aller Bevölkerungsschichten begangen.« Hier gehen hohe Zuchthausstrafen und Ehescheidungen zusammen.[27] Handelt es sich dagegen um deutsche Sexualpartner, verzichten die dupierten Fronturlauber immer häufiger auf ein Ehescheidungsverfahren und strengen statt dessen eine Beleidigungsklage gegen den Ehebrecher an. Dazu bemerken die Berichterstatter dann mehrfach lakonisch, die Initiative zum Ehebruch sei aber von der »sittlich verwahrlosten Kriegerfrau« ausgegangen: »Oft ergibt sich in der Hauptverhandlung, daß die Veranlassung zum Ehebruch von der Ehefrau ausgegangen ist... Manche der Frauen geben sich sogar im eigenen Hause mit Kriegsgefangenen ab, obwohl Kinder vorhanden und die Wohnungsverhältnisse sehr beschränkt sind.«[28] Die staatsanwaltschaftliche und richterliche Empörung artikuliert sich gerade hier in den buntesten Farben.

2. Justiz und Anstaltsmorde

Die Reaktion der Bevölkerung auf die psychiatrischen Anstaltsmorde beschäftigt die Berichterstatter der regionalen Justizspitzen intensiv. Die ersten Hinweise auf die »Aktion T 4« gibt es seit dem Sommer 1940 in den Meldungen aus Stuttgart.[29] Seit Oktober/November 1940 sind sie allgemeines Diskussionsthema. Sie reflektieren die Bestürzung der Justiz darüber, wie vollständig die Bevölkerung über diese »geheime Reichssache« informiert war und wie exakt sie die weitere Entwicklung voraussagte. Am 28.11.1940 schrieb der Generalstaatsanwalt München, es ginge das Gerücht um, »es würden nunmehr auch in den Altersheimen Listen aufgestellt«[30]. Kaum war Ende 1940 die Vernichtungsanstalt Hadamar als Ersatz für Grafeneck in Betrieb, begannen OLG-Präsident und Generalstaatsanwalt Frankfurt/M. mit ihrer Berichterstattung über Verzweiflungsgesten aus der nordhessischen Bevölkerung. Der OLG-Präsident Bamberg berichtete am 2. Januar 1941: »Die Beseitigung von unheilbar Geisteskranken ist nun auch hier durchgesickert und hat starkes Befremden verursacht.« Die Bevölkerung habe sofort begriffen, was es mit den »vollständigen Räumungen« der Irrenanstalten seines Bezirks auf sich hatte. Und sie halte diese Deportationen nur für den Anfang: »Zunächst ginge es zwar nur über (sic!) Irren- und Idiotenanstalten, später werde man aber auch in den Krankenhäusern die unheilbar Kranken beseitigen und es bedürfe dann nur noch eines kurzen Schrittes, um auf diese Weise vielleicht auch gesunde Personen, die etwa in politischer Hinsicht mißliebig seien, unschädlich zu machen.«[31] Ähnlich berichtete der Generalstaatsanwalt Düsseldorf: es werde »erzählt, jetzt kämen erst die Kranken dran, später die alten Leute«[32]. In einer Reihe von OLG-Bezirken bildeten die Geisteskrankenmorde monatelang »ein erregt erörtertes Thema«[33]. Angesichts dieser dichten Berichterstattung läßt sich die heute weitverbreitete These nicht mehr aufrechterhalten, daß nur die Bevölkerung in ländlich-katholischen Gegenden auf die Massentötungen mit Entsetzen und Verzweiflung reagiert habe. Das geheimgehaltene Mordprogramm wuchs sich zu einem halböffentlichen Skandal aus, der die im Zeichen der Blitzsiege aufgekommene Massenloyalität zusätzlich wieder unterhöhlte. Die Juristen begriffen den um sich greifenden Dissens genau, um so mehr, als die Massentötungen ja den staatlichen Vernichtungsanspruch gegenüber »Unbrauchbaren« von allfälligen juristisch-prozeduralen Legitimationsformen gelöst hatten.

Die »Euthanasie«-Meldungen und -Vorschläge der regionalen Informanten wurden im Reichsjustizministerium fleißig gesammelt und lösten eine Reihe von Auseinandersetzungen innerhalb der NS-Spitze aus. Gehört wurde das Ministerium zwar, es gab auch eine Zeitlang einen intensiven Informationsaustausch. Resultate aber, die den Ablauf der Mordaktion irgendwie modifizierten, blieben aus. Ein »Sterbehilfegesetz«, an dem die »Kanzlei des Führers« monatelang gefeilt hatte, war schon im Herbst 1940 in die Schublade gewandert. Dafür ließ sich die Spitze der Justiz willig dazu herbei, die Vernichtungskampagne vor etwaigen juristischen Infragestellungen durch die Bevölkerung zu bewahren.

Am 23./24. April 1941 fand im Reichsjustizministerium jene legendäre Tagung statt, auf der die Generalstaatsanwälte und OLG-Präsidenten offiziell zu Mitwissern der Anstaltsmorde gemacht wurden. Unter anderem wurde ihnen der Entwurfstext des »Sterbehilfegesetzes« verlesen, freilich mit dem Bemerken, daß seine Veröffentlichung auf die Zeit nach dem »Endsieg« vertagt sei. Diskussionen oder gar Proteste blieben aus. Die regionalen Justizeliten ließen sich widerspruchslos auf ihre abschirmenden Hilfsfunktionen einschwören.

Das alles ist heute wohlbekannt. Unbekannt blieb bisher, wie die Mitwisserschaft an die mittleren und unteren Behördenzüge der Justiz weitervermittelt wurde. In den Lageberichten ist es nachzulesen. Zum einen verhehlten die Generalstaatsanwälte und OLG-Präsidenten nicht, daß die weiter angewachsene Unruhe »zum größten Teil auf die Geheimniskrämerei« beim Abtun »lebensunwerten Lebens« zurückzuführen sei.[35] Immer wieder werde von den Amts- und Landgerichten angefragt, »welche Bürgschaften denn für eine zuverlässige Entscheidung über Leben und Tod des Geisteskranken gegeben seien«[36]. Der OLG-Präsident Darmstadt schrieb im Mai 1941, die ihm unterstellten Landgerichtspräsidenten hätten anläßlich seiner Ausführungen über den Ablauf der »Aktion« auf der »Veröffentlichung« eines »entsprechenden Gesetzes« bestanden.[37]

Schließlich belegen die Lageberichte einmal mehr, daß die Anstaltstötungen keineswegs im August 1941 eingeschränkt wurden, wie es noch heute durch einen großen Teil der einschlägigen Literatur geistert. Sie wurden lediglich dezentralisiert, erreichten in vielen Regionen aber erst seit dem Herbst 1941 ihr volles Ausmaß. Auch versteifte sich der Widerstand weiter. Am Niederrhein und in Westfalen hatte sich im Oktober 1941 der »Bevölkerung« nicht nur »eine beträchtliche Aufregung bemächtigt«, es gab auch offene Manifestationen, auf denen die Morde unverblümt angeprangert wurden. Der OLG-Präsident Düsseldorf hatte eine Menge zu tun, um von »unwissenden« Amtsrichtern eingeleitete »Heimtückeverfahren« rechtzeitig niederzuschlagen, bevor es zu einer peinlichen Beweiserhebung über die Stichhaltigkeit der Mordvorwürfe kam.[38]

Zuletzt verwandeln sich die justiziellen Mitwisser in Mittäter. In seinem Bericht vom 28. Februar 1942 bringt der OLG-Präsident Celle das Problem zur Sprache, daß die Vormundschaftsrichter bei ihren Einweisungsbeschlüssen für »Mündel und Pfleglinge« je nach der zuzuweisenden Anstalt Todesurteile aussprechen oder verhindern. Nun möchten die Richter natürlich zusammen mit den amtlichen Vormündern abklären dürfen, wen sie zur Todesspritze verurteilen sollen und wen nicht. Das aber sei verboten, die »Euthanasie« sei nach wie vor »geheime Reichssache«. Das aber sei nicht mehr akzeptabel, seit die Reichsregierung das Geheimnis selbst propagandistisch gelüftet habe:

»Es geht m.E. nicht an, daß einerseits auf Veranlassung der Reichsregierung überall ein Film gezeigt wird (Ich klage an), in dem die hier berührten Fragen — wenn auch in versteckter Form — behandelt werden, daß ... aber die zur Beratung der Vormünder ... berufenen Vormundschaftsrichter angewiesen werden, diese für die Entschlüsse ... bedeutsamen Dinge in amtlichen Erörterungen nicht zu berühren.«[39] Wenn sie schon an den staatlichen Vernichtungsaktionen mitwirkten, dann wollten die Richter auch an den Selektionsentscheidungen in aller Form teilhaben.

3. Jugenddelinquenz

Am ausführlichsten berichteten die Generalstaatsanwälte und OLG-Präsidenten über die jugendliche Aussteigerbewegung, die sich nach der Jahreswende 1939/40 im Reichsgebiet breitmachte. Hier sparten sie weder an Platz noch an Zeit, um ihre Berliner Obrigkeit auf eine als besonders bedrohlich empfundene Entwicklung aufmerksam zu machen. Besonders zahlreich sind im Kontext dieses Themas auch beigelegte Ausarbeitungen und Meldungen aus den untergeordneten Berichtsinstanzen.

Wenn man von den Lageberichten des Oberreichsanwalts absieht, in denen die »bündische Jugend« offensichtlich seit 1936 einen eigenen Berichtsschwerpunkt bildet, beginnen die Schreckensmeldungen im Frühjahr 1940 besonders aus den OLG-Bezirken Frankfurt, Celle und Hamburg. Eine Aussteigerbewegung gewinnt Konturen, die zunächst überwiegend dem Bürgertum entstammt, sich »anglophil« gibt und kleidet, pazifistisch agitiert und eine Subkultur aufbaut, wie sie »gemeinschaftsfremder« gar nicht sein kann. Der Generalstaatswanwalt Frankfurt verfaßt in seinen Meldungen vom 1.4. und 30.5.1940 die ersten farbigen Reportagen über einen »Haarlem-Club« und eine »OK-Gang«.[40] Aus Hamburg kommen wenig später alarmierende Nachrichten über das burschikose Treiben der »Swing-Jugend«.[41] Der Generalstaatsanwalt Frankfurt zieht Ende September nach und legt eine umfangreiche Ausarbeitung des Jugendamts der Mainmetropole bei, die den Zusammenhang von »Krieg und Jugendverwahrlosung« drastisch benennt.[42]

Unter aktiver Beteiligung der Justiz entsteht dann um die Jahreswende 1940/41 ein ganzes Geflecht zur Bekämpfung der unverhofften Aussteigertendenzen. »Arbeitsgemeinschaften zur Jugendbetreuung« schießen aus dem Boden, in denen die Gegenmaßnahmen der HJ, der übrigen Parteiführung, der Kripo und Gestapo sowie der Justiz zu einer einheitlichen Front verschweißt werden. Überall da, wo seit der Jahreswende 1939/40 soziale Revolten sich anbahnen und eine Wiederholung des November 1918 möglich erscheinen lassen, finden die Machteliten des NS-Regimes zu einer bedingungslosen Aktionseinheit zusammen.

Im Winter 1940/41 breitet sich die neue Jugendbewegung trotz aller präventiven und strafrechtlichen Neuerungen (Wochenendkarzer, unbestimmte Verurteilung, Einrichtung von »Jugendschutzlagern«) in die Provinzen aus. Selbst kleine Landstädte und NS-Hochburgen erleben einen Abglanz davon. In Goslar beispielsweise werden im Januar 1941 35 Jugendliche in den polizeilichen Wochenendkarzer gesteckt, weil sie »sich verbotenerweise auf Tanzböden und zur Nachtzeit herumgetrieben haben«[43]. Allmählich gewinnt die lokale Überwachung an Boden. Als die Jugendlichen ausweichen und sich aufs Trampen verlegen, folgen ihnen flächendeckende Razzien im Rahmen der »vorbeugenden Verbrechenskämpfung« auf dem Fuß. Über diese polizeitechnischen Neuerungen ist die Justiz voll des Lobs. In seinem Lagebericht vom 27.1.1941 schreibt der Generalstaatsanwalt Celle, sie seien »sehr zu begrüßen«, da in nächster Zeit »mit einer gewissen Verwilderung der heranwachsenden Jugend zu rechnen« sei.[44]

Im Verlauf des Jahrs 1941 ist die bürgerlich-jugendliche Aussteigerkultur weitgehend zerschlagen. Die Repression vermag aber nicht zu verhindern, daß sich die Inhalte der Aussteigerbewegung weiter ausbreiten. Nun nimmt die proletarische Jugend sie teilweise auf, formuliert sie aber gleichzeitig auch in handfestere und gewalttätigere Widerstandsformen um. Im August 1942 berichtet der Generalstaatsanwalt Düsseldorf, in vielen Arbeitervierteln seien jugendliche Gangs entstanden, die mit den Fremdarbeitern gemeinsame Sache machten.⁴⁵ In der Rhein-Main-Region geht die Bewegung nach der Zerschlagung der Frankfurter Gangs noch mehr in die Breite. Ansteckend wirken vor allem ihre sexuelle Libertinage und ihre Wanderlust. Im Januar 1943 läßt der hessische Gauleiter Sprenger eigens eine Konferenz abhalten, um neue Repressionsinstrumente in die Hand zu bekommen (»Beseitigung der sittlichen Verwahrlosung der weiblichen Bevölkerung in Mainz«). Die Teilnehmer gehen ratlos auseinander. Sie wissen keinen Rat, wie dem angeblich »wahllosen Geschlechtsverkehr« beizukommen sei, den sich die »verheirateten Frauen« nicht nur in Mainz von den »Bräuten« der Jugendgangs abgeschaut haben.⁴⁶

Aber es bleibt keineswegs nur beim Aussteigen, bei Libertinage und Wanderlust. Der Generalstaatsanwalt Hamburg berichtet 1942, daß sich in den Arbeitervierteln der Hafenstadt neue Jugendgangs gebildet haben, die »Totenkopfbande« bzw. die »Handschuhbande«. Sie seien darauf spezialisiert, Führer und Einrichtungen der HJ planvoll zu überfallen.⁴⁷ Der Generalstaatsanwalt Celle schreibt mehrfach über die Aktivitäten einer Hannoveraner »Al Capone-Bande«.⁴⁸ Etwa zur gleichen Zeit informiert der OLG-Präsident München tabellarisch über die »jüngsten Mütter Münchens«, die physiologische Folge einer Entwicklung, deren Massenhaftigkeit kein Kraut mehr gewachsen sei: »Junge Mädchen bis zu 14 Jahren herunter treiben sich... mit jungen Männern... herum und geben sich ihnen vielfach bedenkenlos geschlechtlich hin.«⁴⁹ Und dann folgen im Sommer 1943 die ersten umfassenden Berichte aus dem Rheinland und dem Ruhrgebiet: Über die Bewegung der »Edelweißpiraten« im Dreieck Duisburg-Essen-Düsseldorf und über die Kölner »Navajos«.⁵⁰ Über sie wurde in jüngster Zeit ausführlich geschrieben. Übersehen wurde dabei, daß sie nur die regionale Komponente einer reichsweit um sich greifenden Vermischung von sozialer Delinquenz und politischem Widerstand unter den Jugendlichen gewesen sind. Ihren antiautoritären Verhaltensweisen gegenüber standen die Machteliten lange Zeit sprach- und initiativlos gegenüber. Als die Justiz 1943/44 einsah, daß ihre inzwischen neu abgestuften Disziplinierungs- und Bestrafungsversuche nichts ausrichteten, registrierte sie mit in den Lageberichten wohldokumentierten Seufzern der Erleichterung, daß die neuen Sonderdezernate der Kripo- und Gestapoleitstellen nunmehr mit neuen Ideen einsprangen. Was sollte sie auch mit Jugendlichen anfangen, die »nicht mehr die erforderliche Achtung vor dem Gericht aufbringen, wie auch die Furcht vor Strafe vermissen lassen«⁵¹? Wenn dem so war, dann war auch gegenüber den Jugendlichen die Einführung von brutaler Zwangsarbeit und chronischer Vernichtungsdrohung unvermeidlich —

aus der Sicht derer, die sich mit der Überlebensperspektive des Regimes arrangiert hatten.

4. Die Ermordung von Fremdarbeitern — ein Kompetenzproblem?

Auch die Umstände und Probleme des nazistischen Fremdarbeitereinsatzes haben die Berichterstatter der Justiz zu umfangreichen Einzelmeldungen und Diskussionen veranlaßt. Durchgängig sind dabei die Beschwerden über ein nicht auszurottendes »Fraternisieren« zwischen Ausländern und Deutschen. Es ist möglich, daß die Juristen dabei einige spektakuläre Einzelbeobachtungen übertrieben. Wenn die Fremdarbeiter von vielen Bauern, Handwerkern und mittelständischen Unternehmern relativ gut behandelt wurden, dann sicher vor allem aus Kosten-Nutzen-Überlegungen: Niemand ist bereit, unter nackten Gewaltverhältnissen sein Bestes zu geben. Eine typische Einzelbeobachtung aus den Lageberichten steht für viele andere:

»Die Einstellung der meisten Bauern zu ihren ausländischen Arbeitern geht dahin, man soll sie ordentlich behandeln, damit (sie) willig und nicht bloß gezwungen arbeiten. In einem Fall, in welchem ein Bauer seine polnische Arbeiterin erschlagen hat, war die Bauernschaft gegen den Bauer sehr erbittert... Nicht verstanden wurde, daß der Bauer in erster Instanz freigesprochen wurde.«[52]

Dieser Standpunkt wurde sicher auch von einem Teil der Generalstaatsanwälte und OLG-Präsidenten geteilt. Aber über ökonomische Zweckrationalitäten sollten die Beziehungen keinesfalls hinausreichen. Den meisten gingen die in Strafverfahren und Vaterschaftsauseinandersetzungen ans Licht gezerrten Beziehungen entschieden zu weit. Was dabei verhandelt werde, sei aber »lediglich ein Quentchen von dem, was hier überhaupt — meist heimlich — passiert. Es besteht hier tatsächlich eine sehr ernste Gefahr für unser Volk hinsichtlich Überfremdung und Blutsvermischung... Mitleid und Fürsorge sind die Produkte... deutscher Gefühlsduselei.« Dagegen müsse auch die Justiz entschieden vorgehen. Es gehe nicht an, daß »der Fremdvölkische ... Orgien feiert, insbesondere... mit der deutschen Frau. Hier werden sehr unwürdige Zustände geschaffen, die bis ins Ehebett reichen, sogar mit dem Endeffekt des Kindbettes.«[53] Wer derlei vorbrachte, konnte natürlich schlecht gegen außerjuristische Terroraktionen Front machen.

Terroristische Aktionen gegen emotionale Beziehungen zwischen Deutschen und Ausländern aber waren gang und gäbe. Gnadenlos verfolgt wurden vor allem Kontakte zwischen deutschen Frauen und polnischen Fremdarbeitern. Ein paar Beispiele. Im Juni 1940 wurde in Hampenhausen (OLG-Bezirk Celle) »ein polnischer Landarbeiter.... wegen unzüchtiger

Handlungen« mit einem deutschen Mädchen auf Befehl des Reichsführers SS öffentlich gehängt.[54] Ähnliches geschah im Herbst 1940 in mehreren Fällen im Landgerichtsbezirk Lüneburg.[55] Gleichlautende Berichte trafen im Verlauf des darauffolgenden Jahrs dutzendweise aus dem gesamten Reichsgebiet ein.[56] Seit dem Jahreswechsel 1941/42 häuften sich die Hinweise darauf, daß die Gestapo auch nach Brandstiftungen auf Bauernhöfen und in Fabriken die angeblichen Delinquenten (oft mehrere auf einmal) an Ort und Stelle aufhängte.[57] Dabei ging die Gestapo nach einem bis in die Details festgelegten Schema vor, über das der Generalstaatsanwalt Linz folgendermaßen berichtete:

»Der Täter und das zur Vollstreckung... notwendige Gerät... werden mit einem gedeckten Lastkraftwagen von der Gestapo an den Tatort geführt... Wenn nun ein geeigneter Baum zum Hängen gefunden ist, werden die polnischen Arbeiter dieses Ortes zusammengerufen. Die übrige Bevölkerung wird davon abgehalten. Nach dem Zusammenkommen der polnischen Arbeiter wird der Täter aus dem Kraftwagen geholt und zur Richtstätte gebracht. Dort wird ihm von einem Beamten der Gestapo das Todesurteil verkündet, dessen Vollstreckung müssen zwei Polen vornehmen. Sobald der Arzt, der mit der Kommission eintrifft, den Tod des Gehängten feststellt, müssen die Polen den Gehängten vom Baume abknüpfen und den Leichnam in den Sarg legen und den Sarg im Lastwagen verstauen... (Es) wurde ... die Vermutung ausgesprochen, daß der Leichnam in das Konzentrationslager nach Mauthausen gebracht und dort verascht wird.«[58]

Was aber geschah mit den Partnerinnen der Unglücklichen? Auch über ihr Schicksal gibt es erschütternde Einzelschilderungen. Ein typisches Beispiel, wiederum aus dem OLG-Bezirk Linz:

»Nach den mir zugekommenen Mitteilungen soll sich eine Frau mit einem polnischen Kriegsgefangenen eingelassen haben. Statt gegen diese Frau eine Anzeige... zu erstatten, wurde diese Frau eines Tages mit einer Tafel auf der Brust: ›Ich habe mein Deutschtum verraten‹ im Auftrage eines Parteiorganes durch SA-Männer durch längere Zeit auf dem Marktplatze herumgeführt. Am nächsten Tage wurde diese Frau mit derselben Tafel geschmückt in die sieben Kilometer entfernte Kreisstadt Steyr geführt und dort wieder durch längere Zeit auf dem Marktplatze durch SA-Männer auf und abgeführt. Am darauf folgenden Tage wurde die Frau abermals von Sierning nach Steyr geführt und dort gegen 6 Uhr abend vor dem Tor der Waffenfabrik auf ein Podest gestellt und öffentlich zur Schau ausgestellt. Es sollen ihr sogar die Haare abgeschnitten worden sein. Tatsache ist jedoch, daß sie von jugendlichen Arbeitern angespuckt wurde. Die Frau soll nach diesem Vorfall vollkommen gebrochen in ohnmächtigem Zustande von der Polizei übernommen worden sein.«[59]

Es fällt schwer, nach solchen Schilderungen weiterzulesen. Wie ich in einem Fall rekonstruieren konnte, sind derart terroristische Gewalttaten noch allen damals Beteiligten in dramatischer Erinnerung, zugleich aber mit einem rigorosen Tabu des Schweigens belegt. Es kann erst aufgebrochen werden, wenn die Dokumente unwiderruflich auf dem Tisch liegen.

Die berichterstattenden Juristen hatten ganz andere Probleme. Sie referierten den Gestapo-Terror nur, weil er ihre eigene Verfolgungs- und Strafkompetenz einschränkte. Dabei ließen sie nicht unerwähnt, daß die Bevölkerung derartige Formen der Lynchjustiz tief verabscheute. Die allgemeine Ablehnung wurde auf die eigenen Mühlen geleitet: Harte, abschreckende und auch Todesstrafen sollten durchaus sein. Aber es sollte bitteschön dabei »rechtsstaatlich« zugehen.[60]

Bürgerliche Historiker neigen leicht dazu, in dieser Attitüde schon Elemente des Widerstands seitens der Justiz wahrzunehmen. Aus der Sicht der Verfolgten war es aber ziemlich gleichgültig, ob sie durch ein Sondergerichtsurteil oder durch eine Entscheidung des zuständigen Höheren SS- und Polizeiführers zu Tode gebracht wurden. Und auch wir sollten nicht vergessen, daß administrative Kompetenzkämpfe bedeutungslos sind, wenn für die Delinquenten nichts dabei herauskommt. Auch hierzu ein typischer Fall, diesmal aus dem Kammergerichtsbezirk Berlin: Ende 1941 war der polnische Zivilarbeiter Zielinski vom Sondergericht Berlin zu fünf Jahren Zuchthaus verurteilt worden. Nach einer Intervention des Oberreichsanwalts hatte das Reichsgericht das Urteil aufgehoben und an das Sondergericht zurückverwiesen.»Obwohl nach Lage der Dinge kein Zweifel daran bestehen konnte, daß Zielinski in der erneuten Verhandlung zum Tode verurteilt worden wäre, und obwohl die Vollstreckung des Urteils noch am Tage der Verkündigung hätte erfolgen können, ist Zielinski am 3. Januar 1942 der Geheimen Staatspolizei zur Verfügung gestellt worden.« Der Generalstaatsanwalt Berlin hatte seine Gründe, dies zu rügen: Es bedeutete »eine schwere Schädigung des Ansehens der Justizbehörden, wenn Zielinski unter Ausschaltung des gesetzlichen Verfahrens der Polizei ausgeantwortet wurde«[61]. Aber Zielinski? Das gesetzliche Verfahren winkte mit dem Fallbeil von Plötzensee, die ungesetzliche Gestapo war schneller und setzte einen Genickschuß.

Schluß

Die Lageberichte der OLG-Präsidenten und Generalstaatsanwälte belehren uns darüber, was einer Gesellschaft angetan werden kann, wenn ein Herrschaftssystem sie mit mehreren Unterdrückungssystemen gleichzeitig in Schach hält, die in gelenkter Konkurrenz zueinander stehen. Gerade die sich gegenseitig brutalisierende Arbeitsteilung zwischen »ordentlicher« Sondergerichtsbarkeit und dem weitaus elastischeren Strafsystem der »vorbeugenden Verbrechensbekämpfung« garantierte die innenpolitische

Effizienz des Naziregimes. Angesichts dieses Sachverhalts scheint es mir dritt- oder viertrangig, den dabei auftretenden Reibungen und Positionskämpfen zwischen den Repressionsinstrumenten auf den Grund zu gehen. Die hier vorgestellten Lageberichte sind voll davon. Ich halte die diesen Territorialkonflikten gewidmeten Passagen für das einzige, was der Historiker bei der Auswertung übergehen sollte.

Ansonsten sind die Lageberichte der regionalen Justizeliten eine hervorragende Quelle, zu denen es meines Wissens ein vergleichbares und ähnlich geschlossenes Pendant nicht gibt. Dieser glückliche Zufall sollte alle anspornen, die sich mit der Justizpolitik des »Dritten Reichs« beschäftigen. Er sollte dazu ermutigen, die Verbrechen der Nazijustiz in ihren sozialgeschichtlichen Zusammenhang zu stellen. Auch in Sachen Justizgeschichte kann es nur einen einzigen Standort geben, den, den uns auch Heinrich Hannover in seiner Arbeit und in seinen Büchern gezeigt hat: die kritische Sicht von unten.

Anmerkungen

[1] Für Heinrich Hannover in Dankbarkeit zum 60. Geburtstag

[2] Niederschrift über ein Treffen des Reichsjustizministers Gürtner mit dem Oberreichsanwalt und den Generalstaatsanwälten vom 23. September 1935. Bundesarchiv Koblenz (im folgenden abgekürzt BA), R 22/4277.

[3] Von den Lageberichten sind die sogenannten Wochenberichte zu unterscheiden, durch die das Reichsjustizministerium über alle ergangenen Urteile informiert wurde. Die Wochenberichte kamen dann in Gestalt von »Richterbriefen« von oben nach unten zurück, durch die eine politisch genehme »Ausrichtung« der Urteilsfindung angestrebt wurde.
Vgl. dazu Heinz Boberach (Hrsg.), Richterbriefe: Dokumente zur Beeinflussung der deutschen Rechtsprechung 1942 - 1944, Boppard 1975.

[4] Vorhanden in BA, R 22/1187.

[5] Die »Meldungen aus dem Reich« basierten wesentlich auf den Lageberichten der Oberabschnitte des Sicherheitsdienstes der SS. Sie waren für die internen Machtzirkel bestimmt und fungierten gleichzeitig als ein Vehikel für die Sonderinteressen der SS. Aufregend und sicher den hier dargestellten Lageberichten der Justiz gleichzustellen sind nur die Meldungen der SD-Oberabschnitte, die aber nicht in ähnlicher Geschlossenheit vorliegen.
Zu den »Meldungen aus dem Reich« vgl. die jüngste, fast vollständige Edition von Heinz Boberach (Hrsg.), Meldungen aus dem Reich, Herrsching 1984.

[6] Der Erlaß liegt vor in BA, R 22/243.

[7] Vgl. BA, R 22/3355 - 3389; 3390 (Oberreichsanwalt); 243, 1187, 4277 (Verfahrensakten); sowie Streuakten zu den OLG-Bezirken München 1936 ff., Hamm und Karlsruhe. Von diesen Akten habe ich 15 für die vorliegende Arbeit zu Rate gezogen.

[8] Vgl. Hans Schütz, Bamberger Berichte, Bamberg 1983; Klaus Oldenhage, Die Pfalz und das Saarland während des Krieges (1940 - 1945). Aus den Lageberichten des Oberlandesgerichtspräsidenten und Generalstaatsanwaltes in Zweibrücken, in: Jahrbuch für westdeutsche Landesgeschichte, Koblenz, 5, 1979, 303 ff.

[9] OLG-Präsident München vom 7.1.1936, R 22/2958.

[10] OLG-Präsident München vom 4.11.1936, ebenda.
[11] Generalstaatsanwalt Bamberg vom 30.5.1940, R 22/3355.
[12] OLG-Präsident Bamberg vom 30.4.1940, ebenda.
[13] Generalstaatsanwalt Danzig vom 30.5.1940, ebenda.
[13] Generalstaatsanwalt Danzig vom 30.5.1940, R 22/3360.
[14] Der OLG-Präsident Bamberg, Dürig, galt als »Defaitist«. Er wurde im Herbst 1944 von Reichsjustizminister Thierack wegen seiner mißliebig gewordenen Berichterstattung abgesetzt. Die Spitzenvertreter der Danziger Justiz waren harte Nazis, die prinzipiell alle in ihrem Bezirk durchgeführten Massenmorde deckten und sich bis zuletzt in Durchhalteparolen übten.
[15] OLG-Präsident Bamberg vom 2.1.1941, Generalstaatsanwalt Bamberg vom 4.2.1941. R 22/3355.
[16] Generalstaatsanwalt Berlin vom 1.4.1941, R 22/3356.
[17] Ebenda.
[18] OLG-Präsident Bamberg vom 25.6.41, R 22/3355.
[19] OLG-Präsident München vom 3.9.41, R 22/3379.
[20] Generalstaatsanwalt Berlin vom 30.9.41, R 22/3356.
[21] OLG-Präsident Bamberg vom 29.6.42, R 22/3355.
[22] Vgl. dazu die Meldungen in R 22/3359 (Celle), 3363 (Düsseldorf), 3364 (Frankfurt/M.), 3366 (Hamburg).
[23] OLG-Präsident Bamberg vom 29.3.43, R 22/3355.
[24] Generalstaatsanwalt Berlin vom 30.1.43, R 22/3356.
[25] Generalstaatsanwalt Celle vom 29.1.44, R 22/3359.
[26] Kammergerichtspräsident Berlin vom September 1944, R 22/3356, Bl. 97.
[27] Generalstaatsanwalt Berlin vom 31.7.42, ebenda.
[28] Generalstaatsanwalt Berlin vom 31.5.44, ebenda.
[29] Vgl. R 22/3387.
[30] Generalstaatsanwalt München vom 28.11.40, R 22/3379.
[31] OLG-Präsident Bamberg vom 2.1.41, R 22/3355.
[32] Generalstaatsanwalt Düsseldorf vom 30.3.41, R 22/3363.
[33] OLG-Präsident Bamberg vom 1.3.41.
[35] Generalstaatsanwalt Celle vom 1.8.41, R 22/3359.
[36] Landgerichtspräsident Osnabrück, zitiert in OLG-Präsident Celle vom 2.9.41, ebenda.
[37] OLG-Präsident Darmstadt vom 10.5.41, R 22/3361.
[38] OLG-Präsident Düsseldorf vom 1.11.41, R 22/3363
[39] OLG-Präsident Celle vom 28.2.42, R 22/3359.
[40] Vgl. R 22/3364.
[41] Vgl. R 22/3366.
[42] Beilage zum Bericht vom 26.9.40, R 22/3364.
[43] Generalstaatsanwalt Celle vom 27.1.41, R 22/3359.
[44] Ebenda.
[45] Generalstaatsanwalt Dresden vom 19.8.42, R 22/3362.
[46] Vgl. Generalstaatsanwalt Frankfurt/M. vom 28.1.43, R 22/3364.
[47] Generalstaatsanwalt Hamburg vom 12.3.42, R 22/3366.
[48] Vgl. R 22/3359, Berichte aus dem Jahr 1943.
[49] OLG-Präsident München vom 30.4.42, R 22/3379.
[50] Vgl. die Lageberichte Düsseldorf 1943/44 in R 22/3363; sowie Oberreichsanwalt beim Volksgerichtshof vom 19.2.44, R 22/3390.
[51] Generalstaatsanwalt Breslau vom 20.12.41, R 22/3358.
[52] OLG-Präsident Linz vom 6.12.43, R 22/3377.

[53] OLG-Präsident Bamberg vom 1.12.44, R 22/3355.
[54] Generalstaatsanwalt Celle vom 31.7.40, R 22/3359.
[55] Generalstaatsanwalt Celle vom 27.1.41, ebenda.
[56] Vgl. R 22/3356 (Berlin), R 22/3358 (Breslau), R 22/3363 (Düsseldorf), R 22/3367 (Hamm), R 22/3375 (Königsberg), R 22/3381 (Nürnberg), R 22/3386 (Stettin).
[57] Dazu vor allem R 22/3358 (Breslau), R 22/3359 (Celle 1941), R 22/3360 (Danzig), R 22/3377 (Linz).
[58] Generalstaatsanwalt Linz vom 22..4.42, R 22/3377.
[59] Ebenda.
[60] Typisch dafür die Stellungnahmen aus Celle, R 22/3359.
[61] Generalstaatsanwalt Berlin vom 21.1.42, R 22/3356.

Günther Schwarberg
Der »gute Anwalt«

Erst war es nur ein einziger Name, den wir in der frühen Friedensbewegung Anfang der fünfziger Jahre als »guten Anwalt« kannten: Diether Posser. Damals hatte jeder anständige Mensch mindestens ein Ermittlungsverfahren, wenn nicht ein Strafverfahren am Hals, weil Anständigkeit damals bedeutete: gegen die Remilitarisierung der Westzonen Deutschlands zu kämpfen, also gegen die Wiedereinführung des alten Nazi-Militarismus, der alten Nazi-Offiziere, des alten Nazi-Antikommunismus. Und da die alten Nazi-Richter ihren Kameraden juristischen Flankenschutz gaben, standen die anständigen Menschen schnell vor dem Kadi oder wurden eingesperrt. Das Heldenlied derjenigen ist noch nicht geschrieben, die damals aus Hitlers Konzentrationslagern fast übergangslos wieder in Adenauers Kerker geworfen wurden, genauso wenig wie die schändliche Geschichte derjenigen geschrieben ist, die als »Mörder in Roben« nach dem Kriege ihre Karriere fortsetzten.

Natürlich gab es außer Posser eine ganze Reihe aufrechter Antifaschisten unter den deutschen Rechtsanwälten, aber der Name Diether Posser stand eben für sie.

Dann kam ein zweiter Name dazu. Heinrich Hannover. Und wenn man nun die drei Jahrzehnte überschlägt, die seitdem vergangen sind, und sich noch einmal klar macht, was aus den Menschen von damals geworden ist, auch beispielsweise aus Posser und Hannover, dann wird ein Charakterzug besonders deutlich: die Treue. Heinrich Hannover ist sich selbst treu geblieben. Ein geradliniger Mensch. Einer, der in der Richtung weitergegangen ist, die er als richtig erkannt hat. Einer, der noch dieselben Freunde hat wie damals, auch wenn er inzwischen viele neue dazugewonnen hat. Einer, der nie einen Kompromiß mit dem Antikommunismus eingegangen ist. Einer, der nie Opportunist war.

Ich habe keine Ahnung mehr, wann ich ihn zum ersten Male gesehen habe. Er existierte schon lange als feste Vorstellung in mir, und ich glaube, an diesem Bild habe ich nichts retuschieren müssen, als es Realität wurde.

Ich weiß auch nicht einmal mehr, welches der erste Prozeß war, bei dem ich ihn vor Gericht erlebte. Mag sein, der Bahnpolizistenprozeß in Hamburg. Der jedenfalls ist mir immer besonders deutlich in Erinnerung, wenn ich an Heinrich Hannover als Verteidiger denke. Der Fall war so simpel, wie tausende Demonstrationsfälle in einem Land wie der BRD nun einmal liegen: Als die Hamburger Bahnpolizei Demonstranten festnahm, wendete sie die ihr zur Verfügung stehenden Mittel körperlichen Zwangs an. Einfacher gesagt: Die Bullen schlugen die unbewaffneten Menschen mit den Ketten ihrer Handschellen zusammen. Und dann wurden die Zusammengeschlagenen natürlich wegen Widerstandes gegen die Staatsgewalt angezeigt. Das war so und das wird so bleiben, bis die Klassenjustiz bei uns überwunden ist.

Schlechte Chancen für den Angeklagten, schlechte Chancen für die Verteidigung. Es war schon haarscharf am Urteil, da entdeckte Heinrich Hannover ein neues Beweismittel: Jemand hatte einen Film gedreht, und den ließ Heinrich Hannover im Gerichtssaal vorführen. Da sah man die Ketten blitzen, da sah man die wehrlosen Menschen, die ihre Köpfe mit bloßen Händen gegen das sausende Eisen schützten, und da war bei bösester Würdigung der Beweismittel keine Verurteilung der Demonstraten mehr möglich, sondern nur noch Freispruch.

Ich habe nie erfahren, ob später die Bahnpolizisten wegen Körperverletzung verurteilt worden sind, ob sie ein Disziplinarverfahren bekamen oder ob sie mit Ketten und Handschellen weiter ihrem Bahnhof und ihrem Staat gedient haben. Nach meiner eigenen Lebenserfahrung nehme ich eher das letzte an.

Aber mir ist damals auch klar geworden: So ein Film fliegt einem Verteidiger nicht zu wie eine Friedenstaube. Dazu gehört Arbeit. Gründliches Recherchieren. Ideenreichtum. Denken in anderen Dimensionen als den justizförmigen. Und: Solidarität. Wenn einer wie Hannover vielen Menschen gegenüber solidarisch ist, dann sind auch viele Menschen mit ihm solidarisch. Und dann meldet sich schon mal einer und sagt: Übrigens weiß ich, da hat jemand einen Film gedreht...

Solidarität ist etwas was man haben und was man pflegen muß. Hannover tut es, und ich fühle mich gerade in dieser Existenzfrage ihm sehr nahe. Solidarität realisiert sich ja nicht nur in lebensentscheidenden Situationen, sondern viel häufiger im grauen Alltag: Gehe ich zu einer Demonstration, obwohl es schneidend kalt ist und regnet und ich ohnehin vergrippt bin? Die Selbstverständlichkeit, sich auch durch lästige Unannehmlichkeiten nicht von einer selbstverständlichen Handlung abbringen zu lassen... Solidarität ist das Gegenteil vom Bockprinzip, also nur das zu tun, worauf man gerade Bock hat: die POUM-Leute im spanischen Bürgerkrieg, denen der Bau von Schützengräben zu lästig war und die bei der faschistischen Offensive von Quinto überrannt und erst vom Grabensystem der Internationalen Brigaden wieder aufgefangen wurden; unsere Freaks, die von Nicaragua verlangen, daß nur diejenigen gegen die Mordbanden der Contras eingesetzt werden sollen, die zum Kämpfen Lust haben.

Ich schweife ab, Verzeihung. Dem lästigen Kleinkram ist, so weit ich das weiß, Heinrich Hannover nicht ausgewichen. Als ich mit meinem Kollegen Gerhard Kromschröder vor ein paar Tagen über Heinrich Hannover sprach, erzählte er mir: »Der ist nach Papenburg gekommen und hat mich vor dem Prüfungsausschuß für Wehrdienstverweigerer vertreten. Erfolgreich.«

Hat keinen Vertreter geschickt, ist selbst hingefahren. Nach Papenburg, wo die Emslandlager vergessen gemacht wurden. Wo sie heute noch nichts für Ossietzky getan haben, der dort geschunden und todesreif geschlagen wurde. Wo sie heute auf dem Todeslager Esterwegen ein Bundeswehrdepot errichtet haben, die Herren Leber und Wörner und ihr Papenburger Anhang, und nicht einmal eine alte Baracke zur Verfügung stellen wollen, weil die für militärische Zwecke gebraucht werde. Wo das Lied der Moorsoldaten entstanden ist und wo heute die paar Hinweistafeln, aufgestellt von trotzigen Initiativgruppen, von den gestrigen Leuten wieder umgerissen werden.

Ich weiß, es ist falsch, »sie« zu sagen und »die Leute«. Gibt ja immer mehr, die solche Tafeln aufstellen, die das Moorsoldatenlied singen, die den Kriegsdienst verweigern. Aber die sitzen nicht in den Ausschüssen und nicht in der Staatsanwaltschaft und haben keine Richterroben an. Oder doch? Gibt es heute etwa auch in Papenburg schon Richter und Staatsanwälte für den Frieden? Mitglieder der Vereinigung demokratischer Juristen? Ein DKP-Mitglied im Senat?

Schon wieder abgeschweift. Solidarität macht natürlich keinen Staranwalt. Der lebt von anderen Zutaten, und ich meine nicht nur das Geld. Der brilliert mit atemberaubender Rede und holt Tricks aus der Kiste. Hannover arbeitet. Findet die Spurenmappe 59, die der Vorsitzende Richter eben nicht gefunden hatte, als er den Otto Becker wegen Vergewaltigung in Tateinheit mit Mord zu zwölf Jahren und drei Monaten Haft verurteilte, und erst Hannover macht aus dem Fehlurteil wieder Recht. Spürt die falsche Besetzung des Gerichts auf. Beweist, daß Karl-Heinz Roth nicht die Autotür aufgerissen und auf die Polizei geschossen hat.

Der Freispruch von Karl-Heinz Roth ist eine der größten Rechtsleistungen eines Anwalts in der Geschichte des Unrechts der BRD. Roth ist nicht nur vor lebenslanger Haft bewahrt worden, sondern vor dem Tode. Wer die Bedingungen kennt, unter denen der schwerverletzte Mann in Haft gehalten und geschunden wurde, weiß, daß er keine Chance gehabt hätte. Roth verdankt sein Leben dem Rechtsanwalt Heinrich Hannover. Was heißt es vor diesem Hintergrund schon, wenn die sogenannte Rechtspflege dem Freigesprochenen jede Entschädigung verweigert, die sie dem Massenmörder Arnold Strippel in so überreichem Maße nachgeworfen hat — 121.000 Mark? Was soll so etwas schon heißen, wenn man weiß, warum die Herrscher der Justiz so hitzig bestreiten, sie seien Organe der Klassenjustiz?

Nach dreißig Jahren weiß man, wer wo steht in diesem System und wie er steht. Daß Heinrich Hannover als Nebenkläger den letzten noch lebenden Mörder Thälmanns vor Gericht bringt (wenn der Justiz nicht noch etwas dazu einfällt), das hat seine historische Logik. Daß die Justiz diesen Thälmann-Mörder Klaus Otto siebenmal verschont hat vor Strafe, hat ebenfalls seine historische Logik genau so wie die Haltung der Schulbehörde, die den Kommunistenmörder Otto als Lehrer beschäftigt und jeden Kommunisten hinausgeworfen hat.

Ein Mann ist sechzig geworden, in Ehren.

Gerhard Stuby
Rechtliches Gehör und Nürnberger Prozeß

I.

Das Recht auf ein faires Verfahren zählt zu den wesentlichen Grundsätzen eines rechtsstaatlichen Verfahrens, insbesondere des Strafverfahrens mit seinen möglichen einschneidenden Auswirkungen für den Beschuldigten. Dieser soll nicht nur Objekt des Verfahrens bleiben. Zur Wahrung seines Rechtes, auf den Gang und das Ergebnis des Verfahrens z. B. durch das Einbringen von Beweismitteln, Einfluß zu nehmen, ist ihm der Anspruch auf rechtliches Gehör garantiert. So das Bundesverfassungsgericht in ständiger Rechtsprechung (vgl. vor allem BVerfGE 46, 210 m.w.Nachw.).

Dieses urbürgerliche Grundrecht ist zum ersten Mal in der nicht in Kraft getretenen Jakobinerverfassung von 1793 im Art. 14 verbrieft. Für die Bundesrepublik ist es verfassungsrechtlich durch Art. 103 GG garantiert. Dieses Recht enthält nach Wassermann (Alternativkommentar zu Art. 103) drei Verwirklichungsstufen:
1. das Recht auf Information,
2. das Recht zur Stellungnahme und
3. das Recht auf Berücksichtigung der Stellungnahme.

Im Rahmen aller drei Verwirklichungsstufen ist das Recht enthalten, sich im Strafverfahren von einem gewählten Anwalt seines Vertrauens verteidigen zu lassen und falls die Mittel fehlen, in schwerwiegenden Fällen von Amts wegen auf Staatskosten einen rechtskundigen Beistand (Pflichtverteidiger) zu erhalten.

Auf dieses Institut des rechtlichen Gehörs mit den skizzierten Implikationen wird nicht nur in den Sonntagsreden der offiziellen Politik verwiesen, wenn mit oft penetrantem Stolz vom Rechtsstaat Bundesrepublik, dem freiheitlichsten Staat aller Zeiten auf deutschem Boden, die Rede ist. Wissenschaft und Rechtsprechung stehen diesen Lobeshymnen, wenn auch in etwas subtilerer Form, in keiner Weise nach.

Heinrich Hannover kommt das Verdienst zu, sowohl durch sein engagiertes Auftreten als Verteidiger in politischen Prozessen als auch publizistisch[1] auf gravierende Verletzungen dieses so wichtigen Grundsatzes hingewiesen zu haben. Daß er sich damit nicht das Wohlwollen derjenigen zugezogen hat, an deren sorgsam auf die Mißstände aufgelegten Lack er zu kratzen wagte, steht auf einem anderen Blatt. Heinrich Hannover hat mir im Laufe unserer schon über zehn Jahre bestehenden Freundschaft oft Einzelheiten der Praxis der Behandlung von Verteidigern, insbesondere in den sog. Terroristenprozessen, erzählt. Ich muß gestehen, anfangs hatte ich Schwierigkeiten, manches zu glauben. Mir waren zwar Praktiken, später aus eigener Anschauung und Erfahrung in Ländern wie Chile, El Salvador, auch Israel (insbesondere in den besetzten Gebieten) bekannt. Trotz aller kritischen Einstellungen gegenüber den staatlichen Institutionen der Bundesrepublik hatte ich Praktiken in diesem Umfang jedoch nicht für möglich gehalten.

In der letzten Zeit beschäftigte ich mich im Rahmen eines Forschungsprojektes mit der Fragestellung, welchen Beitrag das Völkerrecht zur Kriegsverhütung leisten kann. Dabei stoße ich immer wieder auf die Nürnberger Prozesse, besonders auf das in den fast 60 Bänden[2] angehäufte Dokumentenmaterial. Mehr am Rande dieser Beschäftigung im Zusammenhang mit der Wiederkehr des 40. Jahrestags der Eröffnung des Nürnberger Hauptkriegsverbrecherprozesses bin ich auf ein Argument der Kritiker dieser Prozesse gestoßen. Nämlich, diese Prozesse seien u. a. deshalb bedenklich, weil massiv gegen den Grundsatz des rechtlichen Gehörs verstoßen worden sei. Der Verteidiger von Rudolf Hess, Alfred Seidl[3], hat diesen Vorwurf folgendermaßen zusammengefaßt:[4]

»*Auch wurde die Verteidigung in einer mit dem internationalen Minimumstandard nicht zu vereinbarenden Weise beeinträchtigt. Schon rein faktisch wurde die von dem zur Anwendung gelangenden angelsächsischen Strafprozeßrecht erforderte Waffengleichheit zwischen Anklage und Verteidigung mißachtet... Bezeichnend ist in diesem Zusammenhang eine Kontroverse zwischen Rechtsanwalt Dr. Dix, dem Verteidiger des Angeklagten Schacht und Sprecher der Gesamtverteidigung, und der Anklagevertretung. Dr. Dix wies auf § 160 der deutschen Strafprozeßordnung hin, nach dem die Staatsanwaltschaft nicht nur die zur Belastung, sondern auch die zur Entlastung dienenden Umstände zu ermitteln und für die Erhebung der Beweise Sorge zu tragen hat, deren Verlust zu besorgen ist. Denn nur dies entspricht der Stellung der Staatsanwaltschaft als ein zu Gerechtigkeit und Objektivität verpflichtetes Rechtspflege- und Justizorgan. (Dieser Illusion von der objektivsten Behörde der Welt bin ich früher auch aufgesessen.. An ihrer Demontage hat Heinrich Hannover mitgewirkt). Der amerikanische Hauptanklagevertreter Jackson lehnte die Übernahme einer solchen Aufgabe auch für die übrigen Anklagedelegationen rundweg ab und erklärte kategorisch, daß die Anklagevertretung nur die zur Überführung der Angeklagten geeigneten Beweismittel vorlegen werde. Es sei Sache der Verteidigung, die zur Entlastung geeigneten Umstände vorzutragen und die geeigneten Beweismittel vorzulegen.*

Das Gericht hat dieser von Jackson vertretenen Rechtsansicht nicht widersprochen, sie sich also zu eigen gemacht. Die Verteidigung war aber zur Erfüllung der ihr nach diesem Verfahrensrecht übertragenen Aufgabe häufig gar nicht in der Lage, auch wenn es solche Beweismittel, insbesondere Urkunden, gab. Die Armeen der Sieger des 2. Weltkrieges haben bei ihrem Vormarsch durch besondere

> *Kommandos das gesamte deutsche Aktenmaterial und das übrige Schriftgut systematisch gesammelt, darunter die Akten sämtlicher Ministerien und der ihnen nachgeordneten Behörden, selbstverständlich auch die Akten der Verwaltungen in den besetzten Gebieten, die Akten des Oberkommandos der Wehrmacht und der einzelnen Wehrmachtsteile usw. Dazu hatten die Verteidiger praktisch keinen Zugang, und selbst wenn ihnen dieser Zugang gestattet worden wäre, hätten sie gar nicht die Zeit und die erforderlichen Hilfskräfte gehabt, um mit einiger Aussicht auf Erfolg diese Arbeit durchzuführen. Zwar konnten die Verteidiger beim Gericht die Herbeischaffung bestimmter Dokumente beantragen, aber für die Stellung eines solchen Antrages war natürlich Voraussetzung, daß die Verteidiger überhaupt Kenntnis von der Existenz solcher Dokumente hatten. Von einer Waffengleichheit zwischen Anklagevertretung und Verteidigung konnte also keine Rede sein.« (S. 21)*

Ich erinnerte mich. Das war doch das Beispiel (neben den zusätzlichen: Gericht des Siegers, was damals als Recht galt, kann heute kein Unrecht sein, Rückwirkung), das mir vor dem »Abfall von der herrschenden Lehre« in der gängigen völkerrechtlichen und strafrechtsgeschichtlichen Literatur der Bundesrepublik serviert wurde, wenn es um die Demonstration einer möglichen Verletzung des Prinzips des rechtlichen Gehörs ging.[5]

In den folgenden Ausführungen möchte ich mich mit diesem Vorwurf anhand zweier Fallbeispiele (Auswahlmöglichkeit der Verteidiger, Versuch der Einführung des geheimen Zusatzprotokolls zum sog. Hitler-Stalin-Pakt) etwas näher beschäftigen. Ausgehend von meinem Ergebnis werde ich dann einige Fragestellungen zu der Problematik des Verteidigers in politischen Strafprozessen skizzieren.

II.

Wie kam es zu dem Nürnberger Prozeß? Ich muß etwas weiter ausholen.

Die Nazis waren nicht nur mit brutalem Terror gegen die eigene Bevölkerung an die Macht gekommen, sondern systematisierten diesen Terror zur Erhaltung und zum Ausbau ihrer Macht in den staatlichen Institutionen. Dies war im Ausland bekannt. Ebenso machte man bald schon nach den ersten Kriegstagen die Erfahrung, daß für die deutsche Armee die üblichen Regeln des Kriegsvölkerrechtes nicht galten. Die Unterschiede der Kriegsführung gegenüber den westlichen Staaten einerseits und gegenüber der Sowjetunion seit dem 21. Juni 1941 andererseits — hier wurde der totale Krieg rücksichtslos praktiziert — nahm man sehr wohl zur Kenntnis. Mit einem gewissen time lag[6] sickerten die bis dahin unvorstellbaren Fakten der monströsen Ausführungen des Völkerausrottungsprogrammes gegenüber Juden, Zigeunern, Sklaven etc. durch. Das ganze Ausmaß der gegenüber früheren Kriegen anderen Qualität der Kriegsführung (verbrannte Erde als Vorgeschmack einer nuklearen Apokalypse) und des Genozides in »befriedeten« (nicht Friedens-)Zeiten sollte sich aber erst nach dem durch die militärischen Glanzleistungen der Roten Armee erzwungenen Rückzug der deutschen Armee zeigen. Das war zu einem Zeitpunkt, als der Krieg schon militärisch entschieden war. Jetzt, als einerseits die Fragen einer möglichen Nachkriegsordnung in den Vordergrund traten, andererseits eine gewisse Einwirkung auf die Verbrechensenergie der den Holocaust Ausführenden nicht ausgeschlossen wurde, stellte man sich die Frage der Behandlung der Hauptkriegsverbrecher.

Es dürfte sich wohl um ein, wenn auch immer wieder kolportiertes Gerücht handeln, daß die Verantwortlichen der Antihitlerkoalition — je nach Geschmack besonders Stalin oder Churchill — an die standrechtliche Erschießung von etwa 50.000 militärischen und politischen Verantwortlichen ohne Verfahren gedacht hätten. In einem Befreiungskrieg der Völker mit den Zielsetzungen der Atlantik-Charta und später der UNO-Charta wäre ein solches auch nur ansatzweise Auge um Auge, Zahn um Zahn-Denken und insbesondere seine Umsetzung kaum möglich gewesen. Zu diesem Ergebnis kommt auch Telford Taylor, zunächst stellvertretender amerikanischer Ankläger im Hauptprozeß, dann Hauptankläger in den zwölf Nachfolgeprozessen:

> »Keinem der europäischen Staaten, selbst denen die unter den Nazis am meisten gelitten hatten, war je eine solche Idee gekommen, nicht einmal zu jener Zeit, als sie noch hilflos in deutscher Knechtschaft lagen. Die Erklärung von St. James verlangte Verhandlungen ›durch ordentliches Gerichtsverfahren‹ und sah die Bestrafung nur für Personen vor, die ›vor Gericht gestellt‹ und für schuldig befunden worden waren. Es ist klar erkennbar, daß eines der Hauptziele der Erklärung von St. James die Aburteilung der Grausamkeiten als Verletzung des Rechts durch ein ordentliches Prozeßverfahren war. Dieses Prinzip war mindestens ebenso wichtig wie die Bestrafung der Einzelpersonen, die Grausamkeiten begangen hatten.« (S. 12)

Die Einzelheiten der weiteren Genese des Nürnberger Prozesses kann ich nicht behandeln, insbesondere die Tätigkeit der Kriegsverbrecherkommission der Vereinten Nationen (UNWCC). Sie trug wesentlich zur Erklärung der Moskauer Konferenz vom 1. November 1943 bei. Das Londoner »Abkommen über die Verfolgung und Bestrafung der Hauptkriegsverbrecher der europäischen Achse« sowie als Anhang eine »Verfassung des Internationalen Militärgerichtes« vom 26. Juni 1945 schufen dann endgültig die juristische Basis für die Nürnberger Prozesse.[7]

III.

Das IMT-Statur regelt einerseits die Frage der Anwendung des materiellen Strafrechtes. In Art. 6 werden die drei Verbrechenskategorien: Verbrechen gegen den Frieden, Kriegsverbrechen und Verbrechen gegen die Menschheit normiert. Andererseits regelt das Statut auch prozessuale Fragen.

> *Art. 16: Zwecks Wahrung der Angeklagten soll folgendes Verfahren eingeschlagen werden:*

.......d) Der Angeklagte hat das Recht, sich selbst zu verteidigen oder sich verteidigen zu lassen.
e) Der Angeklagte hat das Recht, persönlich oder durch seinen Verteidiger Beweismaterial für seine Verteidigung vorzubringen und jeden von der Anklagebehörde geladenen Zeugen im Kreuzverhör zu vernehmen.
Art. 19: Der Gerichtshof ist an Beweisregeln nicht gebunden, er soll im weiten Ausmaß ein schnelles und nicht formelles Verfahren anwenden und jedes Beweismaterial, das ihm Beweiswert zu haben scheint, zulassen.
Art. 20: Der Gerichtshof kann vor der Beweisantretung Auskunft über die Natur des Beweismittels verlangen, um über seine Erheblichkeit entscheiden zu können.
Art. 21: Der Gerichtshof soll nicht Beweis für allgemein bekannte Tatsachen fordern, sondern soll sie von Amts wegen zur Kenntnis nehmen; dies erstreckt sich auf öffentliche Urkunden der Regierung und Berichte der Vereinten Nationen, einschließlich der Handlungen und Urkunden der in den verschiedenen alliierten Ländern für die Untersuchung von Kriegsverbrechen eingesetzten Komitees sowie die Protokolle und Entscheidungen von Militär- oder anderen Gerichten irgendeiner der Vereinten Nationen.

Weitere Einzelheiten wurden in der Verfahrensordnung des IMT festgelegt, die dieser entsprechend Art. 13 des IMT Statuts am 29.10.1945 aufgestellt hatte.

Vorschrift 2 d: Jeder Angeklagte hat das Recht, sich selbst zu verteidigen oder sich des Beistandes eines Verteidigers zu bedienen...
Vorschrift 4 a: Außerdem soll der Antrag die Tatsachen, die durch den Zeugen oder die Urkunde bewiesen werden sollen, und die Gründe angeben, warum diese Tatsachen für die Verteidigung erheblich sind.
Vorschrift 9 b: Der Begriff »amtliche Urkunde« (»official document«), »schließt die Anklageschrift, Verfahrensvorschriften, schriftliche Anträge, schriftliche Anordnungen, Beschlüsse und Urteile des Gerichtshofes ein. Diese sollen in englischer, französischer, russischer und deutscher Sprache sein. Urkundliches Beweismaterial oder Vorlagen können in der Sprache der Urkunde angenommen werden, aber eine Übersetzung davon ins Deutsche soll den Angeklagten zur Verfügung gestellt werden.«

IV.

Wie sah nun die Praxis der Handhabung dieser Vorschriften aus? Wurde die Verteidigung tatsächlich behindert, wie es Seidl, der Verteidiger von Rudolf Hess, behauptete. Das erste Beispiel soll hier nur ganz kurz abgehandelt werden.

Alfred Seidl war Verteidiger von Hans Frank und Rudolf Hess. Er schildert den etwas pathetischen Vorgang der Mandatsübernahme von Hans Frank folgendermaßen:

»Dr. Frank sagte ...: Übernehmen Sie doch meine Verteidigung. Ich erwiderte, daß das völlig ausgeschlossen sei ... Er sagte wörtlich zu mir: Ich habe das Gefühl, daß Sie mir der liebe Gott schickt. Dazu muß man wissen, daß Dr. Frank Altkatholik war und in Nürnberg zum römisch-katholischen Glauben übergetreten ist. Er hat sich in Nürnberg von dem Franziskaner Pater Sixtus aus New York taufen lassen. Als ich immer noch keine Bereitschaft zeigte, diese Aufgabe

zu übernehmen ... nahm er eines der Vollmachtsformulare heraus, unterzeichnete es und schob es mir mit der Bemerkung hin: So, jetzt sind Sie mein Verteidiger.« (S. 28)

Rudolf Hess wurde zunächst von einem anderen Anwalt als Offizialverteidiger vertreten. Da er mit diesem nicht zufrieden war, wollte er zu Alfred Seidl wechseln, der zunächst zögerte.

»*Auf die Frage, wie das Gericht überhaupt auf einen solchen Gedanken kommen könne, erwiderte er (der Generalsekretär), daß Rudolf Hess während der Mittagspause an das Gericht ein Schreiben gerichtet habe, in dem er den Gerichtshof bittet, ihm mich als Verteidiger beizuordnen. Ich erklärte darauf, daß der bisherige Offizialverteidiger von Rohrscheidt seine Sache gut gemacht habe und kein Grund bestehe, in der Verteidigung von Rudolf Hess einen Wechsel vorzunehmen. Darauf der Generalsekretär:* ›*Wenn aber das Gericht Sie als Offizialanwalt für Rudolf Hess bestellt, dann werden Sie sich doch der Erfüllung dieser Aufgabe nicht entziehen.*‹ *Darauf ich:* ›*Sagen Sie dem Präsidenten des Gerichtes, es möge von einem solchen Beschluß absehen*‹. *Ich ging darauf in den Gerichtssaal zurück, und es dauerte nicht lange, bis der Gerichtshof wieder in den Verhandlungssaal kam. Der Vorsitzende des Gerichtshofes, Lord-Richter Lawrence, verkündete daraufhin folgenden Beschluß:* ›*Auf Antrag des Angeklagten Rudolf Hess wird ihm Rechtsanwalt Dr. Seidl als Verteidiger beigeordnet, der aber natürlich seine Aufgaben als Verteidiger des Angeklagten Frank weiterhin zu erfüllen hat.*‹« *(S. 28)*

Diese Zitate mögen genügen zum Beleg, daß in der Wahl der Verteidiger das Gericht sich völlig korrekt verhalten hat. Ein Vergleich mit der bundesrepublikanischen Praxis in den sog. Terroristenprozessen wäre sicherlich nicht schmeichelhaft für die Bundesrepublik.

Auch hinsichtlich der Zugänglichkeit von Dokumenten, die von der Anklagevertretung als Beweismaterial vorgelegt wurden, kommt Seidl selbst zu dem Ergebnis.

»*Tatsächlich wurden dann auch alle Dokumente, die die Anklagevertretung als Beweismaterial vorlegte, rechtzeitig den Verteidigern zugeleitet. Das war umso wichtiger, als der Prozeß nicht nach kontinentaleuropäischem Prozeßrecht geführt wurde, sondern nach anglo-amerikanischem Strafprozeßrecht. Es kommt hinzu, daß zwar auch Zeugen vernommen wurden, daß der Nürnberger Prozeß aber im wesentlichen doch ein Urkundenprozeß war. Es wurden von den Anklagevertretungen mehrere Tausend Dokumente vorgelegt, darunter so umfangreiche Urkunden wie Reden Hitlers, Befehle, Erlasse, Denkschriften, Rundschreiben, Berichte u.a.. Aus diesen oft sehr umfangreichen Urkunden wurden meist nur wenige Abschnitte oder Sätze in der Hauptverhandlung verlesen. Die Verteidigung konnte sich daher über die Zulässigkeit eines Beweismittels, insbesondere einer Urkunde, natürlich nur dann ein Bild machen, wenn ihr die ganze Urkunde vorgelegt wurde.« (S. 30)*

Es stimmt natürlich, daß die Anklagevertretung allein schon wegen der Vorarbeiten der UNWCC und des Stabes des Richters Jackson, der nicht nur der Hauptankläger der USA war, sondern zuvor die wesentliche Vorarbeit am Zustandekommen des IMT geleistet hatte[8], einen Vorsprung gegenüber der Verteidigung besaß. Diese konnten sich erst seit Beginn des Prozesses in die Materie einarbeiten. Für die Angeklagten galt dies selbstverständlich nicht. Ihnen wurden meist nur Urkunden aus ihrem ehemaligen Verantwortungsbereich vorgelegt, die sie selbst unterzeichnet hatten. Das war gleichzeitig ihr Verhängnis. Denn es hatte bislang in der Geschichte wohl keinen Staatsapparat gegeben, der mit derartiger Akribie und zwangsneurotischer Gründlichkeit Planung und Ausführung seiner monströsen Verbrechen derart umfangreich dokumentiert hatte. »An enormous top-secret documentation (Literaly ralway-cars of topsecret documentation) was in the hands of the Prosecution« schrieb mir John F. Fried, Mitarbeiter im amerikanischen Anklagestab.

So hilflos und allein, wie Seidl zu vermitteln sucht, waren allerdings die Vertreter der Verteidigung nicht. Robert M.W. Kempner berichtet in seinen Lebenserinnerungen:[9]

> *Dazu gehörte auch, daß gewisse Kreise von Zeugen sich schon am Bahnhof in Nürnberg von einem im Gerichtssaal als Zuhörer herumsitzenden Kollegen ihre Sprachregelung holten. Wir haben das erst sehr spät entdeckt und wunderten uns zunächst, daß der oben beschriebene Zeuge schon jede Frage vorher wußte, die überhaupt gestellt werden konnte. Da waren ganze Vereine am Werk, gegründet aus Personen, die nicht unmittelbar mit den Verbrechern zu tun hatten, aber was heißt hier unmittelbar?... Diese Klubs der Übriggebliebenen stammten aus der SS oder aus dem Auswärtigen Amt, Leute, die mit der Abteilung Deutschland, den Räten Horst Wagner, Eberhard von Thaden, Franz Rademacher, zu tun hatten. Insofern kommt es mir immer so lächerlich vor, wenn mir gewisse Nürnberger Verteidiger sagen:* ›*Sie hatten doch als Ankläger mit den Amerikanern die Oberhand. Wir hatten nicht genug Telefone und waren die Dummen.*« *(S. 2228)*

Die immer wieder zu lesende Behauptung der fehlenden Waffengleichheit muß also bezweifelt werden.

V.

Ich komme zu meinem zweiten Beispiel: dem Versuch der Einführung des sog. geheimen Zusatzprotokolls zum Hitler-Stalin-Pakt als Beweismaterial in dem Prozeß durch den Verteidiger von Rudolf Hess. Hier muß ich etwas weiter ausholen.

Ich wies schon darauf hin, daß in Art. 6 des IMT drei Verbrechenskategorien genannt sind: Verbrechen gegen den Frieden, Kriegsverbrechen und Verbrechen gegen die Menschlichkeit. Hinsichtlich der beiden letzten Verbrechenskategorien: Kriegsverbrechen und Verbrechen gegen die Menschheit gab es im Prozeß zwischen Anklage und Verteidigung keine grundsätzlichen Unterschiede.

Ihre Strafbarkeit wurde nicht bestritten, da die wesentlichen Normen sowohl als Völkergewohnheitsrecht als auch als übereinstimmende Normen des jeweiligen nationalen Strafrechtes betrachtet wurden. Umstritten war hier lediglich, in welcher Rechtsqualität dem IMT die Strafkompetenz zustand: Als Völkergerichtshof neuer Qualität — so Anklage und Urteil — oder als Besatzungsgericht mit eingeschränkten Kompetenzen (z. B. durch das Prinzip: tu quoque), so die Verteidigung.

Der eigentliche Dissens bestand bei der Beurteilung der Verbrechenskategorie: Verbrechen gegen den Frieden.

> *Art. 6 a des IMT lautete: Verbrechen gegen den Frieden: Nämlich: Planen, Vorbereitung, Einleitung oder Durchführung eines Angriffskrieges oder eines Krieges unter Verletzung internationaler Verträge, Abkommen oder Zusicherungen oder Beteiligung an einem gemeinsamen Plan oder an einer Verschwörung zur Ausführung einer der vorgenannten Handlungen.*

Gegen die Strafbarkeit dieses Tatbestandes trug die Verteidigung im wesentlichen zwei Argumente vor. Erstens eine Völkerrechtswidrigkeit des Angriffskrieges habe es 1939 noch nicht gegeben. Zweitens, selbst wenn man Völkerrechtswidrigkeit annehme, als Akte eines Staatsoberhauptes oder eines anderen Staatsfunktionäres in Ausführung staatlicher Entscheidungen, könnten diese Handlungen zwar evtl. eine völkerrechtliche Staatsverantwortung mit der Folge eines Schadensersatzes schaffen, vergleichbar mit den zivilrechtlichen Deliktinstituten. Ausgeschlossen sei jedoch eine persönliche strafrechtliche Verantwortung des Ausführenden, der im Namen des Staates gehandelt habe (Actes of state-doctrin).

In meinem Zusammenhang ist das erste Argument interessanter. Hier gilt es allerdings festzustellen, daß an der Völkerrechtswidrigkeit des Angriffskrieges im Jahre 1939 kaum Zweifel gehegt werden können. Der Briand-Kellogg-Pakt 1928 und zahlreiche Nichtangriffspakte zwischen verschiedenen Staaten u.a. mit dem Deutschen Reich, hatten bilateral und multilateral Verpflichtungen schon so verdichtet, daß man zu dieser Zeit von einem völkerrechtlichen Gewohnheitsrechtssatz sprechen konnte. Die entgegenstehende Staatenpraxis, die von der Verteidigung vor allem durch ein umfängliches Gutachten des Völkerrechtlers Jahrreiss[10] vorgetragen wurde, konnte dieses Prinzip damals ebensowenig beiseite drücken wie heute. Die Einführung des geheimen Zusatzprotokolls sollte in die gleiche Kerbe schlagen, ging aber noch einen Schritt weiter und das ist in unserem Zusammenhang das Entscheidende. Hierzu noch einmal den Verteidiger von Rudolf Hess, Alfred Seidl.

> *»Ein zweiter Schwerpunkt der Verteidigung lag in der Prüfung der Frage, welche rechtlichen Auswirkungen auf den Prozeß das geheime Zusatzprotokoll zum deutsch-sowjetischen Nichtangriffsvertrag vom 23. August 1939 hatte. In diesem Geheimabkommen hatten Deutschland und die UdSSR die gegenseitigen Interessensphären abgegrenzt und hinsichtlich Polens eine Demarkationslinie entlang der Flüsse Narew, Weichsel und San vereinbart. Am 17. September 1939 trat die UdSSR in den Krieg ein und besetzte die östlich dieser Linie gelegenen polnischen Gebiete. Konnte die Sowjetunion unter diesen Umständen in Nürnberg als Gesetzgeber, Ankläger und Richter auftreten, und war dieses Verfahren überhaupt ein Prozeß im Rechtssinn?« (S. 7)*

Insbesondere die Sowjetunion mußte diese Stoßrichtung als Provokation empfinden. Hier sollten nicht nur alte Wunden aus der Zeit der Beschwichtigungspolitik aufgerissen werden, sondern es wurde schon massiv auf einen neuen Konflikt zwischen den Alliierten: Einen heißen oder kalten Krieg, spekuliert. Zum besseren Verständnis und zur möglichen Einordnung dieses scheinbar sekundären Vorganges muß ich einige historische Vorgänge in Erinnerung rufen.

VI.

Durch den Abschluß des Münchener Diktats 1938 waren alle Ansätze für ein kollektives Sicherheitssystem zunichte gemacht worden. Dies wäre die einzige wirksame Alternative gegenüber der immer bedrohlicher werdenden faschistischen Kriegsgefahr gewesen.

Als Anfang 1939 unter dem Druck der aufgeschreckten Öffentlichkeit in den westlichen Ländern Frankreich und England Verhandlungen mit der Sowjetunion über den Abschluß eines Beistandspaktes aufnahm, keimten nochmals Hoffnungen auf. Aber nur kurze Zeit. Bekanntlich scheiterten die Verhandlungen. Dies war nicht Schuld der Sowjets, sondern der Westmächte, insbesondere Englands, das in der Kontinuität der Beschwichtigungspolitik immer noch ein Doppelspiel betrieb, um mit den Nazis auf Kosten der Sowjetunion ins Reine zu kommen. Hitler hatte es sich aber anders überlegt. Entsprechend immer schon vorhandener Alternativpläne sollte erst der Feind im Westen quasi im deutschen Interesse »eingefroren« werden, um dann mit dessen Potential die Endlösung entsprechend dem Barbarossa-Plan gegen Osten angehen zu können. Auf diesem Hintergrund wurde den Sowjets ein Stillhalteangebot gemacht, das diese annahm, als am für einen realistischen Vertragsabschluß mangelnden politischen Willen der Westmächte kein Zweifel mehr bestand. Am 23. August 1939 schlug es im Westen wie eine Bombe ein, als es zum Abschluß eines Nichtangriffspaktes zwischen dem Deutschen Reich und der Sowjetunion gekommen war. Die Folgen sind bekannt: Am 1.9. überfiel Hitler Polen, am 27.9. war die Aktion militärisch beendet, die polnische Armee zerschlagen, die polnische Regierung geflohen. Die Rote Armee rückte von Osten her ein bis zur sog. Curzon-Linie[11] und besetzte diejenigen Gebiete, die sie immer als sowjetisches Territorium betrachtet hatte und die ethnisch auch überwiegend von russischer Bevölkerung bewohnt waren. Das sah nach Absprache aus, konnte aber genausogut ein stillschweigendes Pokerspiel gewesen sein. Später hat niemand mehr bestritten, daß diese Geländegewinne im vaterländischen Krieg entscheidende strategische Bedeutung hatten. Denn ohne sie wäre die Deutsche Armee unter Umständen bis über Moskau hinaus vorgedrungen.

Nun servierte im Nürnberger Prozeß plötzlich die Verteidigung von Rudolf Hess, die besonders interessiert am Zusammenbruch der Anklage wegen Verbrechen gegen den Frieden war, ein geheimes Zusatzprotokoll, in dem angeblich schon vor dem 1. September 1939 genaue Absprachen getroffen worden waren, also Polen unter den künftigen Aggressoren aufgeteilt wurde. Wenn dies stimmte, war jedenfalls der Vorwurf der Beteiligung und Unterstützung der Aggression nicht ohne weiteres von der Hand zu weisen. Wo kam dieses Dokument her? Noch einmal ein Zitat von Alfred Seidl:

> *Ich saß während einer Beratungspause des Gerichtshofes allein auf einer Bank im Vorraum des Gerichtssaales. Plötzlich näherte sich mir ein etwa 35 Jahre alter Mann und setzte sich neben mich auf die Bank. Er begann ein Gespräch mit folgenden Worten: ›Herr Dr. Seidl, wir verfolgen mit großem Interesse ihre Versuche, das geheime Zusatzprotokoll zum deutsch-sowjetischen Nichtangriffsvertrag vom 23. August 1939 als Beweismittel in den Prozeß einzuführen.‹ Gleichzeitig übergab er mir einen nicht verschlossenen Umschlag, in dem zwei Schriftstücke enthalten waren. Ich entnahm die beiden Schriftstücke und begann zu lesen. Als ich damit fertig war, mußte ich zu meiner Überraschung feststellen, daß sich mein Gesprächspartner inzwischen wieder entfernt hatte.«*

Es handelte sich nach den Angaben von Seidl um eine Fotokopie des geheimen Zusatzprotokolls vom 23. August 1939 und um den deutsch-sowjetischen Grenz- und Freundschaftsvertrag vom 28. September 1939 nebst geheimem Zusatzprotokoll.

> *»Der Wortlaut dieser beiden Schriftstücke stimmte mit dem Text der Dokumente überein, die das Department of State im Jahre 1948 unter dem Titel ›Nazi-Sowjet-Relations 1939 bis 1941‹ veröffentlicht hat. Sie stimmen auch überein mit dem Text der Fotokopien, die mir im gleichen Jahr über das Generalsekretariat des Militärtribunals IV im Wilhelm-Straßen-Prozeß zur Verfügung gestellt wurden. Es sind zwei der 251 Dokumente, die ich nach Abschluß des Wilhelm-Straßen-Prozesses unter dem Titel ›Beziehung zwischen Deutschland und der Sowjetunion 1939-1941‹ veröffentlicht habe. Auch diese Dokumentation beruht auf den Fotokopien der Originale, die mir vom Department of State überlassen wurden.*
>
> *Ich weiß bis heute noch nicht, wer mir während der Beratungspause des Gerichtes in Nürnberg die beiden Schriftstücke übergeben hat. Es spricht jedoch vieles dafür, daß sie mir von amerikanischer Seite zugespielt wurden, zwar entweder von der Anklagevertretung der Vereinigten Staaten oder aber von deren Geheimdienst. Als Beweismittel waren die beiden mit ›Geheimes Zusatzprotokoll‹ überschriebenen Schriftstücke für sich allein noch nicht zu verwerten. Es handelte sich weder um Fotokopien der Originale, noch waren die beiden mit Maschine geschriebenen Papiere von einer amtlichen Stelle oder einem Notar beglaubigt.«*

Das klingt wie ein Krimi. Bevor ich auf die Behandlung dieses Versuches eines Beweismittelvortrages im Prozeß zurückkomme, möchte ich noch folgenden Vorgang berichten. Die Geschichte des geheimen Zusatzprotokolls hat mich interessiert, seitdem ich ihr während meiner Beschäftigung mit den Ursachen des Zweiten Weltkrieges zum ersten Mal begegnete. Es hat mich immer erstaunt, daß in der westlichen Geschichtsschreibung dieser

Vorgang stets breit dargestellt wurde, in der sowjetischen Geschichtsschreibung, soweit ich sie überblicke, entweder dieser überhaupt nicht erwähnt oder lediglich lapidar der im Nürnberger Prozeß vertretene Standpunkt wiederholt wird, es handele sich um eine Fälschung. Ich bin dem nachgegangen und habe die erstaunliche Entdeckung gemacht, daß das Dokument selbst — entgegen der Behauptung von Alfred Seidl — überhaupt nicht existiert. Es gibt lediglich einen Mikrofilm, angefertigt von den Beamten des Auswärtigen Amtes, der später den amerikanischen Truppen von einem Beamten des Auswärtigen Amtes übergeben wurde. Auf ihm befindet sich die Ablichtung eines solchen Dokumentes. Der Mikrofilm selbst befindet sich z. Zt. im politischen Archiv des Auswärtigen Amtes.[12]

Zurück zum Prozeß. Der Gerichtshof hatte, wenn man die Rechtsgrundlage des IMT akzeptierte, das Recht, das Einbringen des Zusatzprotokolls als Beweismittel abzulehnen.

Art. 3 des IMT bestimmte: Weder der Gerichtshof noch seine Mitglieder oder Stellvertreter können von der Anklagebehörde oder dem Angeklagten oder seinem Verteidiger abgelehnt werden. ...«

Die Einbringung des Beweismittels hatte den Sinn, die Kompetenz des sowjetischen Richters zu bestreiten, was in Art. 3 ausgeschlossen war. Der Antrag mußte provokativ wirken, denn mit der Zulassung hätte das Gericht seine eigene Rechtsgrundlage in Frage gestellt, was von keinem Gericht in der Welt erwartet werden kann. Hierauf wies auch die sowjetische Anklagevertretung hin.

»...Ich möchte... den Gerichtshof darauf hinweisen, daß wir hier nicht die Fragen erörtern, die sich mit der Politik der verbündeten Staaten befassen, sondern wir behandeln hier die konkreten Anschuldigungen gegen die deutschen Hauptkriegsverbrecher, und die Fragen der Verteidiger sind lediglich ein Versuch, die Aufmerksamkeit des Gerichtshofes von den Fragen, die hier erörtert werden, abzulenken. Deshalb halte ich es für richtig, solche Fragen als nicht sachdienlich zurückzuweisen.« (X, S. 354)

Ähnlich im Rahmen der Vernehmungen des ehemaligen Staatssekretärs von Weizsäcker: »... Das Dokument, das Dr. Seidl dem Zeugen vorzulegen versucht, ist bereits vom Gerichtshof abgewiesen, da es eigentlich ein gefälschtes Dokument ist und deshalb keinen Beweiswert haben kann.«

Der Gerichtshof ließ aber dann doch die Befragung Ribbentrops durch den Verteidiger von Rudolf Hess zu. Wen wundert es, daß Ribbentrop nicht nur die Verhandlungen zwischen Stalin und ihm, sondern auch die Unterzeichnung des geheimen Zusatzprotokolls bestätigte. Den Grund seines Interesses für eine derartige Darstellung nannte er selbst.

»Es ist kein Zweifel, daß Stalin Deutschland niemals den Vorwurf einer Aggression oder eines Aggressionskrieges über sein Vorgehen in Polen machen kann; wenn von einer Aggression hier gesprochen wird, würde diese auf beiden Seiten liegen.« (X, S. 356)

Das gleiche gilt für die Vernehmung anderer Zeugen zu diesem Punkt, insbesondere der ehemaligen Staatssekretäre von Weizsäcker und Gaus. Letzterer konnte allerdings nur von einem von ihm selbst erstellten Entwurf eines Zusatzprotokolls, nicht jedoch von der endgültigen Unterzeichnung berichten.

Die Befragung der Zeugen über die politischen Verhandlungen, die zum Nichtangriffspakt und zum Abschluß eines angeblichen Zusatzprotokolls führten, ließ der Gerichtshof zu. Die Vorlage des aus »zweifelhaften Quellen« stammenden, von Alfred Seidl präsentierten Dokumentes lehnte er jedoch ab. Ebenso mußte sich Seidl die Streichung derjenigen Passagen seines Plädoyers gefallen lassen, die sich auf die rechtlichen Folgen des Zusatzprotokolls auf die Kompetenz des Gerichtes bezogen. Er beurteilte den Vorgang folgendermaßen:

> »*Nun war die Stunde der Wahrheit gekommen: Der Vertreter des Generalsekretärs zeigte mir die Stellen meines Plädoyers, die vom Gerichtshof nicht zum mündlichen Vortrag zugelassen worden waren... Hier befaßte ich mich mit den rechtlichen Auswirkungen der geheimen Abmachungen zwischen Hitler und Stalin am 23. August 1939 auf die Jurisdiktionsgewalt des internationalen Militärtribunals und mit der Frage, ob es sich bei diesem Tribunal überhaupt um ein ›Gericht‹ im Rechtssinne handelt.*« (S. 196)

Mit Hartnäckigkeit wird hier nochmals die provokative Stoßrichtung des Beweisersuchens herausgestellt.

VIII.

Welche Schlußfolgerung kann man aus diesen beiden Fallbeispielen ziehen?

1. Von einer Einschränkung oder gar Verletzung des Prinzips des rechtlichen Gehörs kann keine Rede sein, wie in gebetsmühlenhafter Wiederholung sowohl in der polemischen Publizistik als auch in der gängigen völkerrechtlichen Literatur zu lesen ist.

2. Das Beweisthema, nämlich Inkompetenz des Gerichtshofes schlechthin, oder eines bestimmten Richters, war unzulässig. Die hierfür beantragten Beweismittel konnten also zurückgewiesen werden. Das dennoch zum Teil Zeugenaussagen zugelassen wurden, die mit dem unzulässigen Beweisthema zusammenhängen, mag inkonsequent gewesen sein, legt aber eher Großzügigkeit in der Handhabung der Beweisregeln als statutenwidrige Einschränkung nahe.

3. Der Versuch, das Beweismittel: Geheimes Zusatzprotokoll, in den Prozeß mit der genannten Stoßrichtung einzuführen, aber vor allem das Plädoyer von Alfred Seidl belegen folgendes: Im Ansatz zumindest werden die Taten der Angeklagten, was das Verbrechen gegen den Frieden anlangt (obwohl die »Exzesse« als verdammungswürdig betrachtet wurde, allerdings nicht international, sondern national) als gerechtfertigt betrachtet.

Die politischen Organisationen und ihre Zielsetzungen werden grundsätzlich und nicht nur im Rahmen der Unschuldsvermutung als legal angesehen. Es erfolgt also eine vollständige Solidarisierung mit dem Angeklagten. Das zeigt auch das weitere Verhalten Seidls in der Kampagne für die Freilassung Hess.

Aus diesen Betrachtungen ergibt sich für mich folgende Fragestellung. Ist eine derartige Solidarisierung des Anwalts mit den Zielsetzungen seiner Mandanten in politischen Prozessen unausweichlich und würde das dazu führen, daß z. B. Naziverbrecher von einem antifaschistischen, aber ansonsten den Anspruch auf rechtliches Gehör für jedermann verteidigenden Anwalt nicht vertreten werden könnten?

Zunächst muß einmal der qualitative Unterschied zwischen den politischen Prozessen in der Geschichte der Bundesrepublik (Kommunistenprozesse der 50er Jahre und sog. Terroristenprozesse der späteren Zeit) auf der einen und den Nürnberger Prozessen, wie auch den Prozessen gegen Nazi-Verbrecher in der Bundesrepublik (Auschwitz-Prozeß, Maydanek-Prozeß) festgehalten werden. Zur ersten Kategorie schreibt Heinrich Hannover:

> *»Der politische Strafprozeß hat es mit Angeklagten zu tun, die wegen ihrer Mitwirkung in einer Organisation verfolgt werden. Das heißt: Handlungen unterschiedlichsten Charakters erhalten ihre strafrechtliche Relevanz dadurch, daß sie auf den Hintergrund einer kriminalisierten Organisation projiziert werden. Gegenstand der Anklage ist daher in erster Linie ein Unwerturteil über die Organisation, die der Angeklagte unterstützt haben soll und von daher leitet sich die Vorwerfbarkeit von Handlungen ab, die für sich genommen harmlos sind oder sein können.*
>
> *Aufgabe der Verteidigung im politischen Prozeß ist es daher in erster Linie, die Organisation als solche und deren politische Ziele zum Gegenstand der Beweisaufnahme zu machen. Denn mit der Qualifizierung der Organisation als ›verfassungswidrig‹, ›verfassungsfeindlich‹, ›kriminell‹, ›terroristisch‹ usw. steht und fällt die Verurteilung des einzelnen Angeklagten. Alles, was ›die Vereinigung‹ oder eines ihrer Mitglieder getan hat, wird dem einzelnen Angeklagten zugerechnet, so daß es zwei grundsätzliche Verteidigungsmuster gibt:*
> *a) die Distanzierung des Angeklagten von der Organisation, oder*
> *b) die Solidarisierung mit der Organisation und ihren politischen Zielen (deren Verfolgung mit legalen Mitteln von der grundrechtlich verbürgten staatsbürgerlichen Freiheit gedeckt ist.)*
>
> *... im politischen Prozeß verdient überhaupt nur solidarische Verteidigung den Namen Verteidigung, alles andere ist Kapitulation im Klassenkampf und im Innenverhältnis Verrat.«* [13]

Der Hinweis, daß es sich um eine Organisation und politische Ziele handelt, deren Verfolgung mit legalen Mitteln von den grundrechtlich verbürgten staatsbürgerlichen Freiheiten gedeckt ist, ist der springende Punkt der Unterscheidung zu der zweiten Kategorie der Prozesse. Es ist ein eklatanter Verfassungsverstoß, wenn Parteien ohne Spruch des Bundesverfassungsgerichtes (Art. 21 Abs. 2 GG) und Vereine ohne Spruch der Verwaltungsbehörde (Art. 9 GG) als verfassungswidrig bzw. verfassungsfeindlich im Strafverfahren behandelt werden. Davon geht auch grundsätzlich das materielle Strafrecht aus (§§ 54, 85 StGB). Die Einfügung des § 129 a StGB durch das Anti-Terrorismusgesetz vom 18.8.1976 wirft insofern ein neues Problem auf, als die Feststellung: Terroristische Vereinigung, die im Gegensatz zur Feststellung: Kriminelle Vereinigung des § 129 a StGB, starken politischen Einschlag hat, von den Strafgerichten selbst getroffen wird. Die Solidarisierung des Anwalts, der sich de lege lata auf den Boden des Gesetzes stellt, wenn er auch de lege ferenda die Abschaffung dieser Norm fordert, kann sich also nur auf die Unschuldsvermutung wie bei der Verteidigung jedes anderen Delikts beziehen.

Bei den Nürnberger Prozessen würde für die Verteidigung hinsichtlich der Organisationsdelikte prozessual das gleiche gelten müssen. Im Rahmen der Unschuldsvermutung für die angeklagten Organisationen wäre gegen eine Solidarisierung nichts einzuwenden. Das gilt aber nur für den Nürnberger Prozeß selbst, der die Feststellung: Verbrecherische Organisation, vorzunehmen hatte. Anderes gilt für die Nachfolgeprozesse, für die diese Feststellung bindend war.

Bei der Anklage jedoch für das Verbrechen gegen den Frieden geht es um etwas anderes. Der Antrag auf Zulassung des geheimen Zusatzprotokolls als Beweismittel bewegte sich nicht auf der Basis einer Solidarisierung im Rahmen der Unschuldsvermutung, sondern einer Solidarisierung mit dem vom Sachverhalt her nicht bestrittenen verbrecherischen Tun des Angeklagten Rudolf Hess. Dies ist die Manifestation der totalen Ablehnung der optimistischen Botschaft von Nürnberg. Diese Botschaft lehnt alle sozialdarwinistischen Theorien von der Unvermeidbarkeit des Krieges ab. Vielmehr liegt es in der Hand der Politik, den Krieg aus den internationalen Beziehungen zu bannen. Tut sie das nicht, haben die Politiker dies persönlich zu verantworten. Für die Position eines die demokratischen Prinzipien verteidigenden Anwalts umgesetzt würde dies folgendes bedeuten. Da die Staaten international vereinbart haben, daß Krieg kein Mittel der Politik sein darf (Art. 2 Ziff. 4 UN-Charta) und diesen als internationales Verbrechen normiert haben, ist jedes Handeln von Staatsfunktionären, das mit der Zielsetzung Krieg verbunden ist, nicht Politik, die ja etwas mit Polis und ihrem Wohl zu tun haben muß, sondern Anti-Politik, verbrecherisches Verhalten, das persönlich strafrechtlich zu verantworten ist. Das Verfahren, international wie national, gegen diesen Typ von Verbrecher ist streng genommen nicht mehr politischer Prozeß, sondern »normales« Strafverfahren. Es gilt die übliche Unschuldsvermutung, spezifiziert durch die Beweislastveränderungen der Organisationsdelikte. Nur in diesem Rahmen kann sich überhaupt eine Solidarisierung der Verteidigung mit dem Angeklagten bewegen.

Anmerkungen

[1] vgl. insbesondere den Band Heinrich Hannover, Klassenherrschaft und politische Justiz. Plädoyers für ein demokratisches Recht, Hamburg 1978

[2] Der Nürnberger Prozeß gegen die Hauptkriegsverbrecher vom 14. November 1945 - 1. Oktober 1946, von dem Gerichtshof 1947 in 42 Bänden veröffentlicht. Hier nach Band (römische Ziffer) und Seite zitiert.
Die 12 Nachfolgeprozesse sind dokumentiert in: Trials of war criminals before the (U.S.) Nürnberg military tribunals, Nürnberg, Oktober 1946 - April 1949, herausgegeben von Drexel A. Sprecher und John H.E. Fried. Washington D.C.: US Regierungsdruckerei, 1951-1953, 14 Bände.

[3] Alfred Seidl, später zeitweiliger bayerischer Innenminister, ist heute Anwalt in München und CSU-Mitglied des bayerischen Landtages. Auch nach dem Ende des Nürnberger Prozesses versuchte er durch Verfassungsbeschwerden und zahlreiche Eingaben, die durch Kampagnen: Freiheit für Heß begleitet werden, das Urteil gegen Rudolf Heß zu revidieren.

[4] Alfred Seidl, Der Fall Rudolf Hess 1941-1984. Dokumentation eines Verteidigers, München 1984

[5] vgl. statt aller H.H. Jescheck, Nürnberger Prozesse. Strupp-Schlochauer, Wörterbuch des Völkerrechts. Bd. II, Berlin 1961, S. 638 ff. und Otto Triffterer, Dogmatische Untersuchungen zur Entwicklung des materiellen Völkerstrafrechts seit Nürnberg, Freiburg i.Br. 1966, S. 2 Anm. 3

[6] vgl. hierzu Robert M.W. Kempner, Ankläger einer Epoche. Lebenserinnerungen, Frankfurt, Berlin, Wien 1983, S. 206 ff.

[7] zur Vorgeschichte Telford Taylor, Die Nürnberger Prozesse. Kriegsverbrechen und Völkerrecht, Zürich 1950

[9] Robert M.W. Kempner (Anm. 6), S. 228

[10] Hermann Jahreiss war zuletzt Prof. f. öffentl. Recht und Völkerrecht, Rechts- und Staatsphilosophie an der Universität Köln. Gutachten in IMI-Akten, XVII, S. 499 ff.

[11] ursprünglich die durch die Entscheidung des Obersten Rates der Alliierten und Assoziierten Hauptmächte vom 8.12.1919 festgesetzte provisorische russisch-polnische Grenzlinie, benannt nach dem britischen Außenminister Lord Curzon. In etwa ist diese Linie auch heute die polnisch-sowjetische Grenze.

[12] Dort habe ich auch Auskunft erhalten, daß ein Original nicht existiert.

[13] Heinrich Hannover (Anm. 1), S. 301

Hans Günther Thiele
Ich werde sein, die - der ich sein werde
Luther, die Reformation und wir

Es ist kein Verdienst, am Reformationstag zur Welt gekommen zu sein, doch gewiß auch keine Schande. Da der Geburtstag Heinrich Hannovers nun einmal auf den 31. Oktober fällt, lädt das Datum allerdings dazu ein, sich für einen Augenblick auf jenes Ereignis und jene Person einzulassen, die Thomas Mann abschätzig-anerkennend die »riesenhafte Inkarnation deutschen Wesens« genannt hat. »Heute ist Reformationsfest«, schrieb der kurz vor Kriegsende im KZ Flossenbürg hingerichtete Dietrich Bonhoeffer 1943 aus dem Gefängnis, »ein Tag, der einen gerade in unseren Zeiten wieder sehr nachdenklich machen kann. Man fragt sich, warum aus Luthers Tat Folgen entstehen mußten, die genau das Gegenteil von dem waren, was er wollte...«

Wir wissen viel von ihm; weit mehr jedenfalls als über Jesus den Nazoräer, von dem uns, einem Wort Rudolf Bultmanns zufolge, nur wenige wirklich gesicherte Aussagen überliefert sind, daß sie bequem auf eine Postkarte passen würden. Der historische Jesus ist uns im Labyrinth der euro-mediterranen Kirchen- und Säulargeschichte abhanden gekommen. Er liegt begraben unter den Leichenbergen der Dogmenstreitigkeiten und Schismen, die immer auch politische Machtfragen waren und ohne Ökonomie nicht zu denken sind. Doch der Mensch lebt nicht vom Brot allein. Und geblieben ist mehr als ein Mythos; selbst der jedoch weist immerhin auf den persischen Ursprung der Messiasvorstellungen zurück und gibt sich gerade dadurch als noch einzulösendes Versprechen zu erkennen.

Anders bei Luther. Er ist faßbar für uns, greifbar nah — eine konkrete Gestalt, die sich aus ihren realen Lebensbezügen verstehen läßt. Auch von Jesus wissen wir zum Beispiel, daß ihn seine Gegner einen »Fresser und Säufer« nannten (Matth. 11, 19; Luk. 7, 34). In den zeitgenössischen Stichen und Gemälden — vor allem denen Lucas Cranach d. Ä. — erfahren wir aber sogar optisch, weshalb der Reformator meinte: »Darf unser Herrgott große Hechte und Rheinwein schaffen, so darf ich auch essen und trinken: Es ist dem lieben Gott recht, wenn du einmal aus Herzensgrund dich freust und lachst.«

Der Vorteil, vieles über Luther zu wissen, darunter Marginales wie etwa seine Vorliebe für Schweinefleisch, macht indes zugleich den Nachteil aus: Ist der historische Jesus für uns fast nullus, so ist Luther nichts als die historische Person, um die es kein Geheimnis gibt. Person — das Wort entlarvt sich selbst, denn persona heißt ursprünglich Maske, Rolle. Und klischee- und maskenhaft sind auch unsere Vorstellungen von dem mittelalterlichen Menschen Luther; sie tragen Kostüme unserer Zeit. Doch ob Tragödie oder Komödie — immer bedarf es eines geneigten Publikums, das zumindest während der Aufführung die Illusion für Wirklichkeit nimmt und staunend verharrt: Der Deus ex machina wird's schon richten!

»Du solt dir kein Bildnis noch jrgend ein Gleichnis machen/ weder des das oben im Himel/ noch des das vnten auff Erden/ oder des das im Wasser vnter der erden ist«, hat Luther Ex. 20,4 übersetzt. Sich kein Bild zu machen — weder von Gott noch von Menschen — niemanden in Schablonen zu pressen, keinen in Schubläden abzulegen, ist zu allen Zeiten ein hohes Ideal gewesen, eine Idee, die sich selten realisieren ließ. (Wohl am stärksten hat sich dagegen jene Branche versündigt, die sich auf ihre Vorurteilslosigkeit so viel zugute hält und deshalb eine Göttin mit verbundenen Augen im Emblem führt). Bilder halten fest, sie fixieren einen Moment, sie sind bestimmt durch Ausschnitt, also Reduktion, und Perspektive. Ihre ganze Kraft erschöpft sich darin, Bruchstücke der Vergangenheit zu zeigen. Wer deshalb einen Menschen wie auf eine Platte oder Leinwand bannt, nimmt ihm die Freiheit und beraubt ihn der Würde, ein anderer zu werden. Trotzdem kommen wir, wie Dorothee Sölle in »Atheistisch an Gott glauben« überzeugend dargelegt hat, an einem Entwurf nicht vorbei, und zwar gerade dann, wenn wir dialektisch vorgehen, »zur Dialektik der Liebe« gelangen wollen.

Entwurf impliziert Zukunft; das Bild hingegen weist zurück und ist selbst schon Teil der Historie. Begnügen wir uns mit den Lutherbildern, wie sie über die Jahrhunderte hinweg gezeichnet, gemalt und vor allem retuschiert worden sind, bleibt uns am Ende nur die Totenmaske. Um Bewegung zu erzielen, muß man den Entwurf gegen das Bild und die Bilder gegen ihre Urheber kehren. So entsteht vielleicht, was beide Dimensionen gleichermaßen umfaßt: fiktive Vergangenheit und eine tätige Zukunft, die ihre Quellen nicht zu leugnen braucht.

»Auch wenn jene früheren Gedanken an sich tiefer, wertvoller, wahrer wären, als die unsrigen, so leben wir eben von *unserer* Wahrheit, von der Wahrheit, die *wir* verstehen und erleben können. Es hilft uns gar nichts, wenn wir mühsam versuchen, uns jene ältere Wahrheit durch Anempfinden zu eigen zu machen, wir werden dadurch nur unwahr, geraten in etwas Fremdes hinein und verhindern uns daran, zu der *uns* bestimmten Wahrheit zu gelangen«, meinte (1922) Leonhard Ragaz. Die Geschichte, Luther und sein Werk, können ein Steinbruch sein, der uns Bausteine für die Zukunft liefert. Das setzt jedoch voraus, daß man Hammer und Meißel in die Hand nimmt, selbst aktiv wird und Geschichte nicht nur passiv in Erfahrung zu bringen versucht, sondern als Geschehen begreift, das dem Menschen nicht als unabänderliches Schicksal widerfährt. Noch am Vorabend der nationalsozialistischen Machtergreifung hat Bonhoeffer davor gewarnt, sich in »unverzeihlichem Leichtsinn und Hochmut« hinter dem Wort Luthers zu verschanzen: »Hier stehe ich, ich kann nicht anders.« Dagegen setzte Bonhoeffer lapidar: »Wir können anders!« Die Geschichte des Widerstandes ist ein Beleg dafür.

Was war die Reformation? War sie »die Vorhut der Moderne, die den Durchbruch zur neuzeitlichen Freiheit brachte, wie Feuerbach annahm? Oder war sie die Nachhut der mittelalterlichen Gläubigkeit, die die weltliche Emanzipationsbewegung der Renaissance vorübergehend aufhielt und dann doch von radikaleren Kräften überholt wurde, wie Nietzsche meinte?« Hans Küng, der diese Frage stellt, vertritt die Auffassung, die Reformation sei beides in einem gewesen; ihre spezifische Bedeutung aber habe in der beispiellosen Rückbesinnung auf das ursprünglich Christliche gelegen. »Allein durch den Glauben« (»sola fide«), »allein durch Gnade« (»sola gratia«) erzielte Luther, so Küng, »eine Gewißheit des Gewissens, des Glaubens, eine Heilsgewißheit«. Die Autorität, bei der er sich rückversicherte, war das »Wort Gottes«, die Bibel. Künftig sollte »allein die Schrift« (»sola scriptura«) als authentische Quelle gelten.

Im Unterschied zu Luther kennen wir die Folgen, die bereits in den Ursprüngen angelegt waren und die ich als androzentrischen Ansatz kennzeichnen möchte. »Andro...« kommt aus dem Griechischen und bedeutet »männlich, Mann«. In der Biologie spricht man bei der Entwicklung eines Lebewesens aus einer befruchteten Eizelle, die nur den väterlichen Chromosomensatz enthält, weil deren weiblicher Kern zugrunde gegangen ist, von einer Androgenese. Schon andere haben vermerkt, daß die Reformatoren leider nicht bis zu Jesus zurückgegangen sind, sondern nur bis zu Augustinus und Paulus, die sie zudem einseitig interpretierten. Da fällt einem unwillkürlich Augustins ganz persönliche Problematik ein, gar nicht zu reden von jenem noch weithin die Wirklichkeit beherrschenden Pauluswort »Ewer Weiber lasset schweigen vnter der Gemeine/ Denn es sol jnen nicht zugelassen werden/ das sie reden/ sondern vntherthan sein/ Wie auch das Gesetz saget. Wollen sie aber etwas lernen/ so lasset sie da heim jre Menner fragen. Es stehet den Weibern vbel an/ vnter der Gemeine zu reden« (1. Kor. 14, 34-35).

Das Verhältnis von Jesus zu Frauen war von anderer Qualität. Wir erkennen seine Einstellung beispielsweise in dem unverwechselbaren Wort gegenüber der Hetäre aus Bethanien, in dem er sagt: »Jr sind viel Sünde vergeben/ Denn sie hat viel geliebet« (Luk. 7,47). Schalom Ben-Chorin kommentiert diese Stelle in »Bruder Jesus« mit dem Satz: »Noch in der entstellten Form der käuflichen Liebe erkennt Jesus den Keim der Liebe.«

Hinter dem androzentrischen Ansatz der Reformatoren, der nicht auf Jesus, sondern auf Paulus und Augustinus zurückzuführen ist, verbirgt sich kaum kaschiert das männliche, das patriarchalische Prinzip der Stärke (und ich halte es für akademisch, darüber zu streiten, ob in Luthers Fall, wie Erich Fromm behauptet hat, eine maskierte Mutter-Religion vorliegt oder nicht). Daß der »Herr Doktor« Katharina von Bora nach vielem Zureden endlich freite und die ehemalige Nonne — so sieht es Ernst Klee — sogar »die Hosen anhatte«, tut gleichfalls wenig zur Sache; denn die Ehefrau »vergaß doch nie, daß er ihr Herr« war, heißt es dazu in einer Biographie.

Vergegenwärtigen wir uns den Prozeß der Säkularisierung, stand Jesus den emanzipatorischen Bestrebungen der Renaissance zweifellos näher als dem später üppig ins Kraut wuchernden Muttermythos der christlichen Kirchen, die am Bild Evas — ob mit oder ohne Marienkult — als der großen Verführerin zwanghaft festhielten — immer säuberlich trennend zwischen Agape und Eros. Wenn Theologen über Liebe reden, muß man sich warm anziehen...

Leonhard Ragaz hat es auffallend genannt, welche geringe Rolle die Liebe in der Reformation gespielt habe. Im Neuen Testament, jedenfalls im Evangelium Jesu selbst, sei ihr alles untergeordnet, auch der Glaube: »Bei den Reformatoren ist es umgekehrt. Bei ihnen ist der Glaube die Hauptsache (...) Der Glaube verschlang zuletzt vielfach die Liebe, deren Reich zu schaffen und zu stützen doch seine eigentliche Berufung ist.« Ragaz verweist in diesem Zusammenhang auf die Tatsache, daß der Römerbrief in Theorie und Praxis eine weit größere Bedeutung besitze als die Bergpredigt. Darf man das einen Zufall nennen — oder ist es ein Abfall der Reformation von sich selbst, wie Ragaz an anderer Stelle erklärt?

Von hier läßt sich eine Brücke zu anderen gesellschaftlichen und politischen Feldern schlagen, auf denen gleichfalls das männliche Prinzip der Stärke dominierte, eine scheinbare Rationalität, die sich opportunistisch an den stärkeren und selbstverständlich maskulinen Bataillonen orientierte. Die Emanzipationsbewegung stieß auf die Gralshüter belebter und neu erfahrener mittelalterlicher Gläubigkeit. Gefragt war Kampf, nicht Liebe — gemeint der Mann, nicht die Frau.

Soll die Beschäftigung mit Luther, der vor mehr als 500 Jahren geboren wurde, etwas ausrichten, müssen wir ihm zubilligen, daß er zumal aus seinen eigenen Fehlern gelernt hätte und heute ein anderer wäre. Nachplappern, nachbeten hilft gar nichts. Ein Luther zum Beispiel, der die Hitlerei und den Holocaust erlebt hätte, wäre gewiß nicht zum Autor der »treuen Vermahnung« an alle Christen geworden, »sich zu hüten vor Aufruhr und

Empörung«. Heute würde er mit Karl Carstens oder Helmut Schmidt über die Zwei-Regimente-Lehre streiten, und zwar als ihr Gegner und nicht eben zimperlich, darin aber ganz Luther. Er wäre auch nicht Ratsvorsitzender der EKD, Landesbischof oder Oberkirchenrat — diese Spezies, die das Kreuz auf der Brust statt auf dem Rücken trägt; doch vielleicht würde er, wie Heinrich Albertz von Jesus meint, in Kreuzberg leben unter Ausländern und noch verbliebenen Hausbesetzern. Würde Luther noch einmal Thesen verfassen, käme er ohne Widerrufe nicht aus.

Revidieren müßte er zunächst sein Verhältnis zu Thomas Münzer, dessen Parole »omnia sint communia« (»alles soll gemeinsam sein«) für ihn mittlerweile einen ganz anderen Klang hätte. Er würde bedauern, damals nicht auf der Seite der Aufständischen, der Bauern und Täufer gestanden und statt dessen den Herrschaftsanspruch der »Obrigkeit« theologisch gerechtfertigt zu haben. Man denke nur an seine Schrift »Wider die räuberischen und mörderischen Rotten der Bauern« (1525), in der er erklärt, die Bauern hätten »greuliche Sünden wider Gott und Menschen« auf sich geladen, »daran sie den Tod verdient haben an Leib und Seele mannigfältig«. Gleich Paul Tillich würde er nunmehr kritisieren, daß der Protestantismus — vor allem lutherischer Prägung — sich seit seinem Entstehen um das Seelenheil des einzelnen gekümmert, die Dimension der sozialen Gerechtigkeit jedoch vernachlässigt hat.

Im Sinne Jakob Böhmes würde Luther die Devise »ecclesia semper reformanda« ausgeben, eine permanente Reformation verlangen, der auch oder gerade die Kirche bedürftig ist. Er würde möglicherweise Karl Barth zitieren: »Konfessionen sind dazu da, daß man (nicht nur einmal, sondern immer aufs neue) durch sie hindurchgeht, nicht aber dazu, daß man zu ihnen zurückkehre, sich in ihnen häuslich niederlasse, um dann von ihnen aus und gebunden an sie weiter zu denken...« Mit Dietrich Bonhoeffer würde er erkennen, daß der Christ »nicht ein homo religiosus, sondern ein Mensch schlechthin ist«, zumindest sein will, und wahrscheinlich hat Luther sogar dasselbe gemeint.

All das ist, ich räume es freimütig ein, mein Entwurf, der im Widerspruch steht zum Bild Luthers. Der Entwurf soll dazu dienen, das Bild in Bewegung zu versetzen und Luther als einen Menschen zu begreifen, der in Bewegung war und an Bewegungen teilhatte. Gerade das Widersprüchliche, das schon im Werk und in der Person Luthers liegt, muß herausgearbeitet und fruchtbar gemacht werden. Doch ich wiederhole: Es ist mein Entwurf, nicht der seine; und es sind meine Thesen, obwohl sie ohne ihn, sein Leben und seine Hinterlassenschaft, nicht zu denken sind.

Was könnte Luther — so wie ich ihn mir vorstelle — heute als Thesen an die Wand schlagen? (Es muß ja nicht unbedingt die Schloßkirche zu Wittenberg sein. Wie wäre es mit den Palästen des Bürokratismus, der Banken

oder der Versicherungsunternehmen? Auch die Villa von Karl Friedrich Flick böte sich an. Oder sollte man ein Fabriktor nehmen, die Einfahrt einer geschlossenen Werft, die gekalkte Wand in einer jener selbstmörderischen Unibildungsfabrikationshallen? Wahrscheinlicher noch, daß die Thesen über das Kabelfernsehen kämen, sofern man sich die Hoffnung auf eine Systempanne bewahrt). Etwa dies könnte er uns mitteilen:
1. Gott ist weder Mann noch Frau.
Er-Sie ist auch nicht Mensch.
Aber Er-Sie erscheint im Menschen als seinem Ebenbild, und der ist Mann und Frau.
2. Gottesbilder sind Menschenbilder.
Er-Sie ist nicht anders erfahrbar als im leibhaftigen Menschen, also in Körper und Geist, mit Gedanken und Gefühlen.
3. Gott ist 'Ehje ascher 'Ehje (ex. 3,14), das heißt: Er-Sie wird sein, der Er-Sie sein wird.
4. Wer sich auf Gott einläßt, braucht dazu nicht notwendig Religion oder Kirche. Beides stirbt in dem Maße ab, in dem das »Reich Gottes«, das ist das Reich der Liebe, wächst, also er und/oder sie bereit sind, sich auf das Wagnis der Menschwerdung einzulassen.
5. Gottesdienst ist Dienst am Menschen; nicht am Menschen allgemein, schon gar nicht an der abstrakten Idee der Menschheit, sondern an Menschen aus Fleisch und Blut, dem Nächsten also, mag er auch fern sein.

Gottesdienst ist nicht Abkehr vom Leben, sondern Leben selbst. Das kann Feier bedeuten, aber auch Stille ebenso wie Kampf oder Freude zum Beispiel in Sexualität. Ora est labora! anstelle von ora et labora. Gottesdienst ist Befreiung des Menschen zum Menschsein.
6. Gottes Wort ist Fleisch geworden, nicht Papier. Der Buchstabe aber läßt sich nur durch Menschen zum Sprechen bringen. (Luther war nicht der Duden Gottes. Und grämliche Kirchenbürokraten, blutleere Lehrstuhlinhaber sowie beckmesserische Altphilologen haben mit Propheten nichts gemein.)
7. Wenn Gott dem Mann und der Frau geboten hat, sich die Erde untertan zu machen, wollte er die Befreiung des Menschen und nicht dessen Versklavung durch ein System, das die Herrschaft von Menschen über Menschen begründet und sogar die Herrschenden zu Marionetten macht.
8. Jesus selbst hat sich als Menschensohn bezeichnet. Deshalb können wir ihm nicht anders begegnen denn als Bruder beziehungsweise Schwester.
9. Wahrheit muß nicht nur gedacht, sie muß vor allem getan werden, sonst ist sie unwahr. Die Wahrheit ist immer konkret.
A halber ēmess is a ganzer ligen, sagt ein jiddisches Sprichwort: Eine halbe Wahrheit ist eine ganze Lüge. Das gilt insbesondere für den androzentrischen Standpunkt und die vorhandenen Strukturen beziehungsweise für

die Leugnung der (androgynen) Schöpfung, die männlich und weiblich ist — ebenso wie Gott nicht als Mann gedacht werden kann.

10. Frei nach Ragaz: Das beste Gedenken an die einstige Reformation ist eine neue Reformation.

Neue Reformation — das hört sich an wie »weißer Schimmel«, denn reformatio bedeutet ja bereits Erneuerung, Verbesserung, Umgestaltung. Einen Sinn ergibt der Begriff erst, wenn man ihn zur Kennzeichnung eines noch offenen Prozesses verwendet, eines revolutionären Prozesses, der die Verhältnisse umwälzt, aufhebt — marxistisch ausgedrückt: wenn man darunter den Umschlag von quantitativen Veränderungen in eine neue Qualität versteht. Reformation steht insoweit der Revolution, der radikalen, das heißt an die Wurzel gehenden Umgestaltung näher als einer systemimmanenten Reform, denn Reformation meint eine neue Qualität: theologisch gesprochen das »Reich Gottes«, und das ist das Reich der Liebe. Eine solche Revolution ist kein einmaliges Ereignis, mag sie auch noch so radikal sein, sondern ein Prozeß, der Korrekturen nicht nur zuläßt, sondern sie herausfordert.

Neue Reformation — das kann unmöglich heißen: Zurück zu Luther! Vielmehr heißt es über Luther hinauszugehen. Das reformatorische »Pro me« (»für mich«) stand im Einklang mit seiner Zeit, der Geburt des Individuums in der Renaissance. »Wie kriege ich einen gnädigen Gott?« oder »Wie werde ich selig?« lauteten die Fragen der Reformatoren angesichts des heraufziehenden Individualismus. Jesus betete zu »Abba« mit den Worten »Vater unser« und verkündete den Gott »pro nobis« (»für uns«). Im Anschluß an den Menschensohn und noch schärfer als in der Epoche der Reformation müssen wir uns im nuklearen Zeitalter fragen, was sowohl unsere Handlungen als auch unser Unterlassen »pro aliis« (»für andere«) zur Folge haben. Nur in diesem Dreiklang — für mich, für uns, für andere — läßt sich eine Zukunft denken, die Menschwerdung ermöglicht. Das menschliche Wesen, sagt Karl Marx in seiner 6. These über Feuerbach, »ist kein dem einzelnen Individuum inwohnendes Abstraktum. In seiner Wirklichkeit ist es das Ensemble der gesellschaftlichen Verhältnisse.« Und die Wirklichkeit dieser Verhältnisse ist die Entfremdung. Ohne Veränderung der Verhältnisse und ohne Veränderung des Menschen, der zugleich Produkt und Schöpfer beziehungsweise Opfer und zerstörerischer Täter ist, kann der Weg zum eigenen Selbst nicht gelingen. Der neue Zustand, so sah es 1793 Immanuel Kant, »kann nicht durch allmähliche Reform (...), sondern muß durch eine Revolution in der Gesinnung im Menschen bewirkt werden; und er kann ein neuer Mensch, nur durch eine Art von Wiedergeburt, gleich als durch eine neue Schöpfung (...) werden«. Daß man nicht gleich imstande ist, das Ideal zu realisieren, schadet nach Kants Ansicht nichts. »Man muß nur nicht gleich die Idee für schimärisch halten, und sie als einen schönen Traum verrufen, wenn auch Hindernisse bei ihrer Ausführung eintreten. Eine Idee ist nichts anderes, als der Begriff von einer Vollkommenheit, die sich in der Erfahrung noch nicht vorfindet.« Noch nicht!

Neue Reformation, die zur Freiheit, zum »Reich Gottes«, zum Reich der Liebe drängt, muß deshalb als Befreiung aufgefaßt werden. Sie ist die Freiheit, die man/frau durch erlebte Selbsttätigkeit erfährt — Freiheit, die nicht gegeben und schon gar nicht gewährt, sondern die genommen, die erkämpft wird. Um andere zu befreien, müssen Mann und Frau, muß der Mensch sich selbst befreit, von der Entfremdung freigemacht haben. Wie aber sollte das gelingen, wenn nicht vor allem diejenigen einen Befreiungsversuch wagen, deren fundamentale Erfahrung die Unterdrückung des eigenen Selbst ist? Alle bisherigen Freiheitskämpfe galten nur dem halben Menschen, der männlichen Hälfte der Menschheit; der Frau hingegen wurde bestenfalls offeriert, daß ihr die Befreiung wie eine reife Frucht in den Schoß fallen würde. Auch manche Sozialisten glauben noch heute daran. Doch zu kleiner Münze ist, wie die Geschichte zeigt, Freiheit nicht zu haben.

Neue Reformation muß nicht nur neue Ziele benennen, sondern auch andere Wege gehen. Darin sehe ich einen qualitativen Unterschied, der geeignet ist, das androzentrische Prinzip, das den allseits reduzierten, den entfremdeten Menschen auch noch in den Geschlechterkampf treibt, zu zerbrechen. Als Mann und Frau hat Gott den Menschen geschaffen (Gen. 1,27), als sein Abbild. Gott aber — weder Mann noch Frau — ist auch das ganz Andere, das Eigentliche, das Noch-nicht: Er-Sie ist beides, Er-Sie ist das ganz Neue — Er-Sie ist ganz, unzerstört, heil. Wird Gott Menschen, und das heißt: wird der Mensch zum Menschen, können wir mit Ernst Bloch sagen: »Die wirkliche Genesis ist nicht am Anfang, sondern am Ende, und sie beginnt erst anzufangen, wenn Gesellschaft und Dasein radikal werden, das heißt, sich an der Wurzel fassen. Die Wurzel der Geschichte aber ist der arbeitende, schaffende, die Gegebenheiten umbildende und überholende Mensch. Hat er sich erfaßt und das Seine ohne Entäußerung und Entfremdung in realer Demokratie begründet, so entsteht in der Welt etwas, das allen in die Kindheit scheint und worin noch niemand war: Heimat.«

Neue Reformation vermag ich mir nur vorzustellen als eine feministische Reformation. Sie wird uns, so paradox das klingen mag, dem Judentum, der Mutterreligion des Christentums näherbringen, nicht unbedingt den Erzvätern, den Patriarchen, aber dem ganzen Menschen, der aus Leib und Geist besteht, der eine Seele hat, und der Mann und Frau ist. Die neue Reformation wird uns den Gott des Exodus offenbaren, einen Gott, der auszieht, den Menschen zu finden, der Er-Sie sein will — ebenbildlich: 'Ehje ascher 'Ehje.

Martin Luther heute — das ist eine Feministin. Und diese Martina Luther hat vermutlich schon in Castrop-Rauxel oder — noch wahrscheinlicher — in einem Vorort von Managua das Licht der Welt erblickt. Sie wird viele Freundinnen und Freunde haben, allesamt Mitstreiter — ob nun gläubig oder atheistisch. Auf die Frage, wie Gott ist, wird sie vielleicht antworten: »She is black.« Why not? Ihre Hoffnung ist unsere Hoffnung, ihre Hände sind die unsrigen; gemeinsam werden wir ein Zuhause schaffen, wo wir noch niemals waren. Ich wünsche dieser Martina Luther, daß man ihr aus Heinrichs Kinderbüchern vorliest und daß ihr im Leben viele Menschen zur Seite stehen, die sich wie er durch einen aufrechten Gang auszeichnen.

VSA-Kollektiv*
»Widerstand bedarf, um wirkungsvoll zu sein, eines politischen Bewußtseins«

Eigentlich hätte das auch eine normale bürgerliche Karriere werden können, als der neunzehnjährige Heinrich H. aus dem Krieg kommt. Er macht in Kassel rasch sein Abitur nach, wissensdurstig und lernhungrig wie viele, die das Tausendjährige Reich überlebt hatten. Er studiert Jura, weil man damit was werden kann und weil es für ihn und andere nützlich ist, »die Gesetze zu kennen«. Als er bereits 1954 in Bremen eine Rechtsanwaltspraxis eröffnet, hat er einen beruflichen Werdegang vor Augen, der ihn »kaum in ernstzunehmende Konflikte mit der Staatsgewalt verwickelt hätte«.

Wird so einer *zufällig* »Kommunisten-Verteidiger«? (»Eine Aufgabe, für die ich weder durch meine bürgerliche Herkunft noch durch mein damaliges politisches Bewußtsein prädestiniert war.«) Nicht ganz. Zum einen hat die »Staatsgewalt« dabei kräftig mitgeholfen: »Schon eines der ersten Mandate — eine Pflichtverteidigung — zwang mich zu beruflichem Engagement für Menschen, deren Behandlung durch Polizei und Justiz mich empörte.« Demonstranten eines Arbeitslosenmarsches für Kohlen- und Kartoffelgeld zu Weihnachten 1953 gerieten unter Anklage des Widerstands gegen die Staatsgewalt, weil sie sich gegen knüppelnde Polizisten geschützt hatten. Was den jungen Pflichtverteidiger erschreckt, ist die politische Gesinnungsjustiz. Die Angeklagten waren Mitglieder der KPD — damals noch eine legale Partei —, und dieser Umstand spielte für die Beurteilung ihrer Glaubwürdigkeit in diesem Verfahren eine große Rolle. Derart wird Heinrich H. in seinem gewählten Beruf mit den repressiven Methoden einer sich restaurierenden kapitalistischen Gesellschaftsordnung konfrontiert. Heinrich H. lernt; er sieht sich nicht mehr allein als Berufsanfänger, sondern als »Anfänger im Umgang mit der Klassenjustiz«.

Zum anderen trifft Heinrich H. schon damals eine bewußte Entscheidung, von der er nun über 30 Jahre lang nicht gelassen hat: Er wird aktiver Antimilitarist und Kriegsgegner. Für ihn »paßt es deshalb absolut in die po-

* Joachim Bischoff, Richard Detje, Brigitte Dudek, Kalle Maldaner, Bernhard Müller, Gerd Siebecke, Helmuth Weiß

litische Landschaft, Kriegsdienstverweigerer zu vertreten«; aber das paßt natürlich nicht ganz zu einer ruhigen juristischen Laufbahn. Und wenn auch nicht alle Kriegsdienstverweigerer, die Heinrich H. vertritt, sich zur politisch bewußten Linken gezählt haben, so gilt das aber für seine Freunde, für die Aktivisten und Mitkämpfer in der Ostermarschbewegung und in den Kampagnen gegen die Remilitarisierung und Atomrüstung. Pazifist ist Heinrich H. schon nach dem Krieg; zum Sozialisten und Marxisten wird er durch die Reflexion von Erfahrungen mit der Justiz und durch die »Schulung« der Gespräche mit den politischen Mitstreitern.

Und schließlich: Wer Heinrich kennt, weiß, daß er in jüngeren Jahren schon verteidigt haben muß, was ihm bis heute vieles wert ist: »ein Stück Privatleben«, Möglichkeiten der persönlichen Entfaltung, Freude und Genuß am kulturellen Leben. Von Anfang an hat er es beruflich mit Leuten zu tun, die das meiste davon vermissen mußten, die »auf der Schattenseite des Lebens« stehen. Der Gegensatz zwischen der Ohnmacht des einzelkämpferischen Anwalts, »gegen ein Meer anzuschwimmen, um helfen zu können«, und den objektiv vorhandenen gesellschaftlichen Möglichkeiten, auch das politisiert Heinrich H.: »Kriminalität bekämpfen, das heißt beispielsweise für Verbesserungen des Kindergartensystems einzutreten, für bessere Arbeitsbedingungen alleinstehender Mütter zu sorgen, das heißt beispielsweise sich Gedanken über die Jugendarbeitslosigkeit zu machen und über die Zusammenhänge zwischen Jugendarbeitslosigkeit und Drogenkonsum.« Die Erfahrung, daß der Versuch, jemandem zum Recht zu verhelfen, ihm in der Regel nicht aus sozialer Misere hilft, verleitet ihn nicht zu der Ansicht, daß der Jurist für diese Diskrepanz nicht verantwortlich zu machen sei. Er ist verantwortlich, sowohl in seiner Rechts- und Berufsauffassung als auch in seinem menschlichen und beruflichen Engagement, gerade in diesem Land, gerade in dieser Zeit.

Die Konsequenzen daraus, daß es der Arbeiterbewegung nach 1945 nicht gelang, eine grundlegende demokratische, antifaschistische und daher notwendigerweise auch antikapitalistische Neuordnung der Gesellschaft durchzusetzen, zeigten sich bereits Ende der vierziger, Anfang der fünfziger Jahre. Aus sozialistischen und kommunistischen Widerstandskämpfern gegen die faschistische Diktatur wurden — sofern sie in der Illegalität, im KZ oder Zuchthaus überlebt hatten — schnell wieder politische Verfolgte und unter dem Vorwurf des »Landesverrats« Kriminalisierte. Und aus alten Nazi-Juristen, Nazi-Generälen und strammen Pgs wurden angesehene Vertreter der jungen Republik, bis hinein in die politische Führung: Von Globke bis Kiesinger. Kein Wunder, daß die Parole: »Nie wieder Faschismus, nie wieder Krieg« verdrängt wurde, als es darum ging, den bundesdeutschen Beitrag zur »Verteidigung des freien Westens« zu entrichten und eine neue Generation in Uniformen und Kasernen zu stecken.

Und kein Wunder, daß sich die Vertreter dieser Republik erneut zügig daran machten, demokratische Rechte auszuhöhlen und die Bundesrepublik mit unzähligen Strafprozessen gegen fortschrittliche, antimilitaristische Kräfte überziehen.

Drei Merkmale kennzeichnen für Heinrich H. die kapitalistische Restauration:

■ Die ungebrochene Konzentration wirtschaftlicher Macht bei unkontrollierten, demokratisch nicht legitimierten, dafür aber politisch umso einflußreicheren Interessengruppen;

■ eine mit Nazis und Rechtskonservativen durchsetzte, zutiefst obrigkeitsstaatlich gesinnte Ministerial-, Justiz- und Verwaltungsbürokratie;

■ die Einordnung der Bundesrepublik in das imperialistische Lager an der Seite der USA und das erneute Entstehen eines gewaltigen militärisch-industriellen Komplexes.

Kurz: Eine gesellschaftliche Entwicklung, in der zu keinem Zeitpunkt die Wurzeln des Faschismus beseitigt wurden. Statt »Neu-Beginnen« und aktiver Gestaltung einer demokratischen Gesellschaft stand somit politischer Widerstand zur Verteidigung demokratischer Rechte auf der Tagesordnung: gegen das KPD-Verbot, gegen Aufrüstung, atomare Bewaffnung und »Schubladengesetze« für den Kriegsfall, gegen die Notstandsgesetze, gegen die Einschränkung der Demonstrationsfreiheit und der Verteidigerrechte im politischen Strafprozeß, gegen Springers Volksverhetzung und Terroristenhysterie, gegen die vielfältigen Versuche der Kriminalisierung gewerkschaftlicher, demokratischer und politischer Aktivitäten. Weit über seine beruflichen Belange hinaus engagiert sich auch Heinrich Hannover in den demokratischen Bewegungen und wird zu einem entschiedenen Vertreter der sozialistischen Linken.

Aus der grundlegenden Kritik an der restaurativen Entwicklung der Bundesrepublik kann auch die Politik der Mehrheitssozialdemokratie nicht ausgeklammert werden, die sich in den fünfziger Jahren zunehmend von einer antikapitalistischen Programmatik entfernte und den herrschenden Tendenzen und Strömungen anpaßte, in dem Glauben, der Kapitalismus sei nun doch mit der »sozialen Marktwirtschaft« in eine qualitativ neue Entwicklungsetappe eingetreten, in der der wachsende Wohlstand nur gerechter verteilt werden müsse. Widerstand gegen Restauration und Remilitarisierung wurde, wenn überhaupt, nur halbherzig mitgetragen und organisiert: bei den Auseinandersetzungen um die Wiederbewaffnung in den 50er Jahren, bei den Notstandsgesetzen in den 60er Jahren. In den 70er Jahren gar schufen die unter einem sozialdemokratischen Kanzler ins Werk gesetzten Berufsverbote die Grundlage, fortschrittliche Kräfte aus dem öffentlichen Dienst zu entfernen. Bereits 1965, als die SPD ihren ursprünglichen Widerstand gegen die Notstandsgesetze aufgab und sieben Gesetzen im Parlament zustimmte, zeichnete sich ab, daß die Reformpolitik der Mehrheitssozialdemokratie in der späteren sozialliberalen Koalition nur eine begrenzte Reichweite haben wird, daß die SPD zwar den gesellschaftlichen Reformdruck aufgreift, ihn aber selbst nicht aktiv in Richtung auf eine gesellschaftliche Umgestaltung weiterentwickelt.

»Die SPD hat die beiden Jahrzehnte, die seit Kriegsende verflossen sind, nicht genutzt, um politisches Bewußtsein in der Arbeiterschaft und dem liberalen Bürgertum wieder aufzubauen, sondern sie hat es vorgezogen, sich den aus den vergangenen Herrschaftssystemen überkommenen Gesinnungen der Mehrheit anzupassen.« Die Erzeugung politischen Bewußtseins in den Gewerkschaften und bei der Arbeitnehmerschaft erfordert hingegen Aufklärung über die Machtverhältnisse im Staat, über die wirklichen Motivationen politischer Entscheidungen, über die wirkliche Interessenlage der Mehrheit der lohnabhängigen Bevölkerung. »Mit anderen Worten: Durchbrechung des ›falschen Bewußtseins‹, mit dem die Herrschaft von Gruppeninteressen als Demokratie verschleiert werden kann.« Das Versäumnis der Sozialdemokratie wie der Mehrheit der Gewerkschaften hat Heinrich H. weder zur Resignation noch zu einer mehr oder minder gewaltsamen Militanz, die er immer als »konterrevolutionär« brandmarkte, verleitet.

Die Aufgabe blieb die entschiedene Verteidigung der Demokratie und der im Grundgesetz fixierten Verfassungsordnung, »die, wenn man sie unabhängig von ihren kapitalorientierten Interpreten liest, Bedingungen für eine Verwirklichung des Sozialismus auf parlamentarischem Wege bietet«. In dieser Auseinandersetzung geht es darum, politisches Bewußtsein zu wecken und Anstöße zur aktiven Veränderung der gesellschaftlichen Machtstrukturen zu fördern. In kritischer Anlehnung an Bebel ist für Heinrich H. die emanzipatorische politische Bewegung kein voluntaristischer Akt: »Die Herrschenden haben es zuwege gebracht, den parlamentarischen Weg zum Sozialismus zu versperren, aber ihre Mittel dazu sind die Mittel eines militanten Obrigkeitsstaates, die jeder zu spüren bekommt, der die geschriebene Verfassung dieses Staates beim Wort zu nehmen versucht. Und damit haben sie einen Weg zum Sozialismus vorgezeichnet, den der alte Bebel und seine Parteifreunde noch in ungebrochenem revolutionären Elan als geschichtliche Notwendigkeit verkündeten und verkünden konnten. Heute haben wir keinen Bebel, aber wir haben einen Schmidt, einen Selbmann, einen Lummer, und wie sie alle heißen mögen, diese ungewollten Schrittmacher der Revolution, die den Polizeiknüppel gegen Demonstranten absegnen und die Dynamik des demokratischen Willensbildungsprozesses auf den Weg des Widerstands verweisen.«

Allerdings: Der revolutionäre Elan ist nicht mehr ungebrochen. Noch schwerer wiegt, daß die Bedrohung durch konservative und reaktionäre

Tendenzen immer mehr zunimmt, was bedeutet, daß in die Verteidigung jedes Millimeters demokratischer Lebensverhältnisse ein immer schneller wachsender Kraftaufwand investiert werden muß. Weil dies also keine Zeit für Generalisten und große Perspektiven ist, konzentriert sich Heinrich H. folgerichtig auf seinen Einsatz im Bereich der Justiz. Aber immer mit dem Bewußtsein: »Die Gesetze, mit denen wir umgehen, sind die Gesetze der herrschenden Klasse. Und darum sind wir machtlos, solange wir nicht die Solidarität der Arbeiterklasse haben, für deren Interessen wir uns einsetzen.«

Gerade in der nächsten Zeit wird diese Aufgabenstellung zunehmende Aktualität erhalten. Denn die Erfahrung aus der Entwicklung der ersten deutschen Republik lehrt, daß auch die demokratische Ordnung der Bundesrepublik wachsenden Gefahren ausgesetzt ist. Resignation und Perspektivlosigkeit kann bei einer weiteren Zuspitzung der sozialen Probleme, zu der die Konservativen derzeit alles beitragen, in eine Radikalisierung nach rechts umschlagen. Um dieser Entwicklung vorzubeugen, sind entschiedene Schritte zur gesellschaftlichen Neuordnung erforderlich, die auf eine qualitative Verbesserung der Arbeits- und Lebensbedingungen der großen Mehrheit der Bevölkerung abzielen. Dazu brauchen wir Reformen, die die undemokratischen Verhältnisse in den Betrieben beseitigen und die das Recht auf sinnvolle und qualifizierte Arbeit für alle herstellen. Dazu brauchen wir eine gerechtere Verteilung des gesellschaftlichen Reichtums und schließlich eine umfassende Demokratisierung der politischen Machtstrukturen, durch die die politische und juristische Repression durch die herrschenden Kräfte in den Apparaten zurückgedrängt wird.

Nichts davon wird ohne breite demokratische Bewegung aller fortschrittlichen Kräfte, Gewerkschaften und Parteien zu realisieren sein, denn: »Unsere Niederlagen beweisen nichts, als daß wir zu wenige sind, die gegen die Gemeinheit kämpfen, und von den Zuschauern erwarten wir, daß sie wenigstens beschämt sind.« Und weil Heinrich Hannover auch in Zukunft nicht zu den Zuschauern gehören wird, trifft auch für ihn zu, was Wolfgang Abendroth der Linken als Vermächtnis hinterlassen hat: »Und deshalb muß man für die Hoffnung kämpfen, solange noch der Schatten der Möglichkeit eines Erfolges bleibt.«

F.K. Waechter
Heinrich

Peter-Paul Zahl
Helmut I.
Eine Valentiade

Intro
Orte der Handlung: Modell D.
Zeit: Zwischen dem Zweiten und Dritten Weltkrieg.
Die Personen sind erfunden, die Geschichte nicht.
Ein abgedunkelter, leerer Saal, durch einen Orchestergraben, in dem eine halbe Hundertschaft Bereitschaftspolizei kauert, von der Bühne getrennt. Vor einem Eisernen, mit rotem Samt verhüllten Vorhang steht der Narr, ein Mann in den Dreißigern, in bunte, mit Flitterkram behängte Popkleidung gezwängt. An einem schwarz-roten Gurt um den Hals trägt er eine Elektrogitarre, auf deren Korpus eine Halterung für eine Mundharmonika montiert ist.

Während sich langsam der Saal füllt — schwer bewaffnete Gerichtsdiener bringen das Publikum zu den Plätzen — steht der Narr völlig ruhig da und spielt einen Blues in b.

Die Saaltüren schließen sich, von einer Empore richtet sich ein Punktlichtstrahler auf den weißgeschminkten Narren. Er wartet, bis völlige Stille herrscht, öffnet den feuerroten, überschminkten Mund und macht die

Vorbemerkungen:
Der Narr: Überbläht war,
      meine Damen und Herren,
      der Kulturetat der Stadt.
      Millionen gaben wir aus
      fürs Opernhaus,
      in der eine Kunstgattung vorgeführt,
      die heut keine Sau mehr interessiert
      — außer Kürschner, Juweliere und alte Weiber,
      um vorführen zu können, mit Pelzen,
      Seiden und Brillanten vollgehängte welke
          Leiber.
      Die Oper, entwickelt zur Zeit der Aristokratie,
      wurde zu teuer, überflüssig, reinste Onanie.
      Und die Operette? fragen Sie.

Die Lustige Witwe? Der Vetter aus Dingsda?
Der fidele kalte Bauer? Gräfin Maritza?
Im Fernsehen sieht man sie
lauter, dümmer und bunter;
die Kulturleiche im Keller
des verfaulten Bürgertums,
noch nie war sie so munter
Nein! Wir brauchen keine Opern
— außer denen aus Seife —
keine Operetten.
In der Deutschen Oper
werden keine Puppen mehr tanzen,
beschloß der Senator für Finanzen.
In der Nähe des nun geschlossenen Hauses
ließen wir ganz andere Puppen tanzen.
Damit ein Despot der »Zauberflöte« lauschen
konnte,
woran Untermenschen ihn hindern wollten,
geriet, Große Deutsche Oper,
der Senator für Inneres in große Wut —
es lag ein Student in seinem Blut.
Um ästhetische Bedürfnisse abzufüttern
von deutschen Papis, deutschen Müttern,
genügt voll und ganz
der bundesdeutsche Totentanz
in Farbe im Ersten und Zweiten Programm,
in denen es nun und fortan
nur noch Operetten und Unterhaltung
zu sehen gibt,
wie das Leben selber sie schreibt:
Robert Lembke und Rosenthal,
der Großen Glück, der Großen Qual,
Rudi Carrell's phantastischen Illusionismus
und Rudi Carillo's königlich-spanischen
Eurokommunismus.
Aus dem Opernhaus wurde ein weitres
Zentrum für Kongresse,
wer dagegen war, kriegte was in die Fresse.
Das Schillertheater zu.
Die Schaubühne, dieser Kommunistenstall,
endlich geschlossen.
Das Schloßparktheater gesprengt.

Nun hat die liebe Seele Ruh,
wer keine Ruh gab, ward erschossen
oder ganz einfach aufgehängt.
Der Kulturetat auf ein Zehntel gesenkt.
Der für unsre liebe Polizei aufs Fünffache auf-
    gestockt,
weils grollt in der Stadt und hetzt und bockt,
weils grummelt, rebelliert und dissidiert
und rabuliert und nicht pariert.
Die Wahre Kultur dieser Stadt war,
muß bleiben und muß sein:
wo ein Polizist genügte,
patrouillieren sie nun zu zwein.
Aus dem Bollwerk gegen den Osten,
diesen roten Sumpf, den unverfrorenen,
ward im Handumdrehen ein Bollwerk
gegen die Berliner selbst, die Eingeborenen.
Der Kulturetat dieser schönen Stadt,
beschloß der hochwohllöbliche Senat,
muß genügen für die Schöneberger Sänger-
    knaben,
den Chor der Feuerwehrn, das amerikanische,
das englische, das französische Volksfest,
die Große Polizeischau im Olympiastadion,
für Hertha, Tasmania und die Reinickendorfer
    Füchse und,
damit die Darstellenden Künste nicht ganz
    eine Wüste,
fürs Land- und Kammergericht.

(Rockeinlage)

Meine Damen und Herren, was Sie heute sehen werden, ist ein typisches Lehrstück. Es steht weniger in der Brechtschen, als in der Valentinschen Tradition der Lehrstücke. Das bedeutet für die Darstellungsform, daß »ausgestellt« und possenhaft verfremdet wird. Es geht nicht um das Schicksal von Einzelnen, von Individuen, sondern um den Kampf zwischen Ideen, politischen Interessen, Weltanschauungen. Darum sehen Sie heute eine künstliche, stilisierte Darstellungsform, in der die persönlichen Züge der Figuren hinter ihre Rollen zurücktreten. Da das Landgericht Berlin keine nennenswerten Zuschüsse aus dem Kulturetat erhält, treten nur Laiendarsteller auf. Mehr als Berufsschauspieler sind sie in der Lage, »Charaktermasken« zu mimen. Je »niedriger« die Theaterform, das wußten Thespis' Theoretiker von Aeschylos bis Brecht, desto »politischer« ist sie.

Der Abend ist zweiteilig. Auf die Tragödie folgt die Komödie. In der Pause dürfen Sie essen und trinken, wie in jedem richtigen Theater.

Wir zeigen Ihnen heute Lehrstücke in Form von Gerichtsverhandlungen. Mögen die Damen und Herren die Bretter, die die Ober- und Unterwelt bedeuten, betreten.

Der Vorhang geht auf. Das Spiel beginnt:

Der Narr macht einen Pferdefuß und geht nach links ab.
Der Vorhang öffnet sich, gruselig kreischend.
Die Bühne ist in eine Vorder- und Hinterbühne geteilt. Die schmale, durch eine hohe Stufe von der Vorderbühne abgesetzte Hinterbühne ist die klassische Guckkastenbühne.

Vorderbühne und Orchestergraben sind sichtbar durch Einziehleitern verbunden, desgleichen Zuschauerraum und Orchestergraben. Wirft ein Darsteller auf der Hinterbühne einen großen, deutlich sichtbaren Hebel herunter, schrillen Alarmsignale, Posaunen erklingen, die im Orchestergraben sitzenden Bereitschaftspolizisten in voller Montur stürmen dann, auf Handzeichen, auf die Darsteller der Vorderbühne oder die Zuschauer zu. Während der große Eiserne Vorhang kreischend und quietschend sich öffnet, strahlt ein Projektor von einer Empore Leuchtschriften an den dunklen Vorhang zwischen Vorder- und Hinterbühne.

Leuchtschrift:
»SENSIBEL UND VERGEßLICH«

Tragödie in einem Akt
von W. Shakespeare, R. Taudien und P.P. Zahl

14 ehemalige Mitglieder des Kommandanturstabes des SS-Vernichtungslagers Majdanek/Lublin sind angeklagt der Beihilfe zum Mord in mindestens 250.000 Fällen. Die Morde wurden von Anfang bis Mitte der 40er Jahre durch Ertränken, Erschießen, Erschlagen und Vergasen begangen. Die Opfer waren Kinder und Jugendliche, Mütter und Väter, Greise und Kranke. Sie waren Juden, Kommunisten, Kriegsgefangene, Schwule, Zeugen Jehovas.

Ort der Verhandlung: 17. Große Strafkammer des Landgerichts Düsseldorf.

Ein Gerichtssaal auf der Hinterbühne. Zwei Schöffen, 3 Berufsrichter, der Staatsanwalt, die 14 Angeklagten und ihre Verteidiger.

Richter: Ihr armen nackten Elenden, wo ihr seid,
Die ihr dies mitleidlose Toben duldet,
Wie soll eu'r bloßes Haupt, eu'r magrer Leib,
Durchlöcherte Zerlumptheit euch beschützen
Vor dieser Anklageschrift? — O, nicht genug
Bedacht ich das! — Nimm's dir zur Lehre, Staatsanwalt,
Nur einmal fühle, was der Arme fühlt,
Daß dein Verzeihn du auf ihn schüttest
Und zeigts: es gibt Gerechtigkeit im Lande!
(sich an einen der Angeklagten wendend):
Sie sehen angegriffen aus.
Hatten Sie eine schlechte Nacht?

Der 1. Angeklagte:
Der Autoverkehr vor meiner Pension.
Aber es wird schon gehn.

Der Narr, auf einem Barhocker links auf der Vorbühne hockend:
Keiner der Angeklagten ist in
Untersuchungshaft. Die Gesundheit...

Richter zum Gerichtsarzt:
Herr Dr. Münzinger, meinen Sie auch, daß der
Angeklagte folgen kann?

Arzt: Wenn keine Fragen gestellt werden,
Die die in Anklage stehenden
Taten des Herrn Angeklagten betreffen,
Ihn also nicht erregen,
Dann denke ich schon.

2. SS-Mann:
Die Vorsehung war gerecht, aus unseren
    Sünden
Schuf sie das Werkzeug unsrer Strafe.
Der dunkle, schnöde Platz, an den wir gezerrt,
Unter der Hand verwandelt' sich in den Platz
    an der Sonn.

Richter: Na schön.
Dann erzählen Sie uns mal,
Herr Angeklagter, etwas
Über Ihre Tätigkeit im Lager.

1. SS-Mann
    Ich bin ein Mensch, an dem man mehr
    Gesündigt, als er sündigte.
    Was soll ich da
    Erzählen? Ich habe damals
    Meine Pflicht getan,
    So wie jeder Deutsche damals
    Seine Pflicht tun mußte.

Richter: Haben Sie niemals
    Über die Fragwürdigkeit dieser
    — Wie Sie sagen — dieser Pflicht
    Nachgedacht? Ich mein, haben Sie
    Sich keine Gedanken gemacht
    Über die Menschen im Lager? Wie die
    Da hingekommen sind? Was die
    Getan haben sollen?

1. SS-Mann:
    Herr Richter, es darf der Beamte nicht zagen,
    Zu tun, was ihm die Obrigkeit hat aufgetragen.
    Dieselbe Macht hat ein Gesetz gestellt:
    Den Tod für Schuld, zu zügeln diese Welt.

1. SS-Frau, kaum aufblickend beim Stricken:
    Dies Deutschland lag noch nie und wird auch nie
    Zu eines Siegers stolzen Füßen liegen.

(nachdenklich)
    Gehts nicht gradaus, so sieht man, wie man's macht;
    Herein zum Fenster oder übern Graben.
    Wer nicht bei Tage gehen darf, schleicht bei Nacht,
    Und wie man drankommt, Haben ist doch Haben:
    Weit oder nah, wer's kriegt, hat gut geschossen.

1. SS-Mann:
    ...Und ich bin ich, woher ich auch entsprossen.
    Was die im Lager getan haben sollen,
    Damit hatte ich doch
    Nichts zu tun.
    Es hieß, das wären Staatsfeinde.

Die Angeklagten im Chor, betont:
    Staatsfeinde!

Staatsanwalt (beiseite):
>Im Mutterleib ist der gehörnte rote Fluch
>Schon über uns verhängt.

1. SS-Mann:
>Staatsfeinde. Das
>Weiß ich noch.
>Und davon sind viele an Seuchen
>Gestorben. Das weiß ich
>Auch noch.

Verteidiger I:
>Dulden muß der Mensch.
>Sein Scheiden wie sein Kommen in die Welt.
>Reif sein ist alles.

Richter: Staatsfeinde?
>Wollen Sie das bitte erklären?

1. SS-Mann:
>Staatsfeinde
>Sind Staatsfeinde. Was
>Gibt es da zu erklären?

2. SS-Frau:
>Wahr ist,
>Auch wir galten kurze Zeit
>Als die.

Chor der Angeklagten (höhnisch):
>*Wir!*

3. SS-Frau:
>Man tat uns ins Gefängnis.

Chor der Angeklagten:
>Kurzfristig.

1. SS-Frau:
>Doch galten für uns
>Andre Regeln dort.
>Wir taten im Gefängnis
>Als wie die Vögel in dem Käfig singen. Wir
>>haben gelebt:
>Man spielt, singt alte Lieder, tanzt, lacht
>Der goldnen Falter, hört wohl armer Leute
>Gered vom nächsten Coup und schwatzt wohl
>>selber mit...

3. SS-Mann:
>Wir taten wichtig mit geheimen Dingen,
>Als wärn wir des Führers Späher; überlebten

> Im Kerker um diesen Kopf den großen Streit,
> Was ebbt und flutet mit dem Mond,
> Und waren wieder draußen,
> Da Pentagon und Wallstreet freundlich
>   nickten.

Richter: Der Gesundheit wegen wars,
Der mangelnden, des Alters wegen,
Der langen Zeit wegen, die unsre
Ermittlungen gedauert.
Aber Staatsfeinde?
Nun, Sie meinen sicher
Staatsfeinde nach damaliger Rechtsauffassung,
Herr Angeklagter. Oder besser:
Nach damaliger Unrechtsauffassung.

1. SS-Mann: Teilweise auch
Nach heutiger Rechtsauffassung,
Herr Richter.

Richter: Wie meinen Sie das?

1. SS-Mann: Die CDU, der damalige Innen-
Und heutige Außenminister Genscher,
Verteidigungsminister Leber,
Die Ministerpräsidenten der Länder und
Auch viele Ihrer Amtskollegen, Herr Richter,
Vertreten auch heute
Die Auffassung, daß Kommunisten
Zum Beispiel Staatsfeinde sind,
Verfassungsfeinde und Umstürzler.
Eindeutig.

Richter: Herr Angeklagter, das
Geht nun wirklich
An der Sache vorbei!

1. Anwalt: Einspruch.
Es geht um das Rechts- oder
Unrechtsempfinden meines Mandanten. Da
Muß jeder Geschichtsvergleich
Möglich sein.

Richter: Gut, dann will ich einmal
Andersherum fragen. Herr Angeklagter,
Besteht nach Ihrer Auffassung

| | Zwischen unserem heutigen
Rechtsstaat und dem damaligen sogenannten
Großdeutschen Reich ein Unterschied? |
|---|---|

1. SS-Mann:
    Um Politik hab ich
    Mich nie gekümmert.

Chor der Angeklagten:
    Unterschied?
    Der Wucherer hängt den Gauner.
    Durch lump'ge Kleider scheint der kleinste
        Fehl;
    Ein reich Gewand deckt alles...

Richter: Aber in die NSDAP
    Und in die SS
    Sind Sie eingetreten...?

1. Anwalt:
    Einspruch.
    Die Mitgliedschaft in der NSDAP
    Und in der SS steht hier nicht
    in der Anklage. Im übrigen ist dies auch
    Nach heutiger Rechtssprechung
    Nichts Ehrenrühriges oder bedenklich
    Für die Tätigkeit im Öffentlichen Dienst.
    Ist mein Mandant etwa schon deshalb
    Schuldig, weil er wie so viele
    In diesem Lande der SS
    Und NSDAP gedient hat? Ich nenne
    Die Namen von verdienten
    Demokraten: Dr. Hanns Martin Schleyer,
    Baron August von Finck, Dr. Georg Kiesinger...

Richter: Danke, gut.
    Dem Einspruch ist stattgegeben.

4. SS-Mann:
    Vergessen haben wir der Furcht Geschmack.
    Einst war die Zeit, nach Weltkrieg Zwei,
    Wo uns're Sinn erstarrten bei nächtlichem
        Geschrei
    Nach Entnazifizierung; wo sich das Haar
    Bei solchem Unglückswort erhob und sträubte,
    Als lebte es. Wir aßen uns satt am Grausen
    Einst, und Entsetzen, unsrem blut'gen Sinn
        verwandt,

>   Erstaunet uns nicht mehr.
> Richter: Herr Angeklagter, wenden wir uns
>   Einer andren Frage zu. Was wissen Sie
>   Über Zyklon B, jene Blausäure-
>   Mischung, wie sie zum Töten
>   Der Menschen in den Gaskammern
>   Verwendet worden sein soll?

1. Angeklagter:
>   Oh!

(sinkt in sich zusammen)
Der Arzt eilt zu ihm, kümmert sich um ihn:
>   Der Puls des Angeklagten
>   Beträgt achtundsechzig, der Blutdruck
>   Hundertfünfundsiebzig zu hundertzehn.
>   Ich habe Erregtheit als Folge
>   Einer Schockeinwirkung festgestellt.
>   Die Verhandlungsfähigkeit
>   Des Angeklagten ist nur bedingt.
> Richter: Quält seinen Geist nicht, laßt ihn ziehn!
>   Der haßt ihn,
>   Der auf die Folter dieser zähen Welt
>   Ihn länger spannen will.

Chor der SS-Frauen:
>   Die Sterne,
>   Die Sterne droben leiten unser Schicksal.
>   Wie könnte sonst ein System wie dieses
>   Richter zeugen, die den unsren gleichen?

Zeugin, läuft quer über die Vorderbühne auf den Richtertisch zu:
>   Dies zeigt, ihr waltet droben.
>   Ihr Richter, die der Menschen Übeltat
>   So schleunig rächen!

Richter wirft einen Hebel herunter, Alarmsignale, Posaunen erklingen, Bereitschaftspolizei stürzt aus dem Orchestergraben und führt die Zeugin im Würgegriff ab.

> Richter: Herr Angeklagter,
>   Wollen wir
>   Nicht wenigstens einmal
>   Versuchen,
>   Über jenes Zyklon B gemeinsam
>   Nachzudenken?

Zeugin, schreiend, während des Abgeführtwerdens:

                    Was Fliegen losen Buben, war'n wir diesen:
                    Sie töteten uns zum Spaß.
2. Anwalt:
                    Ha! Und doch lebt sie...
                    Sechs Millionen Juden,
                    Zehntausende von Staatsfeinden
                    Vergast?
                    Pure Geschichtsfälschung!
Richter: Herr Angeklagter, bitte!
Der Narr: Wechsle die Plätze, dreh die Hand um,
                    Horch hin: wer ist der Richter, wer der Nazi,
                            hier?
1. SS-Mann:
                    Herr Richter, jetzt
                    Geht es nicht, jetzt habe ich
                    Einen starken Druck im Kopf.
SS-Frau, strickend:
                    Richtig macht er's. Ich will
                    Lernen diese Tour.
                    Soll spielen ich den römischen Narren und
                    Ins eigne Schwert mich stürzen?
Richter: Also gut, machen wir
                    Schluß für heute. Aber morgen
                    Müssen
                    Wir uns mehr anstrengen. Wir
                    Wollen doch nicht, Herr Angeklagter,
                    Daß sich plötzlich die Öffentlichkeit
                    Für das Verfahren interessiert.
Chor der NS-Verfolgten, in KZ-Kluft über die Vorbühne
auf das Gericht zugehend:
                    Heult, heult, heult, heult! — O, Ihr seid all von
                            Stein.
Richter drückt den Hebel...
Es wird geräumt.
Der letzte Liberale:
                    Du Schuft von Büttel, weg die blut'ge Hand!
                    Was schlägst du diese Leute? Peitsch dich
                            selbst!
                    Heiß glühst du, das mit diesen zu tun, wofür
                    Du sie zerschlägst.
Richter drückt den Hebel...
Es wird geräumt, der Vorhang geht langsam zu.

Der Narr: Hast Du einmal gesehen, wie ein Pächterhund
Einen Bettler angebellt hat? — Ja? —
Und der Tropf lief vor dem Hunde davon?
— Da hast du das große Bild der Autorität:
Einem *Hund* im Amt gehorcht man. Jedem.
Und zu dieser, wie zu jener Zeit.

Sirene, Posaunenchor, die Bereitschaftspolizisten stürzen auf den Narren zu. Er nimmt die Gitarre und Mundharmonika hoch und spielt eine Rockversion des »Badenweiler« Marsches. Alle ab. Licht aus. Totales Dunkel.